처음 프로그래밍을 시작하는
입문자의 눈높이에 맞춘

러닝스쿨!
자바스크립트
첫걸음

지은이 **김효빈**

펴낸이 **박찬규** 엮은이 **윤가희** 디자인 **북누리** 표지디자인 **Arowa & Arowana**

펴낸곳 **위키북스** 전화 **031-955-3658, 3659** 팩스 **031-955-3660**

주소 **경기도 파주시 문발로 115, 311호 (파주출판도시, 세종출판벤처타운)**

가격 24,000 페이지 308 책규격 175 x 235mm

초판 발행 2024년 05월 02일
ISBN 979-11-5839-519-3 (93000)

등록번호 제406-2006-000036호 등록일자 2006년 05월 19일
홈페이지 wikibook.co.kr 전자우편 wikibook@wikibook.co.kr

나의 첫
프로그래밍 교과서
**LEARNING
SCHOOL**

처음 프로그래밍을 시작하는 입문자의 눈높이에 맞춘

러닝스쿨!
자바스크립트
첫걸음

김효빈 지음

위키북스

저자 서문

자바스크립트는 단순히 웹 페이지에 생동감을 넣어주는 간단한 역할로 시작되었지만, 이제는 프런트엔드부터 백엔드까지, 웹 개발의 거의 모든 부분에서 중요한 역할을 하는 핵심 기술로 자리 잡았습니다. 그리고 이제 단순한 작업을 넘어서, 복잡한 웹사이트를 만들고, 실시간으로 데이터를 처리하며, 큰 규모의 프로젝트를 진행하는 데 필수 도구가 되었습니다.

특히, 프런트엔드 개발 영역에서는 많은 인기를 얻고 있는 React.js, Next.js와 같은 라이브러리, 프레임워크가 등장하면서 웹 애플리케이션을 훨씬 효율적으로 만들 수 있게 되었습니다. 이러한 기술들을 잘 다룰 수 있는 개발자가 되기 위해서는 먼저 자바스크립트에 대한 이해와 자바스크립트를 능숙하게 사용할 수 있는 능력이 필요합니다.

《러닝스쿨! 자바스크립트 첫걸음》은 프런트엔드 개발을 향해 첫걸음을 내딛으려는 분들, 혹은 아직 자바스크립트에 대한 개념이 탄탄하지 않은 개발자에게 도움을 주기 위한 책입니다. 대학생 때 시작한 창업을 통해 개발자들이 일반적으로 어려워하는 부분들을 파악했고, 자바스크립트와 React.js 학습 과정에서의 개인적인 시행착오를 바탕으로, 중요하고 꼭 알아야 할 내용들을 선별해 책에 담았습니다.

이미 시장에는 수많은 자바스크립트 관련 도서가 있지만 이 책은 특히 초보자들도 쉽게 접근할 수 있도록 실용적인 예제와 반드시 알아야 할 필수적인 개념들을 중심으로 구성했습니다. 또한 한 번의 학습만으로도 핵심 개념을 명확히 이해할 수 있도록, 내용을 친절하고 명료하게 풀어서 설명하려고 노력했으며, 더 나아가 이론적인 지식을 넘어 실제 프로젝트 개발 과정을 통해 배운 내용을 직접 적용해보고, 완성된 웹 페이지를 사용해보는 경험까지 제공합니다. 이 책을 통해 처음 코드를 작성하는 순간부터, 복잡한 웹 애플리케이션을 만드는 단계까지, 여러분의 실력이 단계적으로 성장해 가는 것을 느낄 수 있기를 희망하며, 여러분이 프런트엔드 개발자로서의 길을 걷는 데 있어 《러닝스쿨! 자바스크립트 첫걸음》이 의미 있는 첫걸음이 되기를 바랍니다.

끝으로 이 책이 출판되기까지 많은 도움을 주신 분들께 감사의 말씀을 드립니다. 가장 먼저 '자바스크립트 가이드'라는 제목으로, 블로그에 정리해 둔 글을 통해 좋은 기회를 주신 윤가희 에디터님, 긴 기간 동안 함께 글을 다듬어 주시고 좋은 피드백을 주신 위키북스 편집자분들께 감사의 말씀을 드립니다. 책을 미리 읽고 좋은 후기를 작성해 주신 베타 리더분들과 항상 고마움을 느끼고 있는 소중한 친구들과 가족들, 그리고 저와 함께 교육자의 길을 가며 항상 옆에서 큰 힘이 되어주는, 멋진 추천사를 작성해 주신 이정환 강사님에게도 감사 말씀드리고 싶습니다. 마지막으로 제 강의를 수강해 주시는 수강생분들과 이 책을 구매하신 여러분들에게 진심으로 감사의 말씀드립니다.

추천사

"프런트엔드 개발의 첫걸음을 내딛을 준비가 되셨나요?"

프런트엔드 개발의 꿈을 키우는 이들이라면 React.js나 Vue.js와 같은 최신 웹 개발 프레임워크에 관심을 가질 것입니다. 그러나 이러한 기술들은 근본적으로 자바스크립트에 기반을 두고 있으며, 이 언어에 대한 깊은 이해 없이는 이들 기술을 완전히 습득하기 어렵습니다.

실제로 자바스크립트 없이 바로 React.js나 Vue.js를 배우려는 시도는, 마치 사칙연산을 모르고 미적분에 도전하는 것만큼 어렵습니다. 저 역시 자바스크립트의 기초를 충분히 다지지 않고 React.js 학습을 시작하여, 부족한 기본기로 인해 많은 시간을 허비한 경험이 있습니다. 이 경험을 통해 깨달았듯 자바스크립트 학습은 모든 프런트엔드 개발자가 마주해야 할 필수 과정입니다.

하지만 현대의 자바스크립트는 방대한 양을 자랑합니다. 오늘날의 자바스크립트는 단순한 프로그래밍 언어를 넘어서, 웹 애플리케이션의 전반과 후반을 아우르는 중추적 역할을 합니다. 이에 따라, 시작하는 단계부터 고급 개발 기술을 숙련하는 데 이르기까지 자바스크립트의 학습 경로는 마치 별자리를 연결하는 듯 방대하고 다양합니다.

이런 상황은 초보자에게 자바스크립트의 학습이 마치 거대한 미로를 탐색하는 것처럼 느껴지게 만듭니다. 특히, 웹 프런트엔드 개발의 필수적인 기초를 얻기 위해 어느 방향으로 나아가야 할지, 현재 배우고 있는 내용이 필요 이상으로 복잡하지 않은지에 대한 걱정이 앞섭니다.

하지만 이 책이 있다면, 여러분은 방황하지 않을 겁니다. 이 책은 React.js나 Vue.js와 같은 최신 웹 개발 프레임워크를 학습하기 위한 필수적인 핵심 지식을 선별해 담고 있습니다. 만약 제가 이 책을 5년 전에 만났더라면, 많은 시행착오를 겪지 않고 학습 시간을 대폭 단축할 수 있었을 것입니다.

이 책은 단순히 내용을 축소한 것이 아니라, 가장 중요한 핵심 지식에 초점을 맞추어 현대 웹 개발에 불필요한 내용을 과감히 제외함으로써 질적으로 높은 정보를 제공합니다. 친절한 설명과 다양한 예제를 통해 핵심 개념을 명확하게 이해할 수 있도록 구성되어 있습니다.

저자의 세심함이 이 책 곳곳에 스며들어 있습니다. 프로그램 설치 과정과 같은 일반적으로 간과되기 쉬운 부분부터, 작은 오류에 대처하는 방법, 유용한 도구 설치까지, 학습자의 편의를 극대화하기 위한 정보가 가득합니다.

또한, 이 책의 마지막에는 '나만의 크롬 시작 화면'이라는 실용적이면서 미적으로 매력적인 최종 프로젝트가 기다리고 있습니다. 이는 대부분의 입문서가 제공하는 비실용적인 프로젝트와는 대조적으로, 실제로 활용 가능하며 눈길을 끄는 주제입니다. 이 책의 마지막 장을 열어보세요. 매력적인 프로젝트가 기다리고 있을 것입니다.

결론적으로, 프런트엔드 개발에 처음 발을 들이는 이들에게 있어 《러닝스쿨! 자바스크립트 첫걸음》은 단순한 입문서를 넘어선 필수 지침서입니다. 이 책은 방대한 자바스크립트의 세계에서 필요한 핵심만을 짚어주며, 최신 웹 개발 프레임워크를 향한 여정을 효과적으로 시작할 수 있는 튼튼한 기초를 제공합니다. 그렇기에 저는 이 책을 강력히 추천합니다. 이 책과 함께라면 자바스크립트 학습이라는 복잡한 미로에서도 첫걸음을 자신 있게 내디딜 수 있을 것입니다.

– 이정환 Winterlood, 한입 스튜디오 대표

베타 리더 후기

준프 프런트엔드 엔지니어

이전에 어떤 분과 함께 멘토링을 했을 때가 떠올랐습니다. 코드를 수정하고 확인하는 과정이었습니다. 그러던 중 가이드와 똑같이 해도 제대로 동작하지 않는다는 질문을 받았습니다. 알고 보니 멘티는 수정한 코드를 저장하지 않고 실행하고 있었습니다. 이렇게 이제 막 프런트엔드 개발을 시작하려는 분 또는 자바스크립트를 시작하는 분에게 이 책은 정말 친절합니다. 세세하고 예외적인 상황을 설명하기보다는 당장 쉽게 따라할 수 있고 도움이 되는 정보가 잘 추려져 있습니다. 이 책을 통해 자바스크립트를 학습한다면 이후 프런트엔드 프레임워크, 라이브러리 그리고 더 심화된 내용을 학습하는 데 도움이 되리라 생각합니다.

박도현 현직 개발자

예제들과 자세한 출력 내용들이 잘 정리되어 있습니다. 예제로 수록된 코드만 따라 해봐도 충분한 이해가 될 만큼 전체적으로 예제가 적절한 것 같습니다. 맞는 예제도 좋지만 실수하거나 이론만으로는 실수가 나올 수 있을 만한 틀린 예제도 같이 수록된 것이 좋았습니다. 코드 예제의 구성도 좋았고, 주석들도 친절해서 좋았습니다.

이에스더 프런트엔드 취업 준비생

전공 지식 없이도 편하게 읽을 수 있는 책입니다. 자바스크립트의 기초부터 간단한 역사, 언어 소개, 환경 설정까지 정말 친절하게 설명하고, 추상적인 개념도 그림과 시각 자료를 통해 쉽게 풀어내기 때문에 이해가 쉬웠습니다. 제목에 맞게 자바스크립트로 첫걸음을 내딛는 분들에게 딱 맞는 책이라고 생각합니다.

Romuru 풀스택 프리랜서

처음 프로그래밍에 입문하시는 분들에게 추천할 수 있을 정도로 이해가 쉽고, 중요한 내용 또한 놓치지 않고 잘 설명해 준 책입니다. 각 장의 구성과 예제 코드를 보면서 책에 대한 내용을 정말 많이 고민하셨다는 생각이 들었습니다. 특히 자바스크립트의 비동기 처리에 대한 부분은 책을 완독한 후에도, 프로젝트를 진행하면서 다시금 펼쳐 공부하는 데 도움이 될 정도로 구성이 아주 좋았습니다. 좋은 책 써주셔서 감사합니다.

임승현 현직 개발자

이 책은 순서도를 통한 코드의 실행 과정 도식화, 용어들에 대한 쉬운 정의, 필수 기본 문법에 대해 어렵지 않고 차분한 설명으로 구성되어 있습니다. 특히 어렵게 느껴졌던 배열과 객체 응용, 비동기, 프로미스, DOM API에 대한 개념 및 사용법에 대한 기본을 배울 수 있고, 마지막 장의 실전 프로젝트를 통해 브라우저에서 구동되는 나만의 화면을 만드는 경험을 통해, 책 제목처럼 보폭이 큰 첫걸음을 나아갈 수 있었습니다.

임화섭 백엔드 엔지니어

백엔드 개발자임에도 불구하고 이 책을 통해 자바스크립트와 프런트엔드 개발 지식을 수월하게 얻을 수 있었습니다. 어려운 개념들도 친절하고 명확한 설명 덕분에 쉽게 이해했고, 배운 개념들을 실제 프로젝트를 통해 활용해 볼 수 있어 마무리까지 완벽하게 할 수 있었습니다. 저처럼 다른 분야의 개발자분들 중에서 자바스크립트 개념을 다시 한번 정리하며 간단하지만, 실용적인 웹 페이지 제작까지 경험하고 싶으신 분들에게도 추천드립니다.

이재훈 프런트엔드 취업 준비생

이 책은 자바스크립트 기초 문법을 굉장히 섬세하게 짚어줍니다. 또한 마지막 장에서는 프로젝트를 진행하고 있어서 자바스크립트라는 언어의 전체적인 로드맵을 그리기에 충분한 책인 것 같습니다. 실습 과정에서 사진을 포함한 자세한 설명이 제공되어 어렵지 않게 따라갈 수 있었고 장마다 예제 코드를 제공해 주어서 이해하기 좋았습니다. 특히 실행 결과를 실제 디버깅하듯이 예시를 제공해 주어서 초심자들에게 자바스크립트의 기본적인 내용을 친절하게 설명해 주는 책이라는 생각이 들었습니다. 프런트엔드 취업 준비생이나 자바스크립트 입문을 하는 학생들에게 이 책을 강력하게 추천합니다.

이슬 프런트엔드 취업 준비생

《러닝스쿨! 자바스크립트 첫걸음》은 기본 프로그래밍 개념부터 date 객체 사용법, 비동기 처리, DOM API 등 실전 프로젝트에 필요한 고급 지식까지 간결하고 명확하게 설명합니다. 마지막 장에서는 앞서 다룬 자바스크립트 지식을 종합적으로 활용한 실전 프로젝트를 개발해 볼 수 있습니다. 자바스크립트 처음 시작하는 초보자들에게도, 이미 기초를 알고 있는 개발자들에게도 실용적으로 큰 도움이 될 책이라고 생각합니다.

이 책의 사용 설명서

본문 내용을 시작하기에 앞서 이 책의 도서 홈페이지, 예제 파일 다운로드 방법, 참고 자료 페이지에 대해 설명합니다.

도서 홈페이지

이 책의 홈페이지 URL은 다음과 같습니다.

- 도서 홈페이지: `https://wikibook.co.kr/javascript`

이 책을 읽는 과정에서 내용상 궁금한 점이나 잘못된 내용, 오탈자가 있다면 홈페이지 오른쪽에 있는 [도서 관련 문의]를 통해 문의해 주시면 빠른 시간 내에 안내해 드리겠습니다.

또한, 책에서 설명하는 사이트나 프로그램이 작동하지 않을 때에도 도서 홈페이지를 통해 문제를 해결하는 방법을 공지하겠습니다.

예제 파일 내려받기

이 책에서 사용한 예제 코드는 도서 홈페이지의 [예제 코드] 탭 또는 다음 URL에서 내려받을 수 있습니다.

- `https://github.com/wikibook/javascript/`

인프런 강의 할인 쿠폰

저자 직강 강의인 《웹 프런트엔드를 위한 자바스크립트 첫걸음》을 할인된 금액으로 수강하실 수 있습니다. 인프런 강의 URL과 할인 쿠폰 코드는 다음과 같습니다.

- 주소 : `https://inf.run/7AC37`
- 30% 할인 쿠폰 코드 : `15801-a3fd2b99988e`

자바스크립트
시작하기

자바스크립트는 웹 브라우저에서 사용하는 프로그래밍 언어입니다. 자바스크립트는 요즘 가장 인기 있는 프로그래밍 언어로, 웹 개발을 하기 위해 꼭 배워야 하는 언어라고 할 수 있습니다.

1장에서는 자바스크립트를 본격적으로 배우기 전에 자바스크립트란 무엇이고, 자바스크립트를 왜 배워야 하는지 그리고 자바스크립트를 사용해 개발하기 위해서는 어떤 환경에서 실행해야 하는지 하나씩 배워보겠습니다.

1.1   자바스크립트란

자바스크립트는 우리가 자주 사용하는 네이버, 구글과 같은 **웹 페이지를 동적으로 만들기 위해 개발된 프로그래밍 언어**입니다. 동적인 웹 페이지란 키보드의 입력이나 마우스 클릭 같은 이벤트에 반응하고, 파일 업로드와 같은 다양한 기능이 있는 웹 페이지를 말합니다. 대조되는 개념으로 정적인 웹 페이지가 있는데, 정적인 웹 페이지는 사용자와 아무런 상호작용 없이 저장된 값만을 그대로 전달하는 웹 페이지를 말합니다.

그림 1-1 정적인 웹 페이지(좌)와 동적인 웹 페이지(우)

자바스크립트는 웹과 사용자의 상호작용이 가능하게 해주고, 웹 페이지에 생동감을 불어넣어 동적으로 만들어주는 언어라고 말할 수 있습니다.

1.1.1   자바와 자바스크립트

자바스크립트를 자바(Java)라는 언어와 같은 언어라고 생각하거나 서로 비슷한 언어일 것이라고 오해하는 분들이 종종 있습니다. 자바스크립트와 자바는 서로 비슷하거나 같은 언어가 아니라, 인도와 인도네시아, 바다코끼리와 코끼리, 햄과 햄스터처럼 이름만 서로 비슷할 뿐 전혀 다른 언어입니다.

그림 1-2 전혀 다른 언어인 자바스크립트와 자바

서로 다른 언어인 자바스크립트와 자바의 이름이 서로 비슷한 이유는 자바스크립트의 역사를 살펴보면 알 수 있습니다. 자바스크립트의 역사를 간략하게 살펴보겠습니다.

자바스크립트는 1995년 넷스케이프의 브랜던 아이크에 의해 개발된 언어로, 정적인 웹 페이지를 동적인 웹 페이지로 표현하기 위해 만들어졌습니다. 자바스크립트는 맨 처음 **모카**라는 이름을 거쳐 **라이브스크립트**라는 이름으로 불렸고, 이후 마케팅을 위해 그 당시 아주 인기가 많았던 자바라는 언어의 이름을 가져와 **자바스크립트**라는 이름으로 변경되었습니다.

이러한 이유로 자바스크립트와 자바는 이름이 비슷한 언어가 되었지만, 이 둘은 서로 전혀 다른 언어이고, 자바스크립트는 웹 페이지를 동적으로 만들기 위해 개발된 프로그래밍 언어라는 점만 기억하면 됩니다.

1.1.2 자바스크립트의 버전

자바스크립트는 지속적으로 발전하면서 꾸준히 업데이트되고 있는 프로그래밍 언어입니다. 자바스크립트에는 여러 가지 버전이 있으며, 자바스크립트의 버전은 ECMAScript라는 자바스크립트를 표준화하기 위해 만들어진 언어에 기반해 정해집니다. 자바스크립트의 다양한 버전 중 우리가 알고 있어야 하는 버전은 2015년에 출시된 버전인 **ES6(ES2015) 버전**입니다. 자바스크립트 ES6는 이전 버전에서 발생했던 많은 문제를 해결하고, 여러 가지 새로운 기능과 화살표형 함수, 클래스 등이 추가된 버전입니다.

표 1-1 자바스크립트 ES5~ES10까지의 변화

버전	출판일	이름	이전 버전과의 차이점
5	2009.12	–	더 철저한 오류 검사를 제공하고 오류 경향이 있는 구조를 피하는 하부집합인 'strict mode'를 추가한다. 3번째 버전의 규격에 있던 수많은 애매한 부분을 명확히 한다.
5.1	2011.06	–	ECMA스크립트 표준의 5.1 버전은 ISO/IEC 16262:2011 국제 표준 제3버전과 함께 한다.
6	2015.06	ECMAScript 2015 (ES2015)	6버전에는 클래스와 모듈 같은 복잡한 응용 프로그램을 작성하기 위한 새로운 문법이 추가되었다. 하지만 이러한 문법의 의미는 5버전의 strict mode와 같은 방법으로 정의된다.
7	2016.06	ECMAScript 2016 (ES2016)	제곱 연산자 추가, Array.prototype.includes
8	2017.06	ECMAScript 2017 (ES2017)	함수 표현식의 인자에서 trailing commas 허용, Object values/entries 메서드, async/await 등.
9	2018.06	ECMAScript 2018 (ES2018)	Promise.finally, Async iteration, object rest/spread property 등.
10	2019.06	ECMAScript 2019 (ES2019)	Object.fromEntries, flat, flatMap, Symbol.description, optional catch 등

이 자바스크립트 ES6 버전을 기준으로, 2015년 이후부터는 약 1년을 주기로 매년 계속해서 자바스크립트의 새로운 기능이 추가되고 있으며, 현재 자바스크립트의 가장 최신 버전은 ES2022 버전으로 훨씬 다양한 기능을 제공하고 있습니다. 이 책에서는 가장 큰 변화가 있었던 2015년에 발표된 자바스크립트의 ES6 버전과 그 이후의 자바스크립트 문법 중 가장 많이 사용되고 알아두면 유용한 문법을 다룹니다. 모든 브라우저가 최신 버전의 자바스크립트를 지원하지는 않지만, 대부분의 웹 브라우저는 자바스크립트 ES6를 지원하기 때문에 이 책에서는 ES6 버전과 ES6 버전 이후의 자바스크립트를 다루겠습니다.

1.2   자바스크립트로 할 수 있는 일

자바스크립트로 어떤 일을 할 수 있을까요? 자바스크립트를 사용해 프로그래밍한다고 하면, 보통 웹 개발을 한다고 생각하는 사람이 많습니다. 하지만 자바스크립트는 여러 플랫폼을 비롯해 다양한 분야에서 사용되는 프로그래밍 언어로, 웹 개발뿐만 아니라 서버, 애플리케이션 등에도 사용됩니다. 자, 이제부터 자바스크립트로 어떤 일을 할 수 있는지 자세하게 알아보겠습니다.

1.2.1   웹 개발

자바스크립트는 웹 개발을 하는 데 매우 중요한 역할을 합니다. 쇼핑몰, 네이버, 간단한 웹 게임 등 웹상에서 동작하는 서비스를 개발하는 것을 전부 웹 개발이라고 합니다. 자바스크립트를 사용해 웹 개발을 하면, 새로운 HTML 문서를 생성해 페이지를 추가할 수 있고, 글자 크기나 색상 등의 스타일도 수정할 수 있습니다.

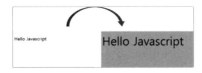

그림 1-3 자바스크립트를 사용한 글자 크기 및 스타일 수정

또한 마우스 클릭이나 키보드 입력과 같은 사용자의 이벤트에 반응해 경고창을 띄워주는 등 웹 페이지를 동적으로 만들어주는 여러 가지 기능까지 개발할 수 있습니다.

그림 1-4 자바스크립트를 사용해 경고창 띄우기

1.2.2 서버 개발

자바스크립트를 사용하면 사용자에게 보여지는 웹 페이지뿐만 아니라, 웹 서버 또한 개발할 수 있습니다. 서버는 간단하게 생각하면 웹 페이지에서 필요한 데이터를 전달해 주는 역할을 한다고 보면 됩니다. 예전에는 서버를 개발하기 위해서 자바(Java), 파이썬(Python), 씨샵(C#)과 같은 언어들을 사용해야 했지만, 2009년에 Node.js가 탄생하면서 자바스크립트로 웹 페이지와 웹 서버를 모두 개발할 수 있게 되었습니다. 실제 링크드인, 아마존, 쿠팡, 네이버 등 다양한 기업이 Node.js를 사용해 서버를 개발하고 있습니다.

그림 1-5 Node.js 로고

1.2.3 애플리케이션

자바스크립트를 사용하면 웹이나 서버 외에 모바일이나 데스크톱에서 동작하는 애플리케이션도 개발할 수 있습니다. 이전에는 모바일 애플리케이션을 개발할 때 안드로이드와 iOS 각각의 환경에서 동작하는 애플리케이션을 만들어야 하기 때문에 안드로이드 환경에서는 자바(Java)나 코틀린(Kotlin), iOS 환경에서는 스위프트(Swift)라는 프로그래밍 언어로 개발해야 했습니다. 이렇게 애플리케이션을 제작하면 시간과 비용이 2배로 든다는 어려움이 있었습니다. 그러다가 2015년 페이스북이 개발한 프레임워크인 리액트 네이티브가 나오면서 안드로이드와 iOS 환경에서 모두 작동하는 애플리케이션을 한 번에 제작할 수 있게 되었습니다. 리액트 네이티브(React Native)는 자바스크립트 기반의 프레임워크로, 이것을 사용하면 하나의 애플리케이션만 개발해도 모든 모바일 환경에서 동작할 수 있다는 큰 장점을 갖고 있습니다.

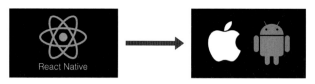

그림 1-6 한 번에 안드로이드와 iOS 환경에서 모두 동작하는 애플리케이션을 개발할 수 있는 리액트 네이티브

또 다른 예로 데스크톱 애플리케이션 중 개발할 때 자주 사용하는 VSCode와 업무용 메신저 Slack 등이 있는데, 이것도 모두 자바스크립트 기반의 일렉트론(Electron)이라는 프레임워크로 제작되었습니다. 이렇게 자바스크립트를 사용하면 웹 개발 이외에도 아주 다양한 일을 할 수 있습니다.

1.3 자바스크립트를 배워야 하는 이유

앞에서 살펴봤듯이 자바스크립트를 사용하면 아주 다양한 일을 할 수 있기 때문에 자바스크립트는 실제 많은 기업과 서비스에서 사용되고 있습니다. 그럼 실제로 자바스크립트의 인기가 어느 정도인지, 자바스크립트를 사용하는 기업에는 어떤 기업이 있는지 살펴보겠습니다.

1.3.1 자바스크립트의 인기

자바스크립트가 얼마나 인기가 많은지를 알아보기 위해 **Stackoverflow2023 설문 결과**[1]를 살펴봅시다. 스택오버플로우(Stackoverflow)는 가장 대표적인 대규모 개발자 커뮤니티 사이트로, 우리나라에서도 많은 사람이 사용하고 있습니다. 개발자들을 대상으로 진행한 Stackoverflow2023의 설문 결과를 통해 자바스크립트의 인기가 어느 정도인지 알아봅시다.

---

1 https://survey.stackoverflow.co/2023/#technology

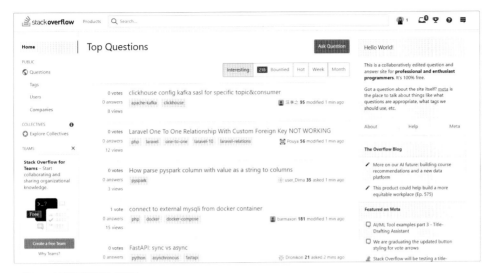

그림 1-7 스택오버플로우 사이트

먼저 2023년 가장 인기 있는 언어에 대한 설문 결과를 살펴봅시다. 아래의 그림을 보면 자바스크립트가 2023년 가장 인기 있는 기술로 선정된 것을 볼 수 있습니다. 자바스크립트는 2023년뿐만 아니라, 11년 연속으로 **개발자들에게 가장 일반적으로 사용되는 프로그래밍 언어**로 선정되기도 했습니다.

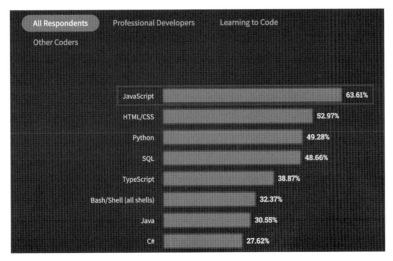

그림 1-8 Stackoverflow2023 가장 인기 있는 기술에 대한 설문 결과

이번에는 개발자들이 가장 많이 쓰는 웹 프레임워크 및 기술에 대한 설문 결과를 살펴봅시다. 아래의 그림에서 볼 수 있듯이, Node.js, React.js, Express 등 1위부터 10위로 선정된 프레임워크 및 기술 중 자바스크립트 기반의 프레임워크와 기술이 절반 이상을 차지하고 있습니다.

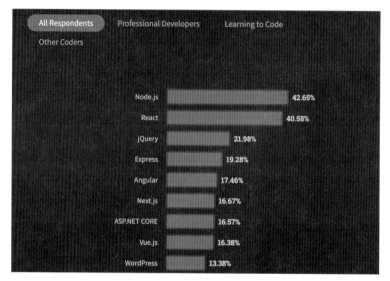

그림 1-9 Stackoverflow2023 가장 많이 쓰는 웹 프레임워크 및 기술에 대한 설문 결과

무조건 인기가 많은 언어를 배울 필요는 없지만, 인기가 많다는 것은 그 언어를 사용하는 기업이 많다는 것을 뜻하며, 그렇기 때문에 자바스크립트를 배운다면 나중에 취업 시장에서 많은 이점이 있을 수 있습니다.

1.3.2 자바스크립트를 사용하는 기업들

실제로 자바스크립트 기반의 라이브러리 혹은 프레임워크를 사용하는 유명한 기업으로는 카카오, 배달의민족, 네이버, 당근마켓, 쿠팡, 넷플릭스, 인스타그램, 페이스북 등을 비롯해 다양한 기업이 있습니다. 이들 기업이 사용하는 라이브러리, 프레임워크는 대표적으로 React.js, Vue.js, Express 등이며, 이를 잘 활용하기 위해 React.js, Vue.js, Express 등의 발판이 되는 자바스크립트를 잘 다룰 수 있어야 합니다. 자바스크립트를 학습하지 않고 바로 자바스크립트 기반의 라이브러리 혹은 프레임워크를 학습한다면, 그것을 이해하고 활용하는 데 한계와 어려움이 있을 수 있으므로 자바스크립트를 잘 배워두는 것이 중요합니다.

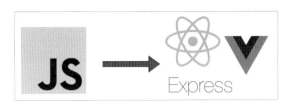

그림 1-10 React.js, Vue.js, Express의 발판이 되는 자바스크립트

1.4 자바스크립트 개발 환경

이제 자바스크립트를 배워야 하는 이유를 알았으니, 본격적으로 자바스크립트에 대해 배워보겠습니다. 먼저 자바스크립트 문법을 배우기 전에, 자바스크립트는 어떤 환경에서 동작하는지, 그리고 자바스크립트 코드는 어디에 작성해야 하는지 알아보겠습니다.

1.4.1 자바스크립트 동작 방식

자바스크립트는 자바스크립트 엔진이 있는 모든 곳에서 동작합니다. 자바스크립트 엔진은 쉽게 말해 자바스크립트 코드를 실행하는 프로그램으로, 우리가 일반적으로 사용하는 웹 브라우저인 사파리, 파이어폭스, 크롬, 엣지, 오페라 등에 포함되어 있습니다.

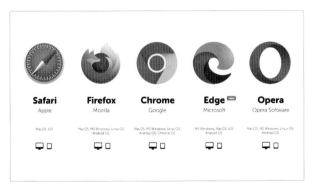

그림 1-11 일반적으로 사용되는 웹 브라우저

웹 브라우저에 포함된 자바스크립트 엔진의 종류는 다양한데, 그중 가장 대표적인 엔진은 크롬(Chrome) 브라우저의 V8 엔진입니다. 이렇게 자바스크립트 엔진이 장착된 웹 브라우저를 **자바스크립트의 실행 환경** 혹은 **런타임**이라고 부릅니다. 정리하면, 자바스크립트는 자바스크립

트 엔진이 있는 곳에서 동작하고, 자바스크립트 엔진은 웹 브라우저에 포함되어 있으며, 이런 웹 브라우저를 자바스크립트의 실행 환경 혹은 런타임이라고 부릅니다.

1.4.2 웹 브라우저에서 실행

이제 자바스크립트 엔진이 들어 있는 웹 브라우저를 통해 자바스크립트를 직접 사용해 보겠습니다. 이 책에서는 앞에서 소개한 V8 엔진이 포함된 크롬 브라우저를 활용할 예정이며, 독자 여러분도 가능하면 크롬 브라우저를 사용하여 실습해 보기를 권합니다. 크롬 브라우저가 내 컴퓨터에 설치되어 있지 않다면 아래의 크롬 사이트에서 크롬 브라우저를 다운로드하기를 바랍니다.

그림1-12 크롬 브라우저 설치 페이지 (https://www.google.com/intl/ko/chrome/)

대부분 웹 브라우저에는 개발자를 위한 개발자 도구가 내장되어 있습니다. Windows 기준 F12 또는 [Ctrl+Shift+I], macOs 기준 [command+option+I]로 개발자 도구를 활성화할 수 있습니다.

다음 그림처럼 구글 시작화면에서 개발자 도구를 실행해 보겠습니다. 앞에서 언급한 키를 눌러 개발자 도구를 활성화하면, 그림에 보이는 것과 같이 구글 사이트 아래 혹은 오른쪽에 개발자 도구가 나타납니다. 그림의 네모 박스로 표시된 콘솔(Console) 탭을 클릭해 자바스크립트를 실행해 보겠습니다. 콘솔 탭 아래에 보이는 필터 부분에 글자가 작성되어 있다면 전부 지워주세요.

그림 1-13 구글 시작화면에서 개발자 도구 실행

콘솔 탭에 파란색 기호(>)가 있는데, 이것을 프롬프트라고 합니다. 이 프롬프트 오른쪽에 코드를 입력해 자바스크립트 코드를 실행시킬 수 있습니다.

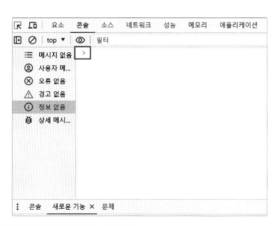

그림 1-14 개발자 도구 콘솔 탭에서 확인할 수 있는 프롬프트

그럼, 프롬프트에 Hello world를 출력하는 코드를 작성해 보겠습니다. 자바스크립트에서 특정 값을 출력하기 위해서는 console.log를 입력한 후 괄호 안에 출력할 값을 작성하면 됩니다. 여기서는 Hello world라는 문장을 출력해 보겠습니다.

예제 1.1 Hello world 출력하기

```javascript
console.log("Hello world");
```

Console

```
Hello world
```

예제 1.1과 같이 코드를 작성하고 **[Enter]**를 누르면 콘솔 탭에 Hello world라는 문장이 출력됩니다.

그림 1-15 개발자 도구에서 console.log("Hello world")를 실행한 결과

이렇게 Hello world가 잘 출력된 것은 웹 브라우저에 있는 자바스크립트 엔진이 콘솔 탭에 작성한 자바스크립트 코드를 해석해서 잘 실행했기 때문입니다. 하지만 이렇게 개발자 도구의 콘솔 탭에 코드를 계속해서 작성한다면, 코드를 한 줄 한 줄 작성할 때마다 코드가 즉시 실행되기 때문에 긴 길이의 자바스크립트 코드를 작성할 때는 코드를 작성하기 매우 불편하다고 느낄 수 있습니다. 그래서 우리는 웹 브라우저의 개발자 도구보다 조금 더 편리하게 자바스크립트 코드를 실행시킬 수 있는 **에디터**에서 자바스크립트를 작성하는 방법을 살펴보겠습니다.

1.4.3 　비주얼 스튜디오 코드 설치 및 실행

비주얼 스튜디오 코드(Visual Studio Code, 이하 VSCode)는 많은 양의 코드를 쉽게 작성할 수 있고 다양한 익스텐션을 통해 여러 기능을 적용할 수 있어 자바스크립트 코드를 더욱 편리하게 사용할 수 있는 데스크톱 환경의 코드 에디터입니다. 먼저 VSCode라고 불리는 이 비주얼 스튜디오 코드 에디터를 다운로드하는 방법부터 알아보겠습니다.

VSCode는 https://code.visualstudio.com/download 사이트에서 다운로드할 수 있습니다. 사이트에 접속하면 그림 1-16과 같은 페이지가 나옵니다. 여기서 자신이 사용하는 컴퓨터에 따라 버튼을 눌러 VSCode 설치 파일을 다운로드하면 됩니다. 다운로드가 완료되면, 설치 파일을 클릭해 설치를 시작합니다. 이 책에서는 윈도우 환경을 기준으로 살펴보겠습니다.

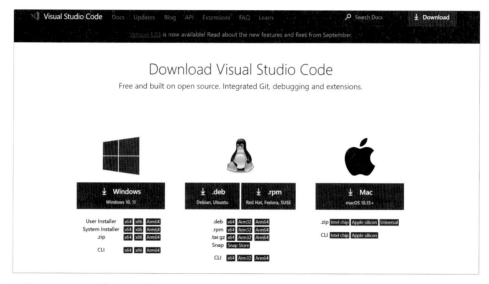

그림 1-16 VSCode 다운로드 페이지

파일을 실행하면 아래의 왼쪽 그림과 같은 창이 뜹니다. '동의합니다(A)'를 선택하고 [다음] 버튼을 누르면 설치 마법사가 완료되었다는 메시지가 담긴 창이 나타납니다. 'VSCode 실행' 체크 박스에 체크하고 [종료] 버튼을 눌러 설치를 완료합니다.

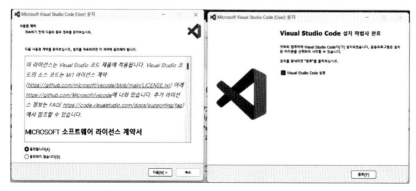

그림 1-17 VSCode 설치 창

이제 VSCode를 실행해 보겠습니다. VSCode를 실행하면 가장 먼저 아래와 같은 테마 설정
페이지가 나옵니다. 원하는 테마를 선택한 후 창을 종료하면 선택한 테마가 설정됩니다. 이제
본격적으로 VSCode에서 코드를 어떻게 작성하는지 알아보겠습니다.

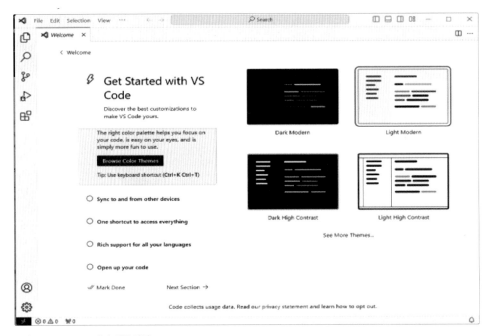

그림 1-18 VSCode 테마 선택 화면

먼저 VSCode에서 사용할 폴더를 만들어줍니다. 바탕화면에 TEST라는 이름의 폴더를 생성
하겠습니다.

그림 1-19 바탕화면에 TEST 폴더 생성

그 다음 다시 VSCode로 돌아와서, VSCode의 왼쪽에 있는
아이콘들 중 맨 위에 있는 탐색기(Expolorer) 아이콘을 누릅
니다. 이 탐색기를 통해 VSCode에서 원하는 폴더를 열 수 있
습니다. VSCode에서 앞서 생성한 TEST 폴더를 열어보겠습니
다. 탐색기에서 [Open Folder] 버튼을 눌러 TEST 폴더를 선택
합니다.

TEST 폴더를 열면 다음 그림처럼 VSCode의 왼쪽 탐색창에
폴더의 이름이 나타납니다. 폴더 이름 아래의 빈 공간에서 마우
스 오른쪽 버튼을 클릭하고 [New File], [New Folder] 메뉴를
이용해 새로운 파일과 폴더를 생성할 수 있습니다.

그림 1-20 VSCode에서 폴더 열기

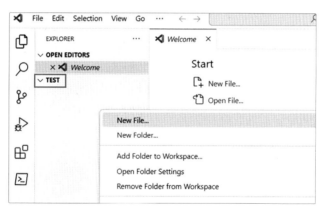

그림 1-21 선택한 TEST 폴더 안에 새로운 폴더 및 파일 생성하기

TEST 폴더 아래에는 src라는 이름의 폴더와 index.html 파일을 생성하고, src 폴더를 마우
스 오른쪽 버튼으로 클릭해서 src 폴더 안에 index.js 파일을 생성합니다. src는 source의 약
자로 소스 코드들을 보관하는 역할을 합니다. 일반적으로 웹 개발에서는 프로젝트의 소스 코드
들을 여러 개의 폴더에 나눠 관리하고, 이 src 폴더에는 주로 자바스크립트 파일이나 css 파일
을 보관합니다. index.html 파일은 브라우저가 웹이나 애플리케이션을 로드할 때 가장 먼저
찾는 파일이기 때문에, src 폴더보다는 보통 프로젝트의 루트 디렉터리(최상위 폴더)에 생성합
니다.

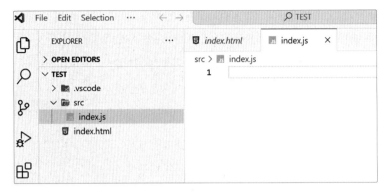

그림 1-22 index.html과 index.js 파일 생성하기

이제 index.html 파일에 코드를 작성해 보겠습니다. 이 책은 자바스크립트를 다루는 책이기 때문에 HTML에 대해서는 자세히 다루지 않습니다.

예제 1.2 index.html 코드

```html
<!DOCTYPE html>
<html>
    <head>
        <title>VSCODE TEST</title>
        <meta charset="UTF-8" />
    </head>
    <body>
        <div>hello world!</div>
        <script src="src/index.js"></script>
    </body>
</html>
```

HTML 파일에는 가장 먼저 `<!DOCTYPE html>`을 작성합니다. `<!DOCTYPE html>`은 이 html 문서는 HTML5를 따르는 문서라고 브라우저에게 알려주는 역할을 합니다. `<!DOCTYPE html>` 아래에는 html 태그를 사용해 html 문서의 시작을 알려주고 head와 body 태그를 작성합니다. head 태그의 내부에는 제목을 나타내는 title 태그와 html 문서에서 한글을 인식할 수 있게 도와주는 `<meta charset="utf-8">`을 작성합니다.

그다음 body 태그 안에는 웹 페이지에 나타낼 여러 가지 요소를 작성합니다. 지금은 간단하게 `<div>hello world!</div>`라고 작성하겠습니다. body 태그의 가장 아래쪽에는 `script` 태그를 작성하고 자바스크립트 코드를 작성할 index.js 파일의 경로를 작성해 index.html에 index.js 파일을 포함시켜 줍니다. 지금까지 VSCode에서 폴더와 파일을 생성하고 코드를 작성하는 방법을 알아봤습니다. 이어서 VSCode를 편리하게 사용할 수 있게 도와주는 여러 가지 플러그인을 설치해 보겠습니다.

먼저 VSCode를 한국어로 편하게 사용하기 위해 한국어 플러그인을 설치해 보겠습니다. VSCode 화면 왼쪽에 보이는 여러 아이콘들 중 아래의 그림에 표시된 아이콘을 누르면 VSCode에서 사용할 수 있는 확장 프로그램을 설치할 수 있습니다.

먼저 왼쪽 상단 검색창에 'korea'라고 검색하고 맨 위에 나오는 확장 프로그램을 설치해 보겠습니다. 다음 그림처럼 Korean Language Pack for Visual Studio Code 확장 프로그램의 [Install] 버튼을 눌러 설치합니다.

그림 1-23 VSCode 한국어 확장 프로그램 설치

설치가 완료됐다면 오른쪽 하단에 뜨는 팝업창의 [Change Language and Restart] 버튼을 눌러 VSCode를 한국어로 설정합니다.

그림 1-24 VSCode를 한국어로 설정하는 방법1

만약 해당 팝업이 나오지 않는다면, Windows 기준 [Ctrl+Shift+P], macOS 기준 [command+shift+P]를 눌러 명령어 팔레트(Command Palette)를 열고, 'Configure Display Language'를 입력한 후 선택합니다. 그다음 '한국어'를 선택해 VSCode를 한국어로 설정합니다.

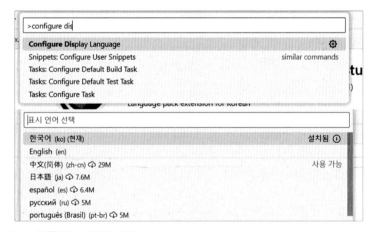

그림 1-25 VSCode를 한국어로 설정하는 방법2

다음으로 설치할 확장 프로그램은 VSCode에서 코드를 작성할 때 코드를 자동으로 줄 맞춤해주는 확장 프로그램입니다. 확장 프로그램 검색 바에 'prettier'를 검색하여 설치를 진행합니다.

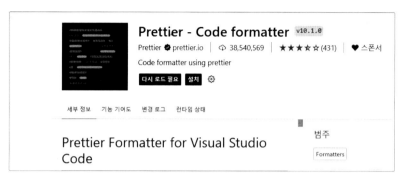

그림 1-26 prettier 확장 프로그램 설치

설치가 완료되면, 다시 VSCode 메인 화면 왼쪽 메뉴로 돌아가서 하단의 설정 버튼을 눌러 설정을 마무리합니다. 톱니바퀴 모양의 설정 버튼을 누르면 나타나는 메뉴에서 [설정]을 클릭합니다.

그림 1-27 왼쪽 하단의 설정 버튼

설정창의 검색 바에 'editor.format'을 검색하여 그림 1-28처럼 'Editor: Format On Save'에 체크 표시를 해줍니다. 또한 'default formatter'를 검색한 후 'Prettier-Code formatter'를 선택해 줍니다. 설정이 끝나고 나면 index.html 파일에서 [Ctrl+S] 혹은 [command+S]를 눌러 코드를 저장해 봅니다. 코드가 예쁘게 정리되는 것을 볼 수 있습니다.

그림 1-28 prettier 확장 프로그램 설정 방법

이제 마지막 확장 프로그램을 설치해 보겠습니다. Live Server는 VSCode에 작성한 코드를 우리가 사용하고 있는 컴퓨터에서 실행해주는 확장 프로그램으로, 작성한 코드에 대한 결과를 웹 화면에서 실시간으로 확인할 수 있어 웹 개발을 편리하게 할 수 있게 도와주는 확장 프로그램입니다.

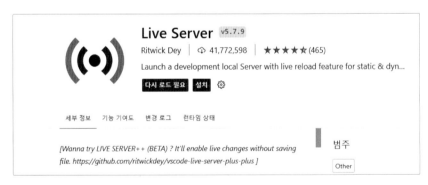

그림 1-29 LiveServer 확장 프로그램 설치

Live Server를 설치하고 VSCode의 오른쪽 하단을 보면, 다음 그림과 같이 [Go Live]라는 버튼이 생성됩니다.

그림 1-30 오른쪽 하단에 Go Live 버튼이 생성된 화면

코드를 작성한 후 [Go Live] 버튼을 누르면, 해당 버튼이 있던 자리에 Port: 5500라고 표시되면서 `http://127.0.0.1:5500/index.html` 주소의 새로운 웹 페이지가 생성됩니다. 이 주소에서 127.0.0.1은 내 컴퓨터에서 동작하는 로컬 서버의 주소를 의미하고, 뒤에 작성된 :5500은 해당 주소의 5500번 포트를 의미합니다. 여기서 주소와 서버는 집과 문에 비유할 수 있습니다. 127.0.0.1이라는 집에 있는 문 중에 5500번의 문으로 들어와서 이 코드를 웹 브라우저에 표시해 주고 있다고 보면 됩니다.

Live Server 익스텐션은 코드가 변경되면 변경사항을 실시간으로 웹 페이지에 나타내기 때문에 새로 고침 없이 웹 개발을 빠르고 편리하게 할 수 있다는 장점이 있습니다. 정말 실시간으로 변경되는지 확인하기 위해 Live Server를 통해 생성된 `http://127.0.01:5500/index.html` 페이지에서 개발자 도구를 연 다음, index.js 코드를 다음과 같이 변경해 보겠습니다.

예제 1.3 index.js 코드 수정

```
console.log("start VSCode");
console.log("hello javascript");
```

그림 1-31 index.js에 작성된 코드의 실행 결괏값

지금까지 자바스크립트 코드를 작성할 수 있는 코드 에디터인 VSCode에 대해 알아보면서 여러 가지 유용한 익스텐션을 설치해 봤습니다. 이 책에서는 이 VSCode를 사용해 실습을 위한 자바스크립트 코드를 작성하겠습니다.

> **Tip _ 프로그램 설치 없이 자바스크립트 코드를 편리하게 실행할 수 있는 온라인 에디터 "코드 샌드 박스"**
>
> 코스 샌드 박스(Code SandBox)는 환경설정과 별도의 설치 과정 없이, 자바스크립트를 실행시킬 수 있도록 도와주는 온라인 에디터입니다. https://codesandbox.io에 접속해 자바스크립트 코드를 작성하고 코드를 실행하면 코드 샌드 박스 사이트 내에서 코드의 실행 결과를 실시간으로 확인할 수 있습니다.

변수와 자료형

앞에서 자바스크립트란 무엇인지 알아보고, 자바스크립트를 배워야 하는 이유와 자바스크립트를 실행하는 방법에 대해 배웠습니다. 이제 본격적으로 자바스크립트의 문법을 배워보겠습니다. 2장에서는 프로그래밍 언어에서 데이터를 저장하고 관리하기 위해 사용되는 **변수**와 데이터의 종류를 나타내는 **자료형**에 대해 알아보고, 자바스크립트에는 어떠한 자료형이 있는지 살펴보겠습니다.

2.1 변수

먼저 변수(variable)에 대해 알아보겠습니다. 변수는 프로그램이 실행되는 도중에 변경되는 값을 저장하기 위한 **이름을 가진 저장소**입니다. 특정 값을 담아 놓을 상자에 이름을 붙여 놓은 것이라고 생각하면 이해하기 쉽습니다. 변수를 사용하기 위해서는 우선 변수의 이름을 지정해야 합니다.

그림 2-1 데이터를 담아 놓을 상자에 이름을 붙여 놓은 것

자바스크립트에서 변수에 이름을 지정할 때는 예제 2.1의 코드와 같이 let이라는 키워드를 사용합니다.

변수에 이름 지정하기

```
let 이름;
```

let 뒤에는 생성할 변수의 이름을 작성합니다. 변수를 생성하고 color라는 이름을 지정해보겠습니다.

예제 2.1 color 변수 생성하기

```
let color;
```

변수를 사용하기 위해서는 반드시 변수를 선언해야 하는데, 이렇게 변수에 이름을 지정함과 동시에 생성하는 것을 **변수 선언**이라고 합니다. 이번에는 생성한 변수에 특정 값을 저장해 보겠습니다.

변수에 값을 저장하는 방법

```
let 이름 = 값;
```

변수에 특정 값을 저장하기 위해서는 위와 같이 변수의 이름을 작성하고, 변수의 이름 뒤에 = 연산자를 사용해 원하는 값을 저장합니다. color라는 이름의 변수에 skyblue라는 값을 저장하고 color 변수의 값을 console.log를 통해 출력해 보겠습니다.

예제 2.2 color 변수에 값 지정하기

```
let color = "skyblue";
console.log(color);
```

Console

```
skyblue
```

예제 2.2에서는 color라는 이름의 변수에 = 연산자를 사용해서 skyblue라는 값을 저장했기 때문에 color 변수의 값을 출력하면 skyblue라는 값이 나옵니다. 변수에 특정 값을 저장하는 것을 우리는 변수에 값을 **대입**, 혹은 **할당**한다고 합니다. 변수에 값을 할당할 때는 항상 = 연산자를 기준으로 왼쪽에는 변수의 이름을, 오른쪽에는 변수에 저장할 값을 작성해 줍니다.

그럼 변수의 값을 중간에 다른 값으로 변경하면 어떻게 될까요? 이를 확인하기 위해 이번에는 color라는 이름의 변수를 선언하고 변수에 skyblue라는 값을 할당해 준 다음, 다시 color 변수에 yellow라는 값을 할당하고 나서 최종적으로 color 변수에 어떤 값이 저장되어 있는지를 console.log를 통해 확인해 보겠습니다.

예제 2.3 변수 값 변경하기

```
let color = "skyblue";
color = "yellow";          // 변수 값 변경
console.log(color);
```

Console

```
yellow
```

예제 2.3의 코드처럼 let 키워드를 사용해 color라는 이름의 변수를 선언하고 skyblue라는 값을 할당한 후, 다시 color 변수에 yellow라는 값을 할당하니 최종적으로 color라는 변수에는 yellow라는 값이 저장되어 있는 것을 확인할 수 있습니다. 이처럼 변수는 변화하는 값을 저장하는 저장소이기 때문에 중간에 다른 값으로 변경할 수 있습니다. 이렇게 변수에 새로운 값을 할당하는 것을 변수 값의 **재할당**이라고 부르기도 합니다.

2.1.1 변수 명명 규칙

프로그래밍에서 변수를 사용하기 위해서는 변수에 이름을 지정해야 하며 이를 변수의 선언이라고 부른다고 했습니다. 자바스크립트에서 변수에 이름을 지정할 때는 지켜야 할 몇 가지 규칙이 있습니다.

- 변수명에는 $ 기호와 _ 기호를 제외한 다른 기호는 사용할 수 없다.
- 변수명의 맨 앞에는 숫자를 사용할 수 없다.
- 변수명에는 예약어를 사용할 수 없다.

이 규칙을 하나씩 살펴보겠습니다.

예제 2.4 변수명에 $ 기호와 _ 기호 사용하기

```
let $name;
let my_name;
```

예제 2.4처럼 $name이라는 이름의 변수와 my_name이라는 변수를 선언하면 에러 없이 코드가
실행됩니다.

예제 2.5 변수명에 ^ 기호와 & 기호 사용하기

```
let name^;        // Uncaught SyntaxError: Unexpected token '^'
let my&name;      // Uncaught SyntaxError: Unexpected token '&'
```

하지만 예제 2.5처럼 다른 기호를 넣은 변수명을 사용하면 변수명에는 $ 기호와 _ 기호를 제외
한 다른 기호는 사용할 수 없다는 변수 명명 규칙에 위배되기 때문에 에러가 발생합니다.

예제 2.6 변수명에 숫자 사용하기

```
let 1st;          // Uncaught SyntaxError: Invalid or unexpected token
let user1;
```

예제 2.6의 1st라는 변수명은 변수명의 맨 앞이 숫자이기 때문에 변수명의 맨 앞에는 숫자를
사용할 수 없다는 규칙에 위배되어 변수명으로 사용할 수 없지만, user1이라는 이름의 변수는
숫자가 변수명의 맨 앞이 아닌 다른 위치에 있기 때문에 변수명으로 사용 가능합니다.

예제 2.7 변수명에 예약어 사용하기

```
let let;
let for;
```

예제 2.7처럼 let과 for로 변수명을 지정하면 변수명에는 **예약어**를 사용할 수 없다는 규칙에
위배되기 때문에 실행 시 오류가 납니다. 예약어란 프로그램 내에서 이미 의미와 용법이 지정
되어 있는 단어로, 자바스크립트에는 다음과 같은 예약어가 있습니다.

표 2-1 자바스크립트의 예약어 종류

abstract	arguments	boolean	break	byte	case	catch	char
class	const	continue	debugger	default	delete	do	double
else	enum	eval	export	extends	false	final	finally
float	for	function	goto	if	implements	import	in
instanceof	int	interface	let	long	native	new	null
package	private	protected	public	return	short	static	super
switch	synchronized	this	throw	throws	transient	true	try
typeof	var	void	volatile	while	with	yield	

2.1.2 긴 변수명 표기법

자바스크립트에서는 변수의 이름을 되도록 변수가 담고 있는 값이 무엇인지 혹은 변수가 하는 역할이 무엇인지를 명확하게 알 수 있게 지정합니다. 예를 들어 색상 정보를 갖고 있는 변수의 이름으로는 color를, 이름에 대한 정보를 담고 있는 변수의 이름은 name으로 지정합니다. 이렇게 변수명을 직관적으로 작성하면 코드의 가독성을 높일 수 있습니다.

가독성을 높이기 위해 직관적으로 변수명을 지정하다 보면 변수명이 길어지는 경우가 자주 발생합니다. 사용자의 정보를 담는 변수의 이름을 user info로, 특정 값이 참인지 거짓인지를 담는 변수의 이름을 is true or false로 지정하고 싶은데, 변수명에 두 가지 이상의 단어가 들어가야 해서 변수명이 길어집니다.

예제 2.8 여러 단어가 조합된 변수명

```
let userinfo;
let istrueorfalse;
```

변수명에 띄어쓰기 또한 허용되지 않기 때문에 예제 2.8처럼 여러 단어가 조합된 긴 변수명을 선언하면 읽기가 불편하고 오히려 가독성이 떨어집니다. 이렇게 변수명이 긴 경우에는 어떻게 작성하는 게 좋을까요?

자바스크립트에서는 보통 변수나 함수의 이름에 **카멜 표기법(Camel case)**이라는 네이밍 컨벤션(Naming convention)을 적용합니다. **네이밍 컨벤션**이란 두 가지 이상의 영어 단어로 이루어진 변수명을 작성할 때 가독성을 높이고 단어를 한눈에 파악할 수 있게 도와주는 표기법입니다. 카멜 표기법은 예제 2.9의 변수와 같이 단어를 차례대로 나열하면서 첫 번째 단어를 제외한 각 단어의 첫 글자를 대문자로 작성하는 방법입니다.

예제 2.9 카멜 표기법으로 작성한 변수명

```
let userInfo;
let isTrueOrFalse;
```

사용자 정보에 대한 데이터를 담을 userinfo 변수의 경우 첫 번째 단어인 user를 제외한 나머지 단어 info의 첫 글자 I를 대문자로 작성해 userInfo라고 표기할 수 있습니다. 마찬가지로 istrueorfalse에 카멜 표기법을 적용하면 isTrueOrFalse라고 쓸 수 있으며, 이렇게 함으로써 변수의 역할을 직관적으로 알 수 있고 가독성 좋은 코드를 작성할 수 있습니다.

2.2 상수

지금까지 변경되는 값을 저장하기 위한 이름을 가진 저장소, 변수에 대해 배웠습니다. 자바스크립트에는 변수뿐만 아니라, 변하지 않는 값을 저장하는 저장소도 있는데, 이를 **상수**(constant)라고 합니다. 값을 저장한다는 것은 동일하지만, 변수는 값을 변경할 수 있고, 상수는 값을 변경할 수 없다는 차이점이 있습니다. 그럼 상수는 어떻게 사용하는지, 왜 사용하는지 배워봅시다.

상수 선언 방법

```
const 이름 = 값;
```

상수를 선언할 때는 let이 아닌 const 키워드를 사용합니다. 상수 또한 선언 후 = 연산자를 사용해 값을 할당할 수 있습니다. 앞에서 언급했듯이, 상수에 한 번 저장한 값은 변경할 수 없습니다. 상수에 할당된 값을 변경하려고 하면 어떻게 되는지 실습을 통해 확인해 보겠습니다. 앞에서 소개한 예제와 동일하게 color라는 이름의 상수를 선언하고 skyblue라는 값을 할당한 다음, 상수의 값을 yellow로 변경해 보겠습니다.

예제 2.10 상수 값 변경하기

```
const color = "skyblue";
color = "yellow";          //상수값 변경

console.log(color);
```

Console

```
TypeError: "color" is read-only
```

이렇게 const로 선언된 color라는 상수의 값을 중간에 yellow라는 값으로 변경하려고 하면 Type Error : "color" is read-only라는 에러가 출력되는 것을 볼 수 있습니다.

2.2.1 상수 활용 예시

그렇다면 상수는 왜 사용할까요? 변수처럼 변경되는 값을 하나의 이름으로 사용하기 위한 것도 아니고, 변경할 수 없는 값을 담는 상수를 왜 사용하는지 궁금할 수 있습니다. 상수는 어떠한 값이 변경될 수 없다고 확신할 때 실수로 변수의 값이 변경되는 것을 방지하기 위해 사용됩니다. 예컨대 생일이나 이름은 절대 변경될 수 없는 값입니다.

예제 2.11 상수 활용 예시 1

```
const birthday = "12-21";
const name = "hyobin";
```

이렇게 값이 절대 변경되지 않을 것이라고 확신할 수 있는 값이라면, const를 사용해 동료 개발자들에게 이 값은 상수이므로 값을 변경하지 말라고 알릴 수 있고, 이후에 값이 변경되는 것을 방지할 수 있습니다. 또한 값을 변경할 수 없다는 속성 때문에 상수는 이메일이나 홈페이지 주소와 같이 기억하기 어려운 값을 저장해두는 별칭으로 사용하기도 합니다.

예제 2.12 상수 활용 예시 2

```
const EMAIL_ADDRESS = "hbin12212@gmail.com";
const PROFILE_URL = "https://hyobb.com";
```

참고로 상수를 별칭으로 사용할 때는 상수의 이름을 모두 대문자로 작성하는 것이 관례입니다.

2.3 자료형

변수의 **자료형**(type)이란 변수에 할당되는 데이터의 종류를 뜻하며, 변수의 타입이라고도 합니다. 자바스크립트의 자료형은 크게 원시 타입과 비 원시 타입으로 나뉩니다. 원시 타입 자료형은 프로그램이 실행되는 도중에 단 하나의 값만 가지는 타입을 뜻하고, 비 원시 타입 자료형은 한 번에 여러 개의 값을 가지는 타입을 뜻합니다.

다음 코드를 통해 원시 타입과 비 원시 타입 자료형이 어떤 차이점이 있는지 살펴보겠습니다.

예제 2.13 원시 타입 자료형과 비 원시 타입 자료형

```
let number = 123;
number = "four";

let array = [1, "two", 3];
```

number 변수에는 123이라는 값을 할당하고, 이후 four라는 값으로 변경했습니다. array 변수에는 1, "two", 3이라는 값이 담긴 배열을 할당했습니다. 배열은 이후에 자세하게 다룰 예정이니, 여기서는 이렇게 대괄호 안에 여러 가지 값을 넣는 것이 배열이라는 것 정도만 알고 넘어가겠습니다.

두 변수를 살펴보겠습니다. number 변수는 처음에는 123이라는 값을, 이후에는 four라는 단하나의 값을 갖고 있고, array 변수는 한 번에 1, two, 3 3개의 값을 갖고 있습니다. 여기서 number 변수처럼 어떠한 자료형이든 한 가지만 가지고 있는 변수의 타입을 원시 타입 자료형, array 변수처럼 한 번에 여러 개의 값을 갖고 있는 변수의 타입을 비 원시 타입 자료형이라고 부릅니다. 자바스크립트의 원시 타입 자료형에는 숫자, BigInt, 문자, boolean, null, undefined, symbol 형이 있고, 비 원시 타입 자료형으로는 객체, 함수, 배열이 포함된 객체형이 있습니다. 먼저 자바스크립트의 원시 타입 자료형에 대해 배워보겠습니다.

자바스크립트의 여러 가지 원시 타입 자료형에 대해 자세하게 살펴보기 전에, typeof 연산자에 대해 먼저 알아보겠습니다. typeof 연산자는 자바스크립트에서 기본으로 제공하는 연산자로, 특정 변수의 자료형을 결괏값으로 반환하는 연산자입니다. typeof 연산자의 사용법은 다음과 같습니다.

예제 2.14 typeof 연산자

```
let number = 10;

console.log(typeof(number));
console.log(typeof number);
```

Console
```
number
number
```

typeof 연산자를 작성하고 괄호 안에 자료형을 알아볼 변수의 이름을 작성하거나 typeof 연산자 뒤에 변수의 이름을 작성하면, 해당 변수의 자료형이 출력됩니다.

2.3.1 숫자형

원시 타입 자료형 중 가장 먼저 숫자형에 대해 살펴봅시다. 숫자형 타입(Number 타입)은 말 그대로 숫자를 나타내는 자료형으로, 정수, 소수 등의 모든 숫자를 나타냅니다. 두 개의 변수에 각각 정수와 소수를 할당하고 typeof 연산자를 사용해 변수의 자료형을 출력하면, 모두 num이라는 값이 출력됩니다.

예제 2.15 숫자형 변수

```
let num1 = 125;
let num2 = 10.00123;

console.log(typeof(num1));
console.log(typeof(num2));
```

Console
```
number
number
```

숫자형 타입은 덧셈(+), 뺄셈(−), 곱셈(*), 나눗셈(/)의 기본적인 사칙연산이 가능합니다. num이라는 이름의 변수를 선언하고 10이라는 숫자를 할당해 num 변수를 숫자형 타입 변수로 만든 다음, 사칙연산 결과를 출력해 보겠습니다.

예제 2.16 숫자형 타입 변수의 사칙연산

```
let num = 10;

console.log(num + 5);
console.log(num - 5);
console.log(num * 5);
console.log(num / 5);
```

Console

```
15
5
50
2
```

작성한 코드를 실행하면 에러 없이 알맞은 연산 결과가 출력되는 것을 볼 수 있습니다. 자바
스크립트의 숫자형에는 이렇게 기본적인 정수와 소수뿐만 아니라 Infinity와 NaN과 같은 특
수한 값도 포함되어 있습니다. 그러면 Infinity와 NaN에 대해 자세히 알아보겠습니다. 먼저
Infinity 값에 대해 살펴봅시다.

예제 2.17 Infinity

```
let num = Infinity;
console.log(typeof num);
```

Console

```
number
```

Infinity는 **무한대**를 나타내는 값으로, 위의 예제와 같이 하나의 값으로 변수에 할당할 수 있
습니다. Infinity는 숫자형이기 때문에 num 변수의 자료형을 typeof 연산자를 사용해 확인해
보면 number라는 값이 출력되는 것을 볼 수 있습니다. Infinity는 하나의 값 뿐만 아니라 다음
과 같이 나타낼 수도 있습니다.

예제 2.18 숫자를 0으로 나눈 값

```
let num = 10 / 0;
console.log(num);
```

Console

```
Infinity
```

이번에는 숫자 10을 0으로 나눈 값을 num 변수에 할당했습니다. 이 num 변수를 출력해 보면, Infinity라는 값이 출력되는 것을 볼 수 있습니다. 이처럼 Infinity는 하나의 값으로 변수에 할당할 수 있는 값이고, 어느 숫자든지 0으로 나누는 경우 반환되는 값입니다.

다음으로는 NaN에 대해 알아보겠습니다.

예제 2.19 NaN

```
let num = NaN;
console.log(typeof num);
```

Console

```
number
```

NaN은 Not A Number라는 뜻으로, '숫자가 아니다'라는 뜻을 갖고 있습니다. num 변수에 NaN이라는 값을 할당하고 typeof 연산자를 사용해 NaN의 자료형을 출력해 보면 number가 출력되는 것을 볼 수 있습니다. NaN도 Infinity와 같이 하나의 값으로, 특정 변수에 할당할 수 있는 값입니다. 이번엔 NaN을 다른 방법으로 나타내보겠습니다.

예제 2.20 문자열을 숫자로 나눈 값

```
let num = "자바스크립트" / 10;
console.log(num);
```

Console

```
NaN
```

num 변수에 자바스크립트라는 문자열을 숫자 10으로 나눈 값을 할당했습니다. 문자열을 숫자로 나눈 연산의 결괏값이 할당된 num 변수를 출력하면 NaN이라는 값이 출력됩니다. 이처럼 NaN이라는 값은 문자열을 숫자로 나누는 것과 같이 부정확한 연산을 할 경우 반환되는 값입니다.

이렇게 자바스크립트는 다른 언어와 다르게 부정확한 연산을 하거나, 0으로 나누는 연산을 하더라도 에러가 발생하지 않고 Infinity와 NaN이라는 값을 변환하기 때문에 자바스크립트의 숫자 연산은 안전하다고 표현합니다.

2.3.2 BigInt

다음으로는 BigInt 타입에 대해 알아보겠습니다. BigInt 타입은 숫자형으로는 표현하지 못하는 범위인 $2^{53}-1$보다 크거나 $-(2^{53}-1)$보다 작은 정수를 나타내야 할 때 사용하는 자료형입니다. BigInt 형은 숫자 끝에 n을 붙이거나 자바스크립트가 제공하는 BigInt()라는 함수를 사용해 나타낼 수 있습니다. 한 번 코드와 함께 살펴보겠습니다.

예제 2.21 BigInt 형 변수

```
let bigNumber1 = 9007199254740991n;
let bigNumber2 = BigInt("9007199254740991");

console.log(typeof bigNumber1);
console.log(typeof bigNumber2);
```

Console
```
bigint
bigint
```

bigNumber1 변수에는 숫자 뒤에 n을 붙인 값을 할당했고, bigNumber2 변수에는 BigInt()를 사용해 괄호 안에 숫자를 넣은 값을 할당했습니다. 두 값을 typeof 연산자를 사용해 자료형을 출력해 보면 모두 bigint라는 결괏값이 출력됩니다.

2.3.3 문자형

다음으로 살펴볼 자료형은 문자형(String 타입)입니다. 자바스크립트 변수에 문자열을 할당하기 위해서는 문자열을 따옴표로 묶어야 합니다. name이라는 변수에 제 이름을 할당한 다음, typeof 연산자를 사용해 name 변수의 자료형을 출력해 보겠습니다.

예제 2.22 문자형 변수

```
let name = "hyobin";
console.log(typeof name);
```

Console

```
string
```

name이라는 변수에 hyobin이라는 값을 따옴표로 묶어 할당했습니다. name 변수의 자료형을 출력하면 string 문자형이라고 출력되는 것을 볼 수 있습니다. 우리가 흔히 사용하는 따옴표는 " "이지만, 자바스크립트에서 사용되는 따옴표에는 큰따옴표(""), 작은따옴표(''), 역따옴표(``)의 3가지 종류가 있습니다. 큰따옴표와 작은따옴표는 같은 기능을 하기 때문에 문자열을 할당하기 위해 둘 중 아무거나 사용해도 상관없지만, 역따옴표는 키보드의 ~키를 누르면 나오는 `를 사용해 작성하며, 큰따옴표나 작은따옴표와는 큰 차이가 있습니다.

그럼 역따옴표는 어떤 차이점이 있는지 살펴보겠습니다.

예제 2.23 역따옴표

```
let name = "hyobin";
let intro = `제 이름은 ${name} 입니다.`;
console.log(intro);
```

Console

```
제 이름은 hyobin 입니다.
```

intro 변수에 문자열을 역따옴표로 묶어 할당하고, 문자열 안에 $ 기호와 함께 name 변수를 작성했습니다. 역따옴표는 **백틱**이라고도 부르며, intro 변수에 할당된 값과 같이 역따옴표로 문자열을 묶으면 문자열 안에 있는 특정 변수에 저장된 값을 넣을 수 있습니다. 역따옴표 안에서 특정 변수에 저장된 값을 넣을 때는 $ 기호 뒤에 중괄호({})를 작성하고, 중괄호 안에 특정 변수의 이름을 작성하면 됩니다. 이러한 방식을 **템플릿 리터럴**이라고 부르며, 자바스크립트로 프로그래밍할 때 아주 유용하게 사용할 수 있습니다.

2.3.4 Boolean 형

Boolean 형은 참이나 거짓을 표현하기 위한 자료형으로, 값이 true 또는 false로 이루어져 있습니다. 특정 버튼이 클릭되었는지, 클릭되지 않았는지를 판별하는 isClicked 변수를 Boolean 형으로 생성해 보겠습니다.

예제 2.24 isClicked 변수 Boolean 형으로 선언하기

```
let isClicked = false;
```

Boolean 형은 값이 true와 false로만 이루어져 있기 때문에 보통 참인지 거짓인지를 분별하는 값을 저장할 때 사용되고, 조건문을 사용해 변수의 값에 따라 다른 코드를 실행해야 할 때 자주 사용되는 자료형입니다.

Boolean 형을 조건문과 함께 사용하는 예제 코드는 다음과 같습니다.

예제 2.25 조건문과 함께 사용되는 Boolean 형

```
let isClicked = false;
if (isClicked) {
    console.log("클릭O");
} else {
    console.log("클릭X");
}
```

조건문에 대해서는 다음 장에서 자세하게 다루겠습니다.

2.3.5 null

다음으로는 null 형에 대해 알아봅시다. null을 하나의 값으로만 활용하는 다른 언어와는 달리, 자바스크립트에서 null은 오직 null 값만 포함하는 자료형으로 사용되고 존재하지 않거나 알 수 없는 값을 나타낼 때 사용됩니다. null을 변수에 할당하고 typeof 연산자를 사용해 자료형을 출력해보겠습니다.

예제 2.26 null 형

```
let name = null;
console.log(typeof name);
```

Console

```
object
```

변수에 null을 할당하면, name 변수가 비어 있는 값임을 나타냅니다. name 변수에 null 값이 할당되어 있기 때문에 typeof 연산자를 사용해 자료형을 출력하면 Null이라는 값이 출력돼야 하지만, 출력 결과를 보면 object라는 값이 출력됩니다. 이는 자바스크립트의 오래된 오류로, 변수가 null 형임을 확인하기 위해서는 typeof 연산자를 사용하는 대신, 다음과 같이 작성해야 합니다.

예제 2.27 변수가 null 형인지 확인하는 방법

```
let name = null;
console.log(name === null);
```

Console

```
true
```

=== 연산자는 연산자를 기준으로 왼쪽에 작성한 값과 오른쪽에 작성한 값이 동일한지를 비교하는 연산자로, 연산자 챕터에서 자세하게 다룰 예정입니다. 위의 코드를 실행하면, name 변수에는 null 값이 할당되어 있기 때문에 true라는 값이 출력됩니다.

2.3.6 undefined

undefined 형은 null 형과 자주 헷갈릴 수 있는 자료형입니다. undefined 형은 null 형과 마찬가지로, undefined 값만을 포함하는 자료형이지만, null 형처럼 값이 존재하지 않거나 알 수 없는 값일 때가 아닌, 변수에 값이 할당되지 않은 상태일 때 자동으로 undefined 값이 할당된다는 차이가 있습니다. 이번에는 name 변수를 undefined 형으로 선언하고 typeof 연산자를 사용해 name 변수의 자료형을 출력해 보겠습니다.

예제 2.28 undefined 형

```
let name;
console.log(typeof name);
```

Console

```
undefined
```

name 변수를 undefined 형으로 선언하기 위해서는 name 변수에 undefined라는 값을 할당해도 되지만, 예제 2.28의 코드처럼 name 변수에 아무런 값을 할당하지 않아도 됩니다.

2.4　형 변환

지금까지 자바스크립트의 변수와 상수, 그리고 원시 타입 자료형에 대해 알아봤습니다. 자바스크립트에 대해 여기까지 살펴보면서 기존에 다른 프로그래밍 언어를 학습했던 분들은 의문이 들 수 있습니다. C 언어 혹은 Java에서는 변수를 선언할 때 변수 앞에 변수의 자료형을 미리 작성해야 하지만, 자바스크립트는 다른 언어와 달리, 변수 선언 시 변수의 자료형을 작성하지 않기 때문입니다. C 언의 변수 선언 방식은 다음과 같습니다.

예제 2.29 C 언어의 변수 선언 방식

```
int num = 10;            //숫자형
char name[] = "hyobin";  //문자형;
```

예제의 C 언어처럼 변수 선언 시 앞에 자료형을 명시해 주는 경우, 해당 자료형에 알맞은 값만 변수에 할당할 수 있습니다. 자바스크립트가 다른 프로그래밍 언어와 달리 변수 선언 시 변수의 자료형을 미리 작성하지 않는 이유는 자바스크립트는 프로그램 실행 중에 자료형이 변환되는 언어이기 때문입니다.

예제 2.30 값에 따라 자료형이 변환되는 자바스크립트

```
let num = "100";
console.log(typeof num);
num = 10;
console.log(typeof num);
```

Console

```
string
number
```

예제 2.30처럼 자바스크립트에서는 num 변수에 100이라는 문자를 할당할 수도, 이후 10이라는 숫자를 할당할 수도 있습니다. 100이라는 문자열이 할당됐을 때는 문자형 변수가 되어 typeof 연산자를 사용해 자료형을 출력하면 string이라는 값이 출력되고, 10이라는 숫자형이 할당됐을 때는 숫자형 변수로 변하기 때문에 typeof 연산자를 사용해 자료형을 출력하면 number라는 값이 출력됩니다. 이렇게 하나의 변수에 다른 타입의 값을 저장해도 아무런 에러 없이 유연하게 값과 함께 타입이 변경되는 언어를 **동적 타입 언어**라고 합니다.

자바스크립트는 자료형이 유연하게 변환되는 동적 타입 언어로, 특정 연산을 위해 자동으로 자료형이 변환되는 경우도 있습니다. 이를 **형 변환**이라고 하며, 형 변환에는 묵시적 형 변환과 명시적 형 변환이 있습니다. 먼저 묵시적 형 변환에 대해 살펴봅시다.

2.4.1 묵시적 형 변환

묵시적 형 변환이란 우리가 의도해서가 아니라 자료형이 자동으로 변환되는 형 변환을 말합니다. num1 변수에 문자열 15를, num2 변수에는 숫자 5를 할당하고, num1 변수를 num2 변수로 나눈 값을 출력하는 코드를 작성해 보겠습니다.

예제 2.31 값에 따라 자료형이 변환되는 자바스크립트

```
let num1 = "15";
let num2 = 5;
console.log(num1 / num2);
```

Console

```
3
```

num1 변수에는 숫자 15가 아닌 문자열 15가 할당되었지만, num1 변수를 num2 변수로 나눈 결과, 숫자 15 나누기 5의 결과인 3이 출력되는 것을 볼 수 있습니다. 출력 값이 3이 나온 이유는 자바스크립트 엔진이 나누기 연산을 실행하기 위해 문자열 15를 숫자 15로 적절하게 자동 변환해 주었기 때문입니다. 자바스크립트에서는 이렇게 더하기를 제외한 사칙연산을 문자열에 사용하면 문자열을 자동으로 숫자형으로 변환하는데, 이를 **묵시적 형 변환**이라고 부릅니다.

2.4.2　명시적 형 변환

다음으로, 명시적 형 변환에 대해 살펴보겠습니다. 명시적 형 변환은 묵시적 형 변환과는 반대되는 개념으로, 자료형이 자동으로 변환되는 것이 아니라 우리가 직접 의도적으로 자료형을 변환시키는 것을 말합니다. 이번에는 문자열 15가 할당된 num1과 숫자 5가 할당된 num2 변수를 선언하고 두 변수의 값을 더한 결과를 출력하는 코드를 작성해 보겠습니다.

예제 2.32 값에 따라 자료형이 변환되는 자바스크립트

```
let num1 = "15";
let num2 = 5;
console.log(num1 + num2);
```

Console

```
155
```

작성한 코드를 실행해 보면 이번에는 숫자 15에 5를 더한 20이 아닌 155라는 값이 출력되는 것을 볼 수 있습니다. 자바스크립트는 사칙연산 중 곱하기와 나누기, 빼기 연산을 수행할 때는 문자형을 숫자형으로 변환하지만, 더하기 연산을 할 경우에는 숫자를 문자열로 변환합니다. 그렇기 때문에 num2 변수에 할당된 숫자 5가 문자열 5로 형 변환되어 155라는 문자열이 출력된 것입니다. 그럼 위의 코드에서 숫자 15와 5를 더한 값인 20이 출력되게 하려면 코드를 어떻게 변경해야 할까요? 다음의 코드를 함께 살펴보겠습니다.

예제 2.33 값에 따라 자료형이 변환되는 자바스크립트

```
let num1 = "15";
let num2 = 5;
console.log(parseInt(num1) + num2);
```

Console

```
20
```

숫자 15와 5를 더한 결괏값을 출력하기 위해서는 자바스크립트가 기본으로 가지고 있는 parseInt라는 함수를 사용하면 됩니다. parseInt는 괄호 안에 있는 문자열을 숫자로 변환해주는 역할을 하는 함수로, 위의 코드에서는 문자열 15가 저장되어 있는 num1 변수의 값을 숫자

형 15로 변환해주기 때문에 parseInt(num1)과 num2의 값을 더하게 되면 20이라는 숫자가 출력됩니다. 이렇게 parseInt와 같이 기본적으로 자바스크립트가 가지고 있는 내장 함수를 사용해서 자료형을 의도적으로 변환시키는 것을 **명시적 형 변환**이라고 부릅니다.

형 변환은 이렇게 묵시적 형 변환과 명시적 형 변환으로 분류되고 자바스크립트에서 데이터를 유연하게 처리하는 데 도움이 되지만, 변수의 자료형을 일관성 있게 유지하기가 어렵고, 잘못 사용할 경우 많은 에러를 발생시킬 수 있기 때문에 주의해서 사용해야 합니다.

03

연산자와
조건문

데이터를 저장하는 변수와 그 데이터의 종류인 자료형에 대해 살펴봤습니다. 이제 변수에 저장된 데이터를 사용해 연산을 해보겠습니다. 숫자형 데이터를 더하거나 문자형 데이터를 연결하는 등의 다양한 연산을 하기 위해서는 연산자를 사용합니다. 연산자와 함께 살펴볼 조건문은 연산자를 사용해 특정 조건이 성립하는지에 따라 코드의 실행을 결정하는 표현식입니다. 조건문을 사용하면 조건에 따라 코드를 실행할 수도, 실행하지 않을 수도 있기 때문에 프로그램의 흐름을 유연하게 변경할 수 있습니다. 이번 장에서는 자바스크립트의 다양한 연산자와 여러 가지 조건문에 대해 배워보겠습니다.

3.1 연산자

연산자는 프로그래밍 언어에서 특정 연산을 할 수 있게 도와주는 문자입니다. 연산에는 대표적으로 숫자형 데이터끼리 더하고 빼고 곱하고 나누는 사칙연산이 있고, 그 외에 두 개의 데이터를 비교하거나 문자형 데이터를 서로 연결하는 등의 다양한 연산이 있습니다. 연산자는 이러한 기능을 수행할 수 있게 도와주는 기호입니다. 자바스크립트의 다양한 연산자를 하나씩 살펴보겠습니다.

3.1.1 산술 연산자

먼저 살펴볼 연산자는 산술 연산자입니다. 산술 연산자는 우리가 기본적으로 알고 있는 수학적인 계산을 하는 연산자입니다. 대표적인 산술 연산자에는 +(더하기), −(빼기), 곱하기(*), 나누기(/)가 있습니다. num1 변수에 숫자 10을 할당하고 num2 변수에는 숫자 5를 할당한 다음, 두 변수의 사칙연산 결과를 출력하는 코드를 작성해 봅시다.

예제 3.1 사칙 연산자

```
let num1 = 10;
let num2 = 5;

console.log(num1 + num2);
console.log(num1 - num2);
console.log(num1 * num2);
console.log(num1 / num2);
```

Console

```
15
5
50
2
```

+(더하기), −(빼기), *(곱하기), /(나누기) 연산자를 사용해 num1 변수와 num2 변수의 사칙연산을 해봤습니다. 코드 실행 결과, 우리가 알고 있는 사칙연산의 결과와 동일한 값이 출력된 것을 볼 수 있습니다.

자바스크립트에는 사칙 연산자 외에도 다른 연산자가 존재합니다. 이번에는 **나머지 연산자**를 사용해 나머지 연산을 수행해 보겠습니다. 나머지 연산을 수행하는 연산자의 기호는 %이며, 나머지 연산은 기호를 기준으로 왼쪽 값을 오른쪽 값으로 나눈 나머지를 반환하는 연산입니다. num1 변수와 num2 변수를 2로 나눈 나머지 값을 출력하는 연산을 코드로 작성해 보겠습니다.

예제 3.2 나머지 연산자

```
let num1 = 10;
let num2 = 5;
```

```
console.log(num1 % 2);
console.log(num2 % 2);
```

Console

```
0
1
```

코드를 살펴보면, 먼저 num1에 할당된 값인 10을 2로 나눈 나머지 값인 0이 출력되고, 그다음 num2에 할당된 값인 5를 2로 나눈 나머지 값인 1이 출력되는 것을 확인할 수 있습니다.

산술 연산자에는 사칙 연산자와 나머지 연산자뿐만 아니라, 숫자형 데이터가 담긴 변수의 값을 1씩 증가 혹은 감소시켜주는 증감 연산자도 포함되어 있습니다. 증감 연산자는 1을 더하는 연산자인 증가 연산자와 1을 빼는 연산자인 감소 연산자로 이루어져 있습니다. 증감 연산자는 후위 연산과 전위 연산이 있는데, 후위 연산은 특정 변수의 값에 1을 더하거나 빼기 바로 직전의 값을 출력하고, 전위 연산은 특정 변수의 값에 1을 더하거나 뺀 결괏값을 출력하는 연산입니다. 이해를 돕기 위해 num 변수에 10을 할당한 후 증가 연산자의 전위 연산과 후위 연산을 한 값을 출력하는 코드를 작성해 보겠습니다.

예제 3.3 증가 연산자 후위 연산과 전위 연산

```
let num = 10;

console.log(num++);        //후위 연산
console.log(num);
console.log(++num);        //전위 연산
```

Console

```
10
11
12
```

위의 코드를 살펴보겠습니다. console.log(num++)은 후위 연산이기 때문에 num의 값인 10에 1을 더하기 바로 직전의 값인 10을 출력합니다. 그 다음 console.log(num)은 1이 더해진 값인 현재 num의 값 11을 출력하고, console.log(++num)은 전위 연산이므로 num의 값 11에 1을 더한 값인 12를 출력합니다.

이번에는 감소 연산자를 사용해 동일하게 후위 연산과 전위 연산의 결괏값을 출력하는 코드를
작성하고 출력 결과를 살펴보겠습니다.

예제 3.4 감소 연산자 후위 연산과 전위 연산

```
let num = 10;

console.log(num--);        //후위 연산
console.log(num);
console.log(--num);        //전위 연산
```

Console
```
10
9
8
```

감소 연산자도 마찬가지로 num--는 후위 연산이므로 console.log(num--)를 실행하면 num의
값인 10이 출력되고, 이후 console.log(num)을 실행하면 num의 값에서 1이 빠진 9가 출력됩
니다. 그다음 --num은 전위 연산이기 때문에 num의 값인 9에서 1이 빠져나간 8이라는 값이 출
력됩니다.

3.1.2 대입 연산자

다음으로 살펴볼 연산자는 대입 연산자입니다. 대입 연산자는 말 그대로 **변수에 특정 값을 대
입하는 역할**을 하는 연산자로, 변수에 값을 할당하거나 연산 결과를 변수에 저장할 때 사용됩
니다. 대입 연산자 중 가장 대표적인 연산자로는 = 연산자가 있습니다.

변수 = 값

그림 3-1 대입 연산자를 사용해 변수에 값 저장하기

이번에는 = 기호를 사용해 num 변수에 10을 할당해보겠습니다. 그다음 num 변수에 5를 더한
값을 다시 num 변수에 할당하고, num 변수의 값을 출력하는 코드를 작성해 봅시다.

예제 3.5 대입 연산자

```
let num = 10;
num = num + 5;

console.log(num);
```

Console

```
15
```

대입 연산자에는 **복합 대입 연산자**라는 연산자도 존재합니다. 복합 대입 연산자는 산술 연산자
와 대입 연산자가 결합한 연산자로, 위의 예제에서 작성한 num = num + 5;를 간단하게 작성할
수 있게 도와주는 역할을 합니다.

예제 3.6 복합 대입 연산자

```
let num = 10;
num += 5;

console.log(num);
```

Console

```
15
```

복합 대입 연산자를 사용하면 위와 같이 코드를 간략하게 작성할 수 있습니다. 여기서 사용한
+= 기호는 복합 대입 연산자에 해당하는데, 복합 대입 연산자는 덧셈뿐만 아니라 사칙연산이
모두 가능합니다. 자바스크립트에서 사용되는 복합 대입 연산자는 다음과 같습니다.

표 3-1 복합 대입 연산자의 종류

연산자	기능	사용 방법
+=	num = num + 5	num += 5
-=	num = num - 5	num -= 5
*=	num = num * 5	num *= 5
/=	num = num / 5	num /= 5
%=	num = num % 5	num %= 5

3.1.3 비교 연산자

이번에는 비교 연산자에 대해 알아봅시다. 비교 연산자는 **두 개의 값을 비교할 때 사용되는 연산자**로, 크게 두 값이 일치하는지 불일치하는지를 비교하는 연산자와 두 값을 대소 비교하는 연산자로 나눌 수 있습니다. 순서대로 살펴보겠습니다.

먼저 두 값이 일치하는지를 판단하기 위해 사용되는 연산자로는 === 기호와 == 기호가 있습니다. ===을 사용했을 때와 ==을 사용했을 때 어떠한 차이점이 있는지 코드를 통해 살펴보겠습니다.

예제 3.7 ===과 ==

```
let num1 = 10;
let num2 = "10";


console.log(num1 === num2);
console.log(num1 == num2);
```

Console

```
false
true
```

위의 코드를 실행해본 결과 각각 false와 true가 출력되었습니다. 코드를 살펴보면, num1 변수와 num2 변수의 값은 10으로 동일하지만, 각각 숫자형, 문자형으로 자료형이 다른 변수인 것을 알 수 있습니다. ===는 기호를 기준으로 왼쪽과 오른쪽에 있는 두 값만을 비교하는 것이 아니라, **두 변수의 자료형까지 같은지를 비교하는 연산자**이고, ==는 두 값의 자료형은 비교하지 않고, **오직 값이 일치하는지를 비교하는 연산자**입니다. 그렇기 때문에 === 기호를 사용해 두 값을 비교하면, 자료형이 다르므로 false를 출력하고, == 기호를 사용해 두 값을 비교하면 값이 일치하기 때문에 true를 출력하게 됩니다.

이번에는 두 값이 일치하지 않는지를 확인할 때 사용하는 연산자에 대해 살펴보겠습니다. 두 값이 일치하지 않는지를 비교할 때는 !== 기호와 != 기호를 사용합니다. !== 기호는 두 값의 자료형과 값 모두 비교하고, != 기호는 두 값의 값만을 비교한다는 차이점이 있습니다. 숫자 10이 할당된 num1 변수와 문자 10이 할당된 num2 변수의 값이 일치하지 않는지를 비교하는 코드를 작성해 보겠습니다.

예제 3.8 !==과 !=

```
let num1 = 10;
let num2 = "10";


console.log(num1 !== num2);
console.log(num1 != num2);
```

Console

```
true
false
```

코드를 실행하면 두 값을 !== 기호를 사용해서 비교했을 때는 자료형이 다르기 때문에 두 값이 일치하지 않으므로 true를, != 기호를 사용했을 때는 두 값이 일치하기 때문에 false의 값을 출력합니다.

마지막으로 살펴볼 비교 연산자는 대소 비교 연산자입니다. 대소 비교 연산자는 두 개의 값 중에서 어떤 값이 더 크고 작은지를 비교하는 연산자로, 다음과 같은 연산자가 있습니다.

표 3-2 대소 비교 연산자의 종류

연산자	기능	사용 방법
〈	왼쪽 값이 오른쪽 값보다 작다	a 〈 b
〉	왼쪽 값이 오른쪽 값보다 크다	a 〉 b
〈=	왼쪽 값이 오른쪽 값보다 작거나 같다	a 〈= b
〉=	왼쪽 값이 오른쪽 값보다 크거나 작다	a 〉= b

대소 비교 연산자를 사용해 각각 숫자 10, 20, 10이 할당된 변수 a, b, c의 대소 비교를 해보겠습니다.

예제 3.9 대소 비교 연산자

```
let a = 10;
let b = 20;
let c = 10;
```

```
console.log(a < b);
console.log(a > b);
console.log(b >= c);
console.log(b > c);
console.log(a <= c);
console.log(a > c);
```

Console

```
true
false
true
true
true
false
```

출력 결과를 살펴보면 변수 a, b, c의 크기에 알맞은 결괏값이 출력된 것을 볼 수 있습니다.

3.1.4 연결 연산자

다음으로는 **문자열과 문자열 혹은 다른 자료형을 합쳐서 하나의 문자열로 만드는** 연결 연산자
에 대해 배워보겠습니다. 연결 연산자는 산술 연산자 중 하나인 + 기호를 사용합니다.

예제 3.10 연결 연산자

```
let price = 10000;
console.log("가격 : " + price + "원");
```

Console

```
가격 : 10000원
```

+ 연산자는 숫자와 숫자를 더할 때 사용하면 더하기 연산을 하는 연산자가 되고, 문자열과 숫
자 혹은 문자열과 문자열을 연결할 때 + 기호 옆에 문자열이 하나라도 존재하면 연결 연산자로
작동합니다. 위 코드에서는 price라는 변수에 숫자 10000을 할당하고, 두 문자열과 **price** 변
수에 담긴 숫자를 연결 연산자 +를 사용해 연결한 후 결괏값을 출력했습니다. 연결하려는 값들
중 문자열이 하나 이상 포함되어 있기 때문에 + 기호는 더하기 연산자가 아닌, 연결 연산자로
작동되어 '가격 : 10000원'이라는 값이 출력됩니다.

3.1.5 논리 연산자

다음으로 알아볼 연산자는 논리 연산자입니다. 논리 연산자는 **true와 false 값으로 이루어진 Boolean 타입을 위한 연산자**라고 할 수 있으며, 주로 true와 false 값을 사용해 조건을 확인할 때 사용합니다. 논리 연산자에는 NOT, OR, AND 연산자가 있습니다. 하나씩 살펴보겠습니다.

먼저 NOT 연산자에 대해 알아봅시다. NOT 연산자는 ! 기호를 사용하는 연산자로, false의 값을 true로 true의 값은 false로 변경해 주는 연산자입니다. 다음과 같은 코드를 살펴보겠습니다.

예제 3.11 NOT 연산자

```
let isClicked = true;
let isOpened = false;

console.log(!isClicked);
console.log(!isOpened);
```

Console

```
false
true
```

NOT 연산자는 변수 혹은 어떠한 값의 앞에 ! 기호를 작성해 나타냅니다. true가 할당된 isClicked 변수에 NOT 연산자를 사용한 결괏값을 출력하면 false가 출력되고, false가 할당된 isOpened 변수에 NOT 연산자를 사용한 결괏값을 출력하면 true가 출력됩니다.

이번에는 OR 연산자에 대해 알아보겠습니다. OR 연산자는 || 기호를 사용하고 || 기호의 양옆에 있는 값이 하나라도 true라면 true 값을 반환하는 연산자입니다. OR 연산자를 사용해 true 값을 반환하는 경우와 false 값을 반환하는 경우의 수를 코드로 작성해 보겠습니다.

예제 3.12 OR 연산자

```
console.log(true || true);
console.log(true || false);
console.log(false || true);
console.log(false || false);
```

Console

```
true
true
true
false
```

첫 번째 코드부터 세 번째 코드까지는 OR 연산자를 기준으로 왼쪽과 오른쪽에 true 값이 하나 이상 존재하는 것을 볼 수 있습니다. 그렇기 때문에 console.log를 통해 출력한 결괏값은 모두 true가 됩니다. 가장 마지막에 작성된 코드는 OR 연산자를 기준으로 왼쪽과 오른쪽 모두 false 값이 존재하기 때문에 출력 결과 false가 나오는 것을 확인할 수 있습니다.

마지막으로 살펴볼 논리 연산자는 AND 연산자입니다. AND 연산자는 OR 연산자와 반대의 연산자로, && 기호를 사용합니다. AND 연산자는 && 기호의 양 옆에 있는 두 개의 값이 모두 true라면 true를 반환하고, 그렇지 않고 값이 하나라도 false라면 false를 반환하는 연산자입니다. 코드를 통해 자세하게 살펴봅시다.

예제 3.13 AND 연산자

```
console.log(true && true);
console.log(true && false);
console.log(false && true);
console.log(false && false);
```

Console

```
true
false
false
false
```

코드를 살펴보면, 맨 위에 작성된 코드만 AND 연산자의 양 옆 값이 모두 true이기 때문에 true를 반환하고, 나머지 코드는 AND 연산자의 양 옆 값들 중 false 값이 하나 이상 존재하기 때문에 출력 결과 전부 false가 출력됩니다.

3.1.6 null 병합 연산자

이번에는 null 병합 연산자에 대해 살펴보겠습니다. null 병합 연산자는 ?? 기호를 사용하며, 기호를 기준으로 왼쪽 값이 null이거나 undefined일 경우 기호의 오른쪽에 있는 값을 반환하고, 왼쪽의 값이 null이나 undefined가 아니라면 왼쪽의 값을 반환하는 연산자입니다. 다시 말해 a ?? b 연산의 경우 **a가 null이거나 undefined라면 b를, 그렇지 않다면 a를 반환하는 연산자**입니다. 다음 코드를 통해 더 자세하게 살펴봅시다.

예제 3.14 null 병합 연산자

```
let num1;
let num2 = 10;

console.log(num1 ?? 20);
console.log(num2 ?? 20);
```

Console

```
20
10
```

코드를 살펴보면, num1 변수는 undefined의 값을 갖고, num2 변수는 숫자 10의 값을 갖는 것을 볼 수 있습니다. 그렇기 때문에 num1 ?? 20 연산은 num1이 undefined이므로 20이 반환되고, num2 ?? 20 연산은 num2의 값이 null이나 undefined가 아니기 때문에 num2 변수의 값인 10이 반환되어 각각 20과 10이 출력됩니다. null 병합 연산자는 주로 변수에 기본값을 할당하고 싶을 때 사용되는 연산자입니다.

3.1.7 삼항 연산자

마지막으로 살펴볼 연산자는 삼항 연산자입니다. 삼항 연산자는 **A ? B : C 형태의 연산자로, A 라는 조건이 true라면 B를, false라면 C를 반환하는 연산자**입니다. 삼항 연산자에는 조건문이 들어가기 때문에 다음 내용에서 배우게 될 if 문을 대체해서 자주 사용되기도 하는 연산자입니다. 삼항 연산자를 이용해 간단한 코드를 작성해 보겠습니다. num 변수에 할당된 숫자가 짝수인지 홀수인지를 출력하는 코드를 작성해 봅시다.

예제 3.15 삼항 연산자를 사용해 짝수인지 홀수인지 판별하기

```
let num = 100;
let result = num % 2 === 0 ? "짝수" : "홀수";

console.log(result);
```

Console

짝수

num 변수에는 숫자 100을 할당하고, result 변수에는 삼항 연산자를 사용한 식을 작성했습니다. 작성한 삼항 연산자는 만약 num 변수의 값을 2로 나눈 나머지가 숫자 0과 자료형, 값이 모두 일치한다면 문자열 짝수를, 그렇지 않다면 문자열 홀수를 반환하는 연산식으로, num 변수에 할당된 100을 2로 나눈 나머지는 숫자 0과 자료형과 값이 모두 일치하므로 짝수를 반환합니다. 따라서 변수 result에는 '짝수'라는 문자열이 할당되고, result 변수를 출력한 결과 '짝수'가 출력됩니다.

3.2 조건문

조건문은 **특정 조건에 따라 코드를 실행하거나 실행하지 않을 때 사용하는 구문**으로, 조건문에 사용되는 조건들은 앞서 배운 연산자를 사용해 작성할 수 있습니다. 보통 프로그래밍할 때 코드는 위에 작성된 코드부터 순서대로 실행되지만, 조건문을 사용하면 조건에 따라 코드의 실행 순서를 조작할 수 있기 때문에 프로그램의 흐름을 변경할 때 주로 사용됩니다.

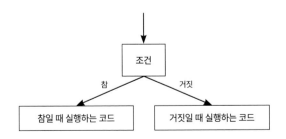

그림 3-2 조건문의 흐름

이번 장에서는 자바스크립트에서 사용할 수 있는 여러 가지 조건문에 대해 알아보고, 다양한 연산자를 사용해 여러 조건을 작성해 보겠습니다.

3.2.1 if 문

자바스크립트에서 가장 일반적으로 사용되는 조건문은 if 문입니다. if 문은 영단어 if의 뜻과 같이 '만약 ~하면 ~하라'라는 뜻으로, if 문 옆에 소괄호를 작성해 소괄호 안에 특정 조건문을 작성합니다. 소괄호 안에 작성한 조건문이 성립하면 if 문 안에 작성된 코드를 실행하게 됩니다. 비교 연산자를 사용한 조건문을 작성해 보겠습니다.

예제 3.16 if 문의 조건식을 만족하는 경우

```
let num = 5;

if (num < 10) {
    console.log("num은 10보다 작습니다.");
}
```

Console

```
num은 10보다 작습니다.
```

코드를 살펴봅시다. num 변수에 숫자 5를 할당하고 if 문을 작성했습니다. if 문의 옆에는 비교 연산자 중 대소 비교 연산자를 사용해 num 변수의 값이 10보다 작은지를 비교하는 조건식을 작성했습니다. 작성된 if 문은 만약 num 변수의 값이 10보다 작으면 if 문 내부에 작성된 코드를 실행합니다. num 변수에는 숫자 5가 할당되어 있기 때문에 10보다 작다는 조건식을 만족해 코드 실행 결과 if 문 내부의 코드가 실행되어 "num은 10보다 작습니다"라는 문장이 출력됩니다.

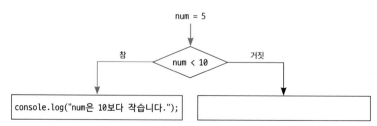

그림 3-3 예제 3.16 코드의 흐름

if 문은 이렇게 if 문 옆에 작성된 조건식의 결괏값이 true일 때 if 문 내부의 코드를 실행하는 조건문입니다. 그렇기 때문에 if 문 옆에 작성되는 조건식은 앞에서 배운 연산자들을 사용한 연산식 중 결괏값으로 true와 false를 반환하는 연산식이어야 합니다.

그럼 if 문 안에 있는 조건식을 만족하지 않을 경우에는 프로그램이 어떻게 동작하는지 다음 코드를 통해 살펴보겠습니다.

예제 3.17 if의 조건식을 만족하지 않을 경우

```
let num = 50;

if (num < 10) {
    console.log("num은 10보다 작습니다.");
}
```

Console

(아무것도 출력되지 않음)

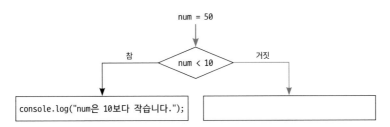

그림 3-4 예제 3.17 코드의 흐름

num 변수에 할당된 값을 5에서 50으로 변경한 후, 같은 조건문을 실행해 보겠습니다. num 변수의 값은 50이기 때문에 num < 10 조건식을 만족하지 않아 if 문 내부의 코드가 실행되지 않습니다. 그렇기 때문에 코드를 실행하면 아무런 값도 출력되지 않는 것을 볼 수 있습니다. 그럼 num < 10 조건을 만족하지 않는 경우에 "num은 10보다 크거나 같습니다"라는 문장을 출력하는 코드를 작성하고 싶다면 어떻게 해야 할까요? 이에 대한 답은 다음 절에서 배워보겠습니다.

3.2.2 if-else 문

조건문을 만족할 때와 만족하지 않을 때 각각 다른 코드를 실행시키기 위해서는 if 문이 아닌 if-else 문을 사용합니다. if-else 문은 앞서 살펴본 if 문에 else 문을 추가한 조건문으로, '만약 ~하면 ~하고 그렇지 않다면 ~하라'라는 뜻을 가지고 있습니다. 앞에서 작성한 코드와 동일한 if 문 아래에, if 문에 작성된 조건식을 만족하지 않을 경우 "num은 10보다 크거나 같습니다"라는 문장을 출력할 수 있도록 else 문을 추가해 보겠습니다.

예제 3.18 if-else 문

```
let num = 50;

if (num < 10) {
    console.log("num은 10보다 작습니다.");
} else {
    console.log("num은 10보다 크거나 같습니다.");
}
```

Console

num은 10보다 크거나 같습니다.

num < 10 조건식이 작성된 if 문 아래에 else 문을 추가하고 코드를 실행하면 num의 값은 50 이기 때문에 if 문이 실행되지 않고, else 문 내부의 코드가 실행됩니다. 이후 else 문 안의 코드가 실행되어 "num은 10보다 크거나 같습니다"라는 문장이 출력됩니다.

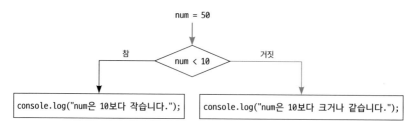

그림 3-5 예제 3.18 코드의 흐름

else 문은 이렇게 if 문 안에 있는 조건이 성립되지 않았을 경우에 또 다른 코드를 실행시키기
위한 조건문으로, 조건에 따라 서로 다른 코드를 실행해야 할 때 자주 사용됩니다.

3.2.3 중첩 조건문

이번에는 num의 값이 10보다 작은지, 10보다 크거나 같은지가 아니라, 더 자세하게 10보다 작
은지, 10보다 큰지, 10과 같은지를 출력하는 조건문을 작성해 보겠습니다. 앞에서 작성한 코
드와 동일한 코드의 else 문 안에 num의 값이 10보다 큰지 혹은 10과 같은지를 판별해 결괏값
을 출력할 수 있도록 if-else 문을 추가해 보겠습니다.

예제 3.19 중첩 조건문

```
let num = 50;

if (num < 10) {
    console.log("num은 10보다 작습니다.");
} else {
    if (num > 10) {
        console.log("num은 10보다 큽니다.");
    } else {
        console.log("num은 10입니다.");
    }
}
```

Console

num은 10보다 큽니다.

코드를 살펴보겠습니다. num의 값은 50이기 때문에 num < 10이라는 조건을 만족하지 않아 if
문이 실행되지 않고, else 문 내부의 코드가 실행됩니다. 이후 else 문 안의 if 문의 조건식을
만족하는지 확인하고, num의 값이 10보다 크기 때문에 if 문 내부의 코드가 실행되어 "num은
10보다 큽니다"라는 문장이 출력됩니다.

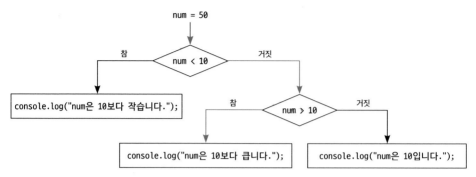

그림 3-6 예제 3.19 코드의 흐름

if 문과 if-else 문은 이렇게 필요에 따라 if 문 또는 else 문 안에 추가로 조건문을 작성할
수 있는데, 이를 중첩 조건문이라고 부릅니다.

3.2.4 if-else if 문

중첩 조건문을 사용하면 예제 3.19의 코드와 같이 가독성이 좋지 않아 코드를 해석하기가 쉽
지 않습니다. 이러한 중첩 조건문을 if-else if 문으로 변경해서 작성할 수 있습니다. 예제
3.19의 코드를 if-else if 문을 사용하면 다음과 같이 작성할 수 있습니다.

예제 3.20 if-else if 문

```
let num = 50;

if (num < 10) {
    console.log("num은 10보다 작습니다.");
} else if (num > 10) {
    console.log("num은 10보다 큽니다.");
} else {
    console.log("num은 10입니다.");
}
```

Console

num은 10보다 큽니다.

else if 문은 특정 조건을 만족할 경우와 만족하지 못할 경우가 아니라 **여러 조건에 따라 서로 다른 코드를 실행해야 할 때 사용되는 조건문**으로, 중첩 조건문을 사용했을 때보다 코드가 훨씬 깔끔해지는 것을 볼 수 있습니다. 예제 3.20의 코드에서는 num 변수의 값이 50이기 때문에 if 문의 조건이 성립되지 않아 else if 문의 조건을 검사합니다. else if 문의 조건은 num > 10이므로 조건을 만족하므로 else if 문 내부의 코드가 실행되어 "num은 10보다 큽니다"라는 문장이 출력됩니다.

3.2.5 switch/case 문

마지막으로 살펴볼 조건문은 switch case 문입니다. switch case 문은 자주 사용되는 조건문으로, **주로 실행할 코드를 여러 조건으로 나눠야 할 때 사용**합니다. 검사해야 하는 조건문이 많다면 여러 개의 if 문을 사용하는 것보다 switch case 문을 사용해 코드를 작성하는 것이 더 편리합니다. 예제로 fruit이라는 변수에 문자열 apple을 할당한 다음, 여러 가지 조건식을 switch case 문으로 작성해 보겠습니다.

예제 3.21 switch case문

```javascript
let fruit = "apple";

switch (fruit) {
    case "banana":
        console.log("바나나");
        break;
    case "orange":
        console.log("오렌지");
        break;
    case "apple":
        console.log("사과");
        break;
    case "grape":
        console.log("포도");
        break;
    default:
        console.log("다른 과일");
}
```

Console

사과

switch case 문은 switch 문 옆에 작성된 괄호 안에 있는 변수 또는 조건식의 값과 case 문 옆에 작성된 값이 일치하는 코드 블록을 찾은 다음, 해당 case 문 블록 안에 작성된 코드를 실행하는 조건문입니다.

예제 코드에서 변수 fruit의 값은 apple이기 때문에 case 문 옆에 apple이라고 작성되어 있는 case 문을 찾고, 해당 case 문 내부에 작성된 코드인 console.log("사과")가 실행되어 "사과"라는 문자열이 출력됩니다. 이렇게 switch case 문에는 switch 문의 괄호 안에 특정 변수를 작성하고, 변수에 저장할 여러 가지 값들을 case로 나누어 작성합니다.

switch case 문을 사용해 코드를 작성할 때는 case 문 내부의 가장 마지막 줄에 break를 항상 작성해 줘야 한다는 주의사항이 있습니다. 이 break는 어떤 역할을 하는 코드이고, 왜 break를 꼭 작성해야 할까요? break가 어떤 역할을 하는지 알아보기 위해 예제 3.21의 코드에서 break를 삭제하고 코드를 실행해 보겠습니다.

예제 3.22 break를 작성하지 않은 switch case 문

```
let fruit = "apple";

switch (fruit) {
    case "banana":
        console.log("바나나");
    case "orange":
        console.log("오렌지");
    case "apple":
        console.log("사과");
    case "grape":
        console.log("포도");
    default:
        console.log("다른 과일");
}
```

Console

```
사과
포도
다른 과일
```

보다시피 break를 작성하지 않으면 조건에 맞는 case 문 이후의 모든 코드가 실행됩니다. 변수 fruit의 값은 apple이기 때문에 case "apple" 이후의 모든 코드가 실행되어 "사과", "포도", "다른 과일"이 모두 출력됩니다. 조건에 알맞은 case 문 이후의 모든 코드를 실행해야 하는 경우를 제외하고는, case 문 내부의 마지막에 항상 break를 작성해 조건에 맞는 case 문 내부의 코드만 실행할 수 있게 해야 합니다.

다음으로, switch 문의 가장 아래에 작성된 default가 어떤 역할을 하는 코드인지 알아보기 위해 변수 fruit의 값을 apple에서 pineapple로 변경한 다음 코드를 실행해 봅시다.

예제 3.23 switch case 문의 default

```
let fruit = "pineapple";

switch (fruit) {
    case "banana":
        console.log("바나나");
        break;
    case "orange":
        console.log("오렌지");
        break;
    case "apple":
        console.log("사과");
        break;
    case "grape":
        console.log("포도");
        break;
    default:
        console.log("다른 과일");
}
```

Console

```
다른 과일
```

변수 fruit에 pineapple이라는 값을 할당하고 코드를 실행하면 '다른 과일'이라는 문자열이 출력됩니다. 예제 3.23의 코드에서 case 문 옆에 작성된 값을 다시 한번 살펴보겠습니다. 변수 fruit의 값은 pineapple이지만, case 문 옆에 작성된 값에는 pineapple이라는 값이 없음을 확인할 수 있습니다. 이렇게 switch 문 옆의 괄호 안에 있는 변수의 값이 case 문 옆에 작성된 값과 모두 일치하지 않을 경우에 실행되는 코드가 바로 switch 문 가장 아래에 작성된 default입니다. 따라서 이 경우에는 default 내부에 작성된 코드가 실행되어 "다른 과일"이라는 문자열이 출력됩니다. 이처럼 switch case 문은 특정 값이 무엇인지에 따라 각각 다른 작업을 수행할 수 있게 해주는 유용한 조건문으로, switch 문의 옆에는 변수 혹은 조건식을, case 문의 내부에는 실행될 코드와 break를, 그리고 switch 문의 가장 아래에는 default를 항상 작성해 주어야 합니다.

04

함수

함수는 동일한 기능을 하는 코드를 묶어 하나의 명령으로 처리할 수 있게 도와주는 문법으로, 자바스크립트에서 매우 중요한 개념입니다. 함수를 사용해 프로그래밍을 하면 훨씬 더 깔끔하고 가독성 좋은 코드를 작성할 수 있습니다. 하지만 함수를 사용하려면 함수를 선언하는 방법, 함수의 종류, 함수가 갖는 유효 범위 등 많은 개념을 알고 있어야 합니다. 이번 4장에서는 함수를 사용하기 위해 필요한 여러 가지 개념을 다룹니다. 다양한 예제를 통해 하나씩 배워봅시다.

4.1 함수의 기초

자바스크립트로 프로그래밍하다 보면 같은 동작을 하는 코드를 여러 번 사용해야 하는 경우가 발생합니다. 동일한 코드를 여러 번 작성하면 불필요하게 코드의 길이가 길어지고 가독성 또한 좋지 않습니다. 이렇게 같은 동작을 하는 중복된 코드가 여기저기 존재할 때 해당 동작을 하나의 명령으로 실행할 수 있게 해주는 기능이 바로 **함수(function)**입니다.

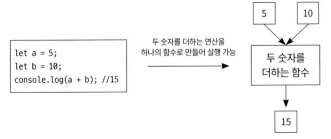

그림 4-1 두 숫자를 더하는 코드를 같은 기능을 하는 함수로 나타내기

함수는 자바스크립트의 기본 구성 요소 중 하나로, 함수를 이용해 코드를 작성하면 코드가 기능별로 묶여 있기 때문에 코드의 가독성이 좋아지고 코드 수정 작업 또한 간단해진다는 장점이 있습니다. 그럼, 이러한 함수를 어떻게 선언하고 어떻게 사용해야 하는지 살펴보겠습니다.

4.1.1　함수 선언하기

먼저 함수를 사용하지 않고 두 개의 숫자를 더한 후, 더한 값을 출력하는 코드를 작성해 보겠습니다.

예제 4.1 두 숫자를 더한 값 출력하기

```
let num1 = 10;
let num2 = 15;
let sum = num1 + num2;
console.log(sum);
```

Console

```
25
```

두 숫자를 더하는 코드는 앞의 코드와 같이 두 변수에 각각의 숫자를 할당하고 더하기 연산을 통해 두 숫자를 더한 값을 새로운 변수에 저장한 후 console.log를 통해 출력합니다. 여기서 또 다른 두 숫자를 더하는 연산을 추가할 경우 다음 코드와 같이 동일한 코드를 두 번 작성해야 합니다.

예제 4.2 두 숫자를 더하는 연산 추가하기

```
let num1 = 10;
let num2 = 15;
let sum = num1 + num2;
console.log(sum);

let num3 = 1;
let num4 = 5;
let sum2 = num3 + num4;
console.log(sum2);
```

Console

```
25
6
```

이렇게 반복된 작업을 피하기 위해 두 숫자를 더하고 그 값을 출력하는 코드를 하나로 묶어 함수로 작성해 보겠습니다. 함수를 사용하기 위해서는 앞에서 배웠던 변수와 마찬가지로, 먼저 선언문을 작성해야 합니다. add라는 이름의 함수를 선언해 봅시다.

예제 4.3 add 함수 선언하기

```
function add(){
    //코드
}
```

함수는 위의 코드처럼 function이라는 키워드를 통해 선언할 수 있고, function 키워드 옆에 함수의 이름을 작성하면 됩니다. 함수 선언문의 중괄호({}) 내부에는 해당 함수를 사용할 때 실행돼야 하는 코드를 작성해 줍니다.

함수 선언식의 구조

```
function 함수 이름(){
    실행할 코드
}
```

4.1.2 매개변수와 인수

add 함수를 사용해 코드를 실행하면 두 개의 숫자를 더한 값을 출력하는 코드가 실행돼야 합니다. 두 숫자를 더한 값을 출력하려면 함수 내부에서 사용할 두 개의 숫자가 필요합니다.

함수는 **매개변수(parameter)**를 이용해 필요한 값을 전달받을 수 있습니다. 매개변수는 함수 선언문에서 함수 이름의 오른쪽에 있는 괄호 안에 함수에 전달할 값을 작성할 수 있습니다. 우리는 두 숫자를 더하고 출력하는 함수를 선언해야 하므로, 매개변수로 두 개의 변수 num1과 num2를 작성하고, 함수의 중괄호({}) 내부에 두 개의 값을 출력하는 console.log 명령문을 작성해 보겠습니다.

예제 4.4 add 함수에 매개변수와 실행 코드 작성하기

```
function add(num1, num2){
    console.log(num1 + num2);
}
```

이제 선언된 add 함수를 사용해 봅시다. 함수를 사용하기 위해서는 함수를 **호출**해야 합니다. 함수를 호출할 때는 함수의 이름을 적고 함수의 매개변수로 넣을 값을 함수 이름의 옆에 있는 괄호 안에 작성합니다. 이렇게 함수가 호출될 때 넘기는 값을 **인수(argument)**라고 부릅니다. add 함수를 호출하고, 예제 4.1에서 작성했던 코드와 동일하게 인수로 10과 15를 넘겨주겠습니다.

예제 4.5 add 함수 호출하기

```
function add(num1, num2){
    console.log(num1 + num2);
}                              num1 = 10,
                               num2 = 15

add(10, 15);
```

Console

```
25
```

위 코드를 실행하면 add 함수가 호출되면서 인수로 10과 15를 넘겨줘 num1에 10, num2에 15가 전달되어 두 숫자를 더한 값인 25가 출력됩니다.

4.1.3 return 문

함수 내부에 작성된 코드는 함수 호출 시 바로 실행(출력 등)되기도 하지만, 함수 내부에서 return 문을 사용해 결괏값을 반환하기도 합니다. 이해를 돕기 위해 앞에서 작성한 add 함수에 return 문을 작성해 두 숫자를 더한 값을 반환하고, 반환된 값을 이용해 문장을 출력하는 코드를 작성해 보겠습니다.

예제 4.6 add 함수에 return 문 작성하기

```
function add(num1, num2){
    return num1 + num2;
}

let result = add(10, 15)
```

num1 = 10,
num2 = 15

25

```
console.log(`두 숫자를 더한 결과는 ${result} 입니다.`);
```

Console

두 숫자를 더한 결과는 25 입니다.

return 문을 이용할 때는 이와 같이 함수의 내부에 return을 작성하고 return 옆에 반환할 값을 작성합니다. 코드 실행 결과, add 함수를 호출하면 return 문을 통해 숫자 25가 반환되고, 해당 값을 템플릿 리터럴을 이용해 "두 숫자를 더한 결과값은 25입니다"가 출력되는 것을 확인할 수 있습니다. 다음으로, add 함수 내부의 return 문 아래에 "함수 호출"이라는 문구를 출력하는 코드를 작성해보겠습니다.

예제 4.7 return문 아래에 console.log 추가하기

```
function add(num1, num2){
    return num1 + num2;
    console.log("함수 호출");
}

console.log(`두 숫자를 더한 결과는 ${add(10, 15)} 입니다.`);
```

Console

두 숫자를 더한 결과는 25 입니다.

위의 코드를 실행하면 새로 추가한 console.log("함수 호출"); 코드는 실행되지 않고 "두 숫자를 더한 결과는 25입니다"라는 문장만 출력되는 것을 볼 수 있습니다. console.log("함수 호출")이라는 코드가 실행되지 않는 이유는 해당 코드가 함수 내부의 return 문 아래에 작성된 코드이기 때문입니다. 함수 내부에서 return 문 아래에 작성된 코드는 실행되지 않은 채로 함수가 종료됩니다.

좀 더 알아보기: 얼리 리턴 패턴

자바스크립트에서 함수는 이러한 return 문의 성질을 이용해 얼리 리턴 패턴(Early return pattern)으로 자주 사용됩니다. 얼리 리턴 패턴은 말 그대로 '빨리 리턴한다', 즉 특정 조건에 부합하지 않으면 바로 return하도록 하는 패턴입니다. 예제 코드를 통해 얼리 리턴 패턴이 무엇인지 자세하게 살펴봅시다.

예제 4.8 특정 숫자가 10보다 큰지 작은지, 0보다 큰지 작은지 비교하는 함수

```javascript
function compare(num) {
    if (num === 0) {
        console.log("num의 값이 0입니다.");
    } else if (num < 0) {
        console.log("num의 값이 0보다 작습니다");
    } else {
        if (num >= 10) {
            console.log("num의 값이 10보다 크거나 같습니다.");
        } else {
            console.log("num의 값이 0보다 크고 10보다 작습니다.");
        }
    }
}

compare(15);
```

Console

```
num의 값이 10보다 크거나 같습니다.
```

위에 작성된 코드는 매개변수로 받은 숫자가 10보다 큰지 작은지, 그리고 0보다 큰지 작은지를 비교한 다음, 결과를 출력하는 compare 함수를 선언하고 호출하는 코드입니다. 코드를 보면, 일단 코드 해석이 한 번에 되지 않고 가독성이 좋지 않아 복잡해 보입니다. 이러한 복잡한 코드도 얼리 리턴 패턴을 통해 깔끔하고 가독성 좋은 코드로 작성할 수 있습니다.

예제 4.9 얼리 리턴 패턴 적용하기

```javascript
function compare(num) {
    if (num === 0) return "num의 값이 0입니다.";              // ❶
    if (num < 0) return "num의 값이 0보다 작습니다.";           // ❷
    if (num >= 10) return "num의 값이 10보다 크거나 같습니다."; // ❸
    return "num의 값이 0보다 크고 10보다 작습니다";            // ❹
}
```

```
console.log(compare(15));
```

Console

num의 값이 10보다 크거나 같습니다.

예제 4.8과 예제 4.9에 작성된 함수 compare는 같은 기능을 하는 함수이지만, 한눈에 봐도 예제 4.9가 훨씬 더 읽기 수월하고 직관적으로 어떤 기능을 하는 함수인지 알아보기 쉽습니다. 얼리 리턴 패턴은 예제 4.9처럼 else 문을 사용하지 않고 if와 return으로만 코드를 작성하며 특정 조건문을 만족하면 바로 return하기 때문에 중간에 조건에 맞는 코드를 실행하면 이후에 작성된 조건을 생각하지 않아도 되는, 코드의 구조를 단순하게 만들어주는 패턴이라고 할 수 있습니다.

예제 4.9의 코드를 실행하면 함수 compare를 호출할 때 인수로 숫자 15를 넘겨주었기 때문에 매개변수 num의 값은 15가 되고, ❶번 조건문과 ❷번 조건문은 만족하지 않고 ❸번 조건문을 만족하게 되어 "num의 값이 10보다 크거나 같습니다"가 출력됩니다. 함수 compare는 얼리 리턴 패턴이 적용된 함수이므로 조건에 부합하는 ❸번 조건문 이후에 작성된 ❹번 코드는 실행되지 않고 ❸번 조건문 실행 이후 바로 함수가 종료됩니다.

4.1.4 코드의 흐름

지금까지 함수의 선언 방법과 호출 방법, 그리고 return 문과 얼리 리턴 패턴에 대해 배웠습니다. 자바스크립트로 코드를 작성하다 보면, 선언된 여러 가지 함수를 다양한 위치에서 호출하기도 합니다. 지금까지 사용했던 예제 코드에서는 코드가 작성된 순서대로 위에서 아래로 흘러갔지만, 자바스크립트는 함수 호출문의 위치에 따라 코드의 흐름이 변경되기도 합니다. 그렇다면 이번에는 자바스크립트로 작성된 긴 코드의 중간에서 함수를 호출하면 코드의 흐름이 어떻게 흘러가는지 배워보겠습니다. 코드의 중간에서 함수를 호출하는 예제 코드를 작성해보겠습니다.

예제 4.10 코드의 중간에서 함수 호출하기

```
function print() {         ◄        ❷
    console.log("A");        │   ❸
    console.log("B");        ▼   ❹
}


console.log("C");            ▼   ❶
print ();
console.log("D");            ▼   ❺
```

Console

```
C
A
B
D
```

print 함수의 선언문 바로 아래에서 print 함수를 호출하지 않고, console.log 명령어를 실행한 다음 print 함수를 호출해 봤습니다. 이렇게 코드의 중간에서 특정 함수를 호출하면 코드가 어떤 순서로 흘러갈지 알아봅시다.

코드의 가장 위쪽에는 print 함수의 선언문이 있습니다. 우리가 아는 대로라면 코드는 맨 위에 작성된 코드가 먼저 실행되지만, 자바스크립트에서 함수는 **호출되는 시점에 실행**되므로 print 함수는 실행되지 않습니다. 그렇기 때문에 print 함수의 선언문 아래에 작성된 ❶ console.log("C");가 실행되어 'C'가 가장 먼저 출력됩니다. 그다음 ❶ console.log("C"); 아래에 작성된 ❷ print();를 통해 print 함수가 호출되어 print 함수가 실행됩니다. print 함수가 실행되면 함수의 내부에 작성된 코드가 순서대로 실행됩니다. 따라서 ❸ console.log("A");와 ❹ console.log("B");가 실행되어 'A'와 'B'가 순서대로 출력되고, print 함수 내부에 작성된 코드가 모두 실행되고 나면 함수가 종료됩니다. 함수가 종료된 이후에는 가장 마지막으로 ❺ console.log("D");가 실행되면서 'D'가 출력되는 것을 볼 수 있습니다.

이렇게 함수는 어디에서 호출하는지에 따라 실행되는 코드의 순서가 달라집니다. 만약 print();와 console.log("D");의 순서가 바뀐다면, 실행 결과로 'C', 'D', 'A', 'B'가 출력될 것입니다. 따라서 자바스크립트의 함수를 호출할 때는 실행 순서를 고려해 알맞은 위치에서 실행해야 합니다.

4.2 스코프

자바스크립트에서 생성된 변수 또는 함수는 모두 **유효 범위**를 갖습니다. 유효 범위란 변수와 함수가 영향을 미치는 범위로, 스코프(scope)라고도 부릅니다. 스코프는 자바스크립트뿐만 아니라 모든 프로그래밍 언어에서 중요한 개념입니다. 따라서 자바스크립트로 프로그래밍하기 위해서는 스코프에 대한 개념을 확실히 이해하고 있어야 합니다. 자바스크립트에는 여러 종류의 스코프가 있습니다. 먼저 변수를 스코프 기준으로 나누면 어떻게 나눌 수 있는지 알아보고, 여러 종류의 스코프에 대해 하나씩 살펴보겠습니다.

4.2.1 지역 변수와 외부 변수

자바스크립트에서 변수는 지역 변수와 외부 변수 두 가지 종류로 나눌 수 있습니다. 지역 변수는 함수 블록의 내부에서만 유효한 변수를 뜻하고, 외부 변수는 어디서나 유효한 변수입니다. 먼저 지역 변수란 무엇인지 다음 예제 코드를 통해 알아보겠습니다.

예제 4.11 외부에서 지역 변수에 접근하기

```
function add(num1, num2) {
    let sum = num1 + num2;          sum 변수의 스코프
}

add(10, 15);
console.log(sum);
```

위에 작성된 코드에서는 두 개의 값을 매개변수로 받고, 두 값을 더한 값을 새로운 변수에 담아 해당 변수를 반환하는 add 함수를 선언했습니다. 이후 add 함수의 바깥에서 add 함수의 내부에 선언된 sum 변수를 출력하는 코드를 작성했습니다. 위 코드를 실행해 보면 "sum is not defined"라는 에러 메시지가 출력됩니다.

에러가 발생한 이유는 add 함수 내부에 선언된 변수는 add 함수에서만, 즉 add 함수 블록의 내부에서만 유효한 변수이기 때문입니다. sum 변수처럼 특정 함수의 내부에 선언된 변수는 해당 함수의 내부에서만 유효한, 혹은 접근이 가능한 변수입니다. 이러한 변수를 지역 변수라고 부르고, 지역 변수를 외부에서 접근하려고 하면 이렇게 에러가 발생합니다. 이번에는 지역 변수와는 반대되는 외부 변수에 대해 살펴봅시다. 이번에는 외부 변수가 포함된 코드를 작성해보겠습니다.

예제 4.12 지역 변수와 외부 변수

```
let sum = 0;

function add(num1, num2) {
    sum = num1 + num2;                sum 변수의 스코프
}

add(10, 15);
console.log(sum);
```

Console

```
25
```

코드를 살펴보면, 예제 4.11과 동일한 기능을 하는 함수를 작성했지만, 이번에는 sum 변수가 add 함수의 내부가 아닌 외부에 선언되어 있습니다. 예제 4.12를 실행해 보면 예제 4.11과는 다르게 에러가 발생하지 않고 숫자 25가 출력되는 것을 확인할 수 있습니다.

외부 변수는 말 그대로 함수의 외부에 선언된 변수로 예제 4.12의 코드처럼 함수의 내부에서 접근하든, 함수의 외부에서 접근하든 오류가 발생하지 않는, 어디서나 접근 가능한 변수를 뜻합니다. 외부 변수는 또 다른 말로는 전역 변수라고 부릅니다.

4.2.2 지역 스코프와 전역 스코프

앞서 살펴본 지역 변수와 외부 변수가 갖는 범위를 다시 정리해 봅시다. 지역 변수는 특정 블록의 내부에서만 접근 가능하고, 외부 변수 혹은 전역 변수는 어디서나 접근 가능한 변수입니다. 자바스크립트에서 지역 변수처럼 **특정 영역에서만 사용 가능한 범위를 지역 스코프(local scope)**, 전역 변수처럼 **어디서나 사용 가능한 범위를 전역 스코프(global scope)**라고 부릅니다. 다음 코드를 통해 지역 스코프와 전역 스코프에 대해 더 자세하게 알아보겠습니다.

예제 4.13 지역 스코프와 전역 스코프

```
let num = 10;

function print() {
    let num = 100;
```

```
        console.log(num);
    }

    print();
    console.log(num);
```

Console

```
100
10
```

코드를 살펴보겠습니다. 먼저 num 변수를 선언하고 숫자 10을 할당한 다음, print 함수를 선언 했습니다. print 함수의 내부에서는 동일한 이름의 변수를 선언하고 숫자 100을 할당했습니다. 그리고 num 변수의 값을 출력하는 코드를 작성했습니다. 이후 print 함수를 호출하고, 제 일 마지막에 num 변수의 값을 출력하는 코드를 작성한 것을 볼 수 있습니다. 여기서 print 함수 내부의 num 변수는 앞에서 배웠듯이 특정 함수의 내부에 선언되었기 때문에 print 함수의 내부에서만 사용 가능한 지역 변수이므로 **지역 스코프**를 갖습니다. 따라서 print 함수 호출 시 숫자 100이 출력됩니다. 반대로 첫 줄에 선언된 num 변수는 외부에 선언된 변수이기 때문에 외부 변수이므로 **전역 스코프**를 갖고, 가장 아래에 작성된 코드를 실행한 결과 숫자 10이 출력됩니다.

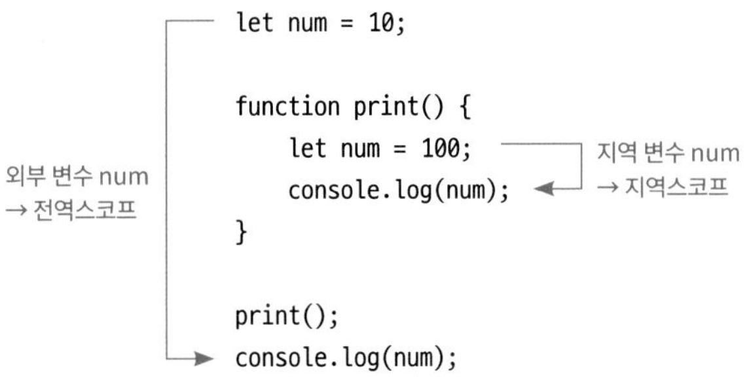

```
    let num = 10;

    function print() {
        let num = 100;          지역 변수 num
        console.log(num);  ◀─   → 지역스코프
    }
외부 변수 num
→ 전역스코프
    print();
    console.log(num);
```

그림 4-2 지역 스코프와 전역 스코프

지역 스코프와 전역 스코프에 대해 전반적으로 살펴봤으니, 이제 지역 스코프에 대해 더 자세 히 알아봅시다. 지역 스코프의 종류로는 블록 스코프와 함수 스코프가 있습니다. 먼저 블록 스 코프부터 살펴봅시다.

4.2.3 블록 스코프

블록 스코프는 **같은 블록에서만 접근 가능한 범위**를 뜻합니다. 여기서 말하는 블록은 중괄호({ })를 뜻하며, 블록 내부에 선언된 변수는 해당 블록에서만 접근 가능합니다. 블록 스코프를 나타내는 예시 코드는 다음과 같습니다.

예제 4.14 블록 스코프

```javascript
function print() {
    for (let i = 0; i < 3; i++) {
        console.log(`블록 스코프 : ${i}`);
    }
    console.log(i); //ERROR
}

print();
```

Console

```
블록 스코프 : 0
블록 스코프 : 1
블록 스코프 : 2
ReferenceError : i is not defined
```

작성된 코드를 보면, print 함수 내부의 for 문이라는 반복문 안에 변수 i를 선언하고, for 문 블록 내부에서 변수 i의 값을 출력하는 것을 볼 수 있습니다. 반복문이란 특정 코드를 반복해서 실행할 때 사용하는 명령문으로, 반복문에 대해서는 나중에 자세하게 살펴볼 예정이니 지금은 반복문보다는 코드의 구조에 집중해 살펴보겠습니다. print 함수를 호출하면 print 함수가 실행되어 for 문이 실행됩니다. for 문이 실행 후 종료되면, 바로 아래에 for 문 안에 선언된 변수 i의 값을 출력합니다. 출력 결과를 보면, for 문 내부에 작성된 코드는 오류 없이 실행되어 "블록 스코프 : 0", "블록 스코프 : 1", "블록 스코프 : 2"의 값이 출력되지만, for 문이 종료된 다음 실행된 코드에서는 i 값이 출력되지 않고 오류가 발생했습니다. 그 이유는 바로 변수를 선언할 때 사용하는 let 키워드로 생성된 변수는 블록에서만 유효한 **블록 스코프**이기 때문입니다.

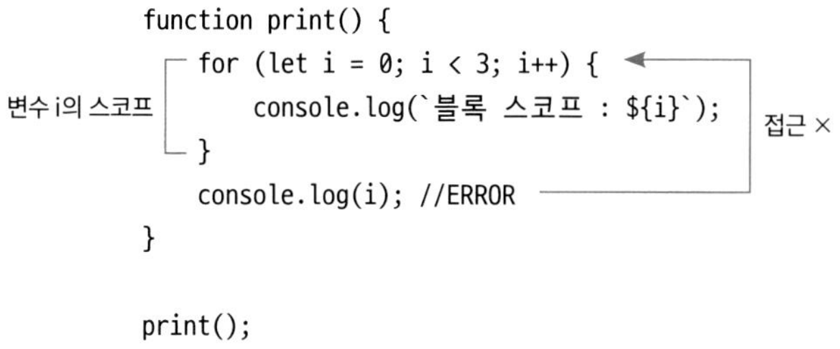

```
            function print() {
              ┌ for (let i = 0; i < 3; i++) {  ◄──────┐
  변수 i의 스코프 │     console.log(`블록 스코프 : ${i}`);    접근 ×
              └ }
                console.log(i); //ERROR ─────────────┘

            }

            print();
```

그림 4-4 블록 스코프

for 문 내부에 작성된 코드는 변수 i가 선언된 블록 내부에 있기 때문에 접근할 수 있어 오류
가 발생하지 않고 코드가 알맞게 실행되지만, for 문 블록 밖에 있는 console.log(i)에서는 i
가 유효하지 않은 상태라서 i에 접근할 수 없어 오류가 발생합니다. 자바스크립트에서는 let뿐
만 아니라 const로 선언된 변수 또한 기본적으로 변수가 선언된 블록의 내부에서만 유효한 범
위를 갖습니다.

4.2.4 함수 스코프

지역 스코프의 또 다른 종류로 **함수 스코프**가 있습니다. 함수 스코프는 같은 블록 기준이 아니
라 **함수의 코드 블록 내부에서만 유효한 스코프**입니다. 자바스크립트에서는 어떠한 변수가 함
수 스코프를 갖게 되는지 다음 코드를 통해 알아보겠습니다.

예제 4.15 함수 스코프

```
function print() {
    for (var i = 0; i < 3; i++) {
        console.log(`블록 스코프 : ${i}`);
    }
    console.log(i);
}


print();
```

Console

```
블록 스코프 : 0
블록 스코프 : 1
블록 스코프 : 2
3
```

위와 같은 코드를 작성해 봅시다. 예제 4.14와 비슷한 코드지만, 이번에는 오류가 발생하지 않습니다. 예제 4.14와 예제 4.15는 어떠한 차이점이 있을까요? 두 코드의 차이점은 for 문 안에 선언된 변수 i가 선언된 방식에 있습니다. 예제 4.14에서는 변수 i를 let 키워드를 사용해 선언했지만, 예제 4.15에서는 변수 i를 var 키워드를 사용해 선언했습니다.

```
            ┌─ function print() {
            │      for (var i = 0; i < 3; i++) {   ◄──┐
변수 i의 스코프 │          console.log(`블록 스코프 : ${i}`);      │ 접근 ○
            │      }                                    │
            │      console.log(i); ─────────────────────┘
            └─ }

               print();
```

그림 4-4 함수 스코프

2장에서 자바스크립트에서는 변수를 선언할 때 let 또는 const를 사용한다고 배웠는데, 자바스크립트에는 var라는 또 다른 키워드가 존재합니다. 위의 코드처럼 변수를 var 키워드를 사용해 선언하면 변수는 블록 스코프가 아닌 함수 스코프를 갖게 되어 for 문 블록의 바깥에 작성되었더라도 print 함수 내부에 작성된 console.log(i)를 실행할 때 오류가 발생하지 않습니다. 그렇다면 이 var와 let의 차이점은 무엇인지 이 두 키워드에 대해 자세하게 살펴보겠습니다.

4.2.5　let과 var

let 키워드와 var 키워드의 차이점은 let 키워드로 선언된 변수는 블록 스코프를 갖고, var 키워드로 선언된 변수는 함수 스코프를 갖는다는 것입니다. 이 차이점 이외에 let과 var의 또 다른 차이점을 알아보기 위해 num1 변수는 let 키워드를 사용해 선언하고, num2 변수는 var 키워드를 사용해 선언해 보겠습니다. 그다음, num1 변수와 num2 변수 모두 중간에 값을 변경한 후 출력해 보겠습니다.

예제 4.16 let과 var를 사용한 변수 선언

```
let num1 = 10;
var num2 = 20;
```

```
num1 = 100;
num2 = 200;

console.log(num1);
console.log(num2);
```

Console

```
100
200
```

let과 var 키워드를 사용해 선언한 변수 num1, num2를 출력한 결과, 오류가 발생하지 않고 생각했던 결괏값인 100과 200이 알맞게 출력되는 것을 볼 수 있습니다. 이렇게만 보면 let과 var는 별 차이점이 없고 서로 유사하게 동작하는 것처럼 보입니다. 하지만 var는 **오래된 변수 선언 키워드**라고 불리며, 잘 사용하지 않는 키워드입니다. 그렇다면 이번에는 이 두 키워드의 차이점을 알아볼 수 있는 코드를 작성해 보겠습니다.

예제 4.17 let을 사용해 같은 변수를 중복으로 선언하기

```
let num1 = 10;
let num1 = 100;

console.log(num1);
```

let을 사용해 변수를 선언한 다음, 동일한 이름의 변수를 다시 선언하는 코드를 작성했습니다. 코드를 실행하면 num1 변수 아래에 빨간 줄이 생기고 빨간 줄에 마우스를 올리면 "Identifier 'num1' has already been declared"라는 문구가 표시됩니다.

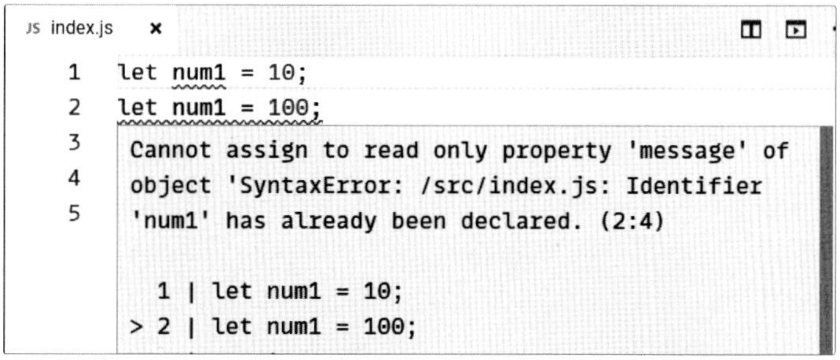

그림 4-5 let을 사용해 같은 변수를 중복으로 선언했을 때 발생하는 오류

이렇게 let 키워드를 사용해 동일한 이름의 변수를 여러 번 선언할 경우 해당 변수가 이미 선언되었다는 오류가 발생합니다. 그럼 이번에는 var 키워드를 사용해 동일한 코드를 작성해 보겠습니다.

예제 4.18 var를 사용해 같은 변수를 중복으로 선언하기

```
var num2 = 20;
var num2 = 200;

console.log(num2);
```

Console

```
200
```

이번에는 let 키워드가 아닌, var 키워드를 사용해 num2 변수를 선언하고, 그 아래에 다시 var 키워드를 사용해 num2 변수를 선언했습니다. 코드를 실행하면 let 키워드를 사용했을 때와는 다르게 200이라는 값이 출력됩니다. var 키워드를 사용해 변수를 선언하면 같은 이름의 변수를 여러 번 다시 선언할 수 있고, 기존에 선언된 동일한 변수는 무시되는 것을 확인할 수 있습니다. var로 선언된 변수가 let 키워드로 선언된 변수보다 더 유연하다고 생각할 수 있지만, 코드 양이 많은 자바스크립트 프로그램에서 var 키워드로 변수를 선언하면, 특정 변수가 이미 선언되어 있는지 판단하기 어려울 뿐만 아니라, 어디서 어떻게 사용되고 있는지 파악이 힘들어지고 프로그램상의 오류를 발생시킬 수 있게 된다는 단점이 있습니다.

정리하면, let 키워드는 같은 이름의 변수를 재선언하면 오류를 발생시키지만, var 키워드는 오류 없이 가장 마지막에 작성된 값으로 변수의 값이 변경됩니다. 또한, let 키워드는 블록 스코프, var 키워드는 함수 스코프를 갖는다는 차이점이 있습니다. 이러한 var의 성질은 자바스크립트를 이용한 프로그래밍에서 여러 가지 오류를 발생시킬 수 있다는 단점이 있기 때문에 이 책에서는 var 키워드를 사용하지 않고, let과 const 키워드만을 이용해 변수 및 함수를 생성하겠습니다.

4.3 호이스팅

자바스크립트로 작성된 코드는 위에서 아래로 순차적으로 실행됩니다. 그렇기 때문에 함수나 변수의 선언문을 먼저 작성한 다음 함수를 호출하거나 변수에 접근해야 합니다. 하지만 자바 스크립트의 호이스팅이라는 특징을 활용하면 특정 함수 호출이나 변수를 활용하는 코드가 함수 또는 변수의 선언문보다 위쪽에 작성되어 있더라도 에러가 발생하지 않습니다. **호이스팅 (Hoisting)**이란 '끌어올리다'라는 단어(hoist)의 뜻처럼 **아직 선언되지 않은 함수나 변수를 해당 스코프의 맨 위로 끌어올려서 사용하는 것처럼 보이게 하는 자바스크립트의 작동 방식**을 의미합니다. 자바스크립트의 호이스팅은 함수 호이스팅과 변수 호이스팅으로 나눌 수 있습니다.

4.3.1 함수 호이스팅

함수 호이스팅에 대해 알아보기 위해 먼저 다음과 같은 코드를 살펴보겠습니다.

예제 4.19 함수 호이스팅이 발생하는 경우

```
print();
function print() {
    console.log("hello world");
}
```

Console

```
hello world
```

"hello world"라는 문장을 출력하는 기능의 print 함수를 선언하고, 우리가 배웠던 것과는 다르게 print 함수의 호출문을 print 함수의 선언문보다 아래에 작성하지 않고 print 함수의 선언문 위에 작성했습니다. 작성된 코드를 실행해 보면, print 함수가 아직 선언되지 않았지만 오른쪽 콘솔 탭에 "hello world"가 출력되고, print 함수가 오류 없이 정상적으로 작동된 것을 확인할 수 있습니다. 위의 코드가 정상적으로 작동하는 이유는, 자바스크립트 엔진이 코드를 해석하는 과정에서 print 함수의 호출문보다 선언문을 더 먼저 작성된 코드로 받아들였기 때문입니다.

이렇게 print 함수의 선언문을, print 함수가 갖는 스코프, 유효 범위의 가장 위쪽으로 끌어올려서 코드를 해석하는 자바스크립트의 작동 방식을 **함수 호이스팅**이라고 부릅니다.

4.3.2 변수 호이스팅

다음으로는 변수 호이스팅에 대해 알아보겠습니다. 자바스크립트의 변수 선언 키워드 중 var
를 이용해 변수를 선언하고, 변수의 선언문 위쪽에 해당 변수를 출력하는 코드를 작성해 보겠
습니다.

예제 4.20 변수 호이스팅이 발생하는 경우

```
console.log(num);
var num = 10;
```

Console

```
undefined
```

함수 호이스팅과 비슷하게 변수 num이 선언되기 전에 num 변수의 값을 출력하려고 했지만, 실
행 결과 Error가 아닌 undefined가 출력됐습니다. 그 이유는 자바스크립트 엔진이 이러한 코
드를 다음 코드와 같이 해석했기 때문입니다.

예제 4.21 변수 호이스팅 과정

```
var num;
console.log(num);
num = 10;
```

Console

```
undefined
```

이번에는 var num = 10; 코드가 전부 해당 스코프의 맨 위로 올라가지 않고, var num;이라는
num 변수의 선언문만 위쪽으로 올라간 것을 볼 수 있습니다. num = 10;처럼 변수에 값을 할
당하는 것을 '변수를 초기화한다'라고 하기도 하는데, 변수 호이스팅은 변수의 초기화문이 아
닌, 변수의 선언문만 해당 스코프의 가장 위쪽으로 올려서 해석하는 방식입니다.

자바스크립트 엔진이 해석한 코드를 살펴보면 num 변수에 값이 할당되기 전에 num 변수를 출력
했으므로 맨 윗줄에서는 num의 값에 undefined가 할당되어 코드 실행 결과 undefined가 출력
됩니다. 그럼 이번에는 var가 아닌 let과 const 키워드로 변수를 선언하고 동일한 코드를 작성
해 보겠습니다.

예제 4.22 let과 const를 사용한 변수 선언

```
console.log(num1);
console.log(num2);

let num1 = 10;
const num2 = 15;
```

Console

```
Uncaught ReferenceError: num1 is not defined
```

코드를 실행하면, var 키워드를 사용한 변수와는 다르게 undefined가 아닌 num1 변수와 num2 변수가 정의되지 않았다는 Error가 출력되는 것을 볼 수 있습니다. let과 const 키워드로 선언된 변수에 선언 전에 접근하려고 하면 에러가 발생하는 이유를 이해하기 위해서는 TDZ(Temporal Dead Zone)에 대해 알아야 합니다.

TDZ는 Temporal Dead Zone의 약자로 일시적인 사각지대, 다시 말해 **변수를 사용하는 것을 허용하지 않는 공간**이라고 말할 수 있습니다. let과 const 키워드는 호이스팅이 발생하지 않는 것이 아니라, var 키워드와는 다르게 변수 스코프의 가장 위쪽에서 변수의 초기화가 완료될 때까지 TDZ라는 공간에 있기 때문에 호이스팅이 발생하지 않는 것처럼 보이는 것입니다.

var 키워드와는 다르게 let과 const 키워드로 선언된 변수가 초기화될 때까지 TDZ에 머물러 있는 이유는, var 키워드는 변수를 생성한 다음 바로 메모리에 변수의 공간을 미리 할당하지만, let과 const 키워드는 변수가 초기화될 때까지 메모리 공간이 확보되지 않기 때문입니다. 그에 따라 해당 키워드로 생성된 변수는 사용할 수 없는 공간인 TDZ에 들어가게 됩니다.

호이스팅은 자바스크립트의 기본 성질이지만, const와 let 키워드 이외에도 초기화가 완료될 때까지 TDZ에 머물러 있는 몇 가지 구문이 있기 때문에 웬만하면 변수와 함수의 선언문 이후에 변수와 함수에 접근하는 코드를 작성하는 것이 좋습니다. 또한 호이스팅이 많이 발생하게 작성된 코드는 가독성이 좋지 않기 때문에 코드를 직관적으로 해석하기 어려워 코드의 이해도가 떨어지고, 여러 가지 오류를 일으킬 수 있습니다. 따라서 이 책에서는 되도록 var 키워드 대신 let과 const 키워드를 사용해 변수 및 함수를 생성하고, 함수는 호출 전에 미리 선언하는 방식으로 코드를 작성하겠습니다.

4.4 함수 표현식

지금까지는 function 키워드를 작성한 후 함수의 이름을 작성하는 방식으로 함수를 선언했고, 이후 함수의 이름을 사용해 함수를 호출했습니다. 이러한 함수의 선언 방식을 **함수 선언식**이라고 부릅니다.

예제 4.23 함수 선언식으로 생성한 함수

```
function add() {
    console.log(12 + 5);
}
add();
```

Console

```
17
```

자바스크립트에서는 함수 선언식 외에 **함수 표현식**을 이용해 함수를 생성할 수 있습니다. 함수 표현식으로 함수를 생성해 보겠습니다.

예제 4.24 함수 표현식으로 생성한 함수

```
const add = function () {
    console.log(12 + 5);
};
add();
```

Console

```
17
```

함수 표현식으로 작성된 위의 코드를 살펴보면, add라는 변수에 12 + 5의 결괏값을 출력하는 함수가 마치 값처럼 할당된 것을 볼 수 있습니다. add는 변수지만 함수를 값으로 가지고 있기 때문에 동일하게 add();로 함수를 호출할 수 있습니다. 그렇다면 함수를 선언하는 두 가지 방법, 함수 선언식과 함수 표현식의 차이점과 함께 함수 표현식에 대해 더 자세하게 알아보겠습니다.

4.4.1 함수 선언식과 표현식

함수 선언식과 함수 표현식의 가장 큰 차이점은, **함수 선언식**은 **함수 호이스팅**이 발생하지만, **함수 표현식**은 함수 호이스팅이 아닌 **변수 호이스팅**이 발생한다는 것입니다. 앞서 배웠듯이 호이스팅이란 아직 선언되지 않은 함수나 변수를 스코프의 가장 위쪽으로 끌어 올려놓은 것처럼 동작하는 자바스크립트의 작동 방식입니다. 복습할 겸 함수 호이스팅의 동작 방식을 다음 코드와 함께 다시 한번 살펴보겠습니다.

예제 4.25 함수 호출 후 함수 선언식으로 함수 생성하기

```
add();

function add() {
    console.log(12 + 5);
};
```

Console

```
17
```

위의 코드와 같이 함수 선언식으로 생성된 함수는 함수 호이스팅이 발생해 다음과 같이 해석됩니다.

예제 4.26 함수 선언식의 함수 호이스팅 과정

```
function add() {
    console.log(12 + 5);
};

add();
```

Console

```
17
```

그렇기 때문에 함수 선언문의 위에 함수의 호출문을 작성하더라도 예제 4.25처럼 에러가 발생하지 않고 함수가 호출됩니다.

그럼 이번에는 동일한 이름과 동일한 기능의 함수를 호출한 다음, 함수를 특정 변수에 값으로 할당하는 방식인 함수 표현식으로 생성하면 어떤 결괏값이 나오는지 다음 코드를 통해 확인해 보겠습니다.

예제 4.27 함수 호출 후 함수 표현식으로 함수 생성하기

```
add();

var add = function () {
    console.log(12 + 5);
};
```

Console
```
Uncaught TypeError: add is not a function
```

코드를 실행해 본 결과, 이번에는 add는 함수가 아니라는 에러가 발생한 것을 볼 수 있습니다. 함수 표현식으로 함수를 생성하고 함수를 생성하기 이전에 함수를 호출하면 에러가 발생하는 이유는 브라우저가 예제 4.27 코드를 아래의 예제 4.28 코드와 같이 해석하기 때문입니다.

예제 4.28 함수 표현식의 변수 호이스팅 과정

```
var add;
add();
add = function () {
    console.log(12 + 5);
};
```

Console
```
Uncaught TypeError: add is not a function
```

코드를 살펴보면, add 변수의 선언문만 스코프의 가장 위쪽으로 옮겨졌고, 그다음 add 함수가 실행되고, 마지막으로 add 변수에 12 + 5의 결괏값을 출력하는 이름 없는 함수가 할당된 것을 알 수 있습니다. 이러한 해석 방식은 변수 호이스팅과 비슷합니다.

'4.3.2 변수 호이스팅'에서 배운 내용을 다시 한 번 살펴봅시다. var 키워드를 사용해 변수를 선언하고 변수를 선언하기 이전에 변수를 출력하려고 하면 변수의 선언문만 해당 스코프의 최상

단으로 올려서 해석되기 때문에 undefined라는 값이 출력됩니다. 그리고 let과 const 키워드를 사용해 변수를 선언하면 해당 변수가 TDZ라는 가상 공간에 들어가기 때문에 undefined이 아닌 에러가 발생합니다.

함수 표현식 또한 마찬가지입니다. 함수 표현식은 함수 호이스팅이 발생하지 않고, **변수** 호이스팅이 발생하기 때문에 예제 4.28의 코드처럼 var로 선언된 함수 표현식은 변수의 선언문만 해당 스코프의 최상단으로 끌어올려졌고, 이후 add 함수에 함숫값이 할당된 것입니다. 맨 위에 작성된 코드에서 add 변수에 undefined라는 값이 할당되었고, add();를 통해 undefined를 호출하려고 해서 에러가 발생한 것입니다. let 또는 const 키워드를 사용해 작성된 함수 표현식도 변수 호이스팅이 발생하기 때문에 예제 4.28의 코드에서 var 키워드를 let과 const 키워드로 바꿔 작성하더라도 에러가 발생합니다.

4.4.2 화살표 함수

함수 표현식으로 함수를 선언한다면 자바스크립트 ES6에 추가된 **화살표 함수**로 함수를 조금 더 편리한 방법으로 선언할 수 있습니다. 화살표 함수는 function 키워드를 작성하지 않고 => 의 화살표 모양을 사용해 변수에 함수를 값처럼 저장할 수 있습니다. 앞에서 작성했던 함수 표현식을 화살표 함수로 바꿔 작성해 보겠습니다.

예제 4.29 화살표 함수로 생성한 함수

```
const add = () => {
    console.log(12 + 5);
};


add();
```

Console

```
17
```

이러한 화살표 함수는 함수 표현식이기 때문에 이름을 통해 함수를 호출할 수 있고, 화살표 함수 또한 함수 호이스팅이 발생하지 않기 때문에 항상 함수 선언 이후에 호출해야 합니다. 화살표 함수는 앞서 사용했던 function 키워드를 사용해 생성된 함수와 약간의 차이점이 존재하지만, 지금 당장 알아둘 필요는 없기 때문에 이 책에서는 이 두 함수의 차이점에 대해 다루지 않겠습니다.

4.4.3 콜백 함수

화살표 함수를 사용해 sayHello 함수와 sayGoodBye 함수를 생성해 보겠습니다. sayHello 함수는 매개변수로 name을 받고, "Hello ⟨name 변수의 값⟩!"을 출력하는 함수로 작성하고, sayGoodBye 함수는 "Good Bye!"를 출력하는 함수로 작성해 보겠습니다.

예제 4.30 화살표 함수로 작성된 두 개의 함수
```
const sayHello = (name) => {
  console.log(`Hello ${name}!`);
};

const sayGoodBye = () => {
  console.log("Good Bye!");
};
```

이제 작성된 함수를 순서에 맞게 실행하겠습니다. 먼저 **sayHello** 함수를 호출해 Hello ⟨name 변수의 값⟩!을 출력하고, 그다음 sayGoodBye 함수를 호출해 "Good Bye!"를 출력해 줍시다.

예제 4.31 화살표 함수로 작성된 두 개의 함수
```
const sayHello = (name) => {
    console.log(`Hello ${name}!`);
};

const sayGoodBye = () => {
    console.log("Good Bye!");
};

sayHello("hyobin");
sayGoodBye();
```

Console

```
Hello hyobin!
GoodBye!
```

함수 내부의 문장을 원하는 순서대로 출력하기 위해서는 이렇게 함수를 두 번 호출해야 하지만, 자바스크립트의 **콜백 함수**를 이용하면 예제 4.31 코드를 다음과 같이 간략하게 작성할 수 있습니다.

예제 4.32 콜백 함수

```javascript
const sayHello = (name, callback) => {
    console.log(`Hello ${name}!`);
    callback();
};

const sayGoodBye = () => {
    console.log("Good Bye!");
};

sayHello("hyobin", sayGoodBye);
```

Console

```
Hello hyobin!
GoodBye!
```

코드를 살펴보겠습니다. sayHello 함수에 매개변수로 name과 callback을 받게 하고, sayHello 함수를 호출할 때 인수로 "hyobin"이라는 값과 sayGoodBye 함수를 전달했습니다. 자바스크립트에서는 함수 또한 하나의 값이기 때문에 이렇게 다른 함수의 매개변수로 함수를 전달할 수 있습니다.

sayHello 함수의 실행 과정을 보면, 먼저 name 변수의 값으로 hyobin 문자열을 받아 "Hello hyobin!"을 출력하고, 이후 callback 변수에 저장된 sayGoodBye 함수를 호출해 "GoodBye!"를 출력합니다. 이처럼 **다른 함수에 인자로 전달되어 실행되는 함수를 콜백 함수 (callback function)**라고 부릅니다. 콜백 함수는 다른 함수의 인자로 전달되어 실행되기 때문에 해당 함수의 실행 흐름을 제어할 수 있습니다. 따라서 다양한 동작을 할 수 있게 해주기 때문에 유용하게 사용되는 함수입니다. 지금까지는 간단한 프로그램만 실습했기 때문에 콜백 함수를 사용할 일이 없었지만, 자바스크립트가 기본적으로 제공하는 함수 중에도 콜백 함수를 활용하는 함수가 많고, 앞으로 프로그래밍할 때도 자주 사용하는 함수이므로 중요한 개념입니다.

객체

이번 장에서는 자바스크립트의 비 원시 타입 자료형인 객체 자료형 중 객체에 대해 배워보겠습니다. 객체는 자바스크립트에서 거의 매번 사용될 정도로 자주 사용되는 개념입니다. 객체를 사용하면 코드를 쉽게 재사용하고, 필요에 따라 확장할 수도 있기 때문에 자바스크립트를 잘 다루기 위해서는 객체를 잘 이해하고 있어야 합니다.

그럼 이제 객체에 대해 자세하게 알아봅시다. 객체(Object)는 비 원시 타입 자료형으로, 한 번에 여러 개의 데이터 값을 저장할 수 있습니다. 이해를 돕기 위해 '사람'이라는 객체를 만든다고 가정해 보겠습니다.

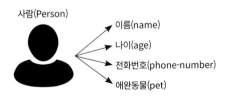

그림 5-1 사람 객체와 사람에 대한 여러 가지 데이터

우리는 흔히 어떤 '사람'을 설명하기 위해 사람의 이름, 나이, 전화번호, 애완동물 등 다양한 정보를 이야기합니다. 이러한 '사람'을 객체로 만든다고 생각하면, 사람이라는 이름을 갖는 객체 안에 이름, 나이, 전화번호, 애완동물 등의 데이터 값을 저장할 수 있습니다. 즉, 자바스크립트에서 객체는 서로 연관된 여러 가지 정보를 하나로 모아 놓은 것이라고 볼 수 있습니다. 그럼, 이제 자바스크립트에서 객체를 어떻게 생성하고 사용하는지 하나씩 살펴보겠습니다.

5.1 객체 생성

먼저 자바스크립트에서 객체를 생성하는 방법을 알아봅시다. 객체를 생성하는 방법에는 생성자 함수를 사용하는 방법과 리터럴을 사용하는 방법, 두 가지가 있습니다. 먼저 생성자 함수를 사용해 객체를 생성해 보겠습니다.

5.1.1 생성자 함수

생성자 함수(constructor function)를 사용해 객체를 생성하기 위해서는 Object 생성자 함수를 사용해야 합니다. 객체 생성자 함수 Object는 **new 키워드**와 함께 작성해야 하며, 작성법은 다음과 같습니다.

예제 5.1 생성자 함수를 사용한 객체 생성

```
let obj = new Object();
console.log(obj);
```

Console

```
{}
```

생성자 함수를 사용해 obj 객체를 출력하면 중괄호가 출력되는 것을 볼 수 있습니다. 그럼 이번에는 이 중괄호를 사용해서 객체를 생성해 보겠습니다.

5.1.2 리터럴

객체를 생성하는 또 다른 방법은 리터럴을 사용하는 방법입니다. 동일한 obj 객체를 객체 리터럴을 사용해 생성해 봅시다.

예제 5.2 리터럴을 사용한 객체 생성

```
let obj = {}
console.log(obj);
```

Console

```
{}
```

객체 리터럴 방법은 중괄호를 사용해 객체를 생성하는 방법으로, 생성자 함수를 사용하는 것보다 훨씬 더 간단하게 객체를 생성할 수 있습니다. `obj` 객체를 출력하면 동일하게 중괄호가 출력되는 것을 알 수 있습니다.

5.2   객체 프로퍼티

객체를 생성하는 방법을 배웠으니 이제 객체의 프로퍼티(property), 즉 객체의 속성에 대해 알아보겠습니다. 객체의 프로퍼티는 객체의 중괄호 내부에 들어갈 데이터로, key와 value의 쌍으로 이루어진 데이터입니다. 객체의 프로퍼티는 콜론을 기준으로 왼쪽에는 key 값을, 오른쪽에는 value 값을 작성합니다. car라는 이름의 객체 안에 여러 가지 프로퍼티를 작성해 보겠습니다.

예제 5.3 **객체 프로퍼티 작성**

```
let car = {
    name: "붕붕",
    model: "morning",
    color: "black"
};
```

작성한 car 객체 안의 name: **"붕붕"**, model: "morning", color: "black"을 객체의 **프로퍼티** 혹은 **속성**이라고 부릅니다. 객체 프로퍼티의 값을 찾을 때는 콜론의 왼쪽에 작성된 key 값을 통해 찾기 때문에 객체 프로퍼티를 작성할 때 프로퍼티의 key 값을 고유한 값으로 작성해야 합니다. 하지만 객체에는 프로퍼티를 몇 개를 넣어도, value 값으로 어떠한 자료형을 넣어도 상관없습니다. 객체 프로퍼티의 value 값에 여러 가지 값을 넣어보겠습니다.

예제 5.4 **객체 프로퍼티에 다양한 자료형 넣기**

```
let car = {
    name: undefined,
    model: "morning",
    color: "black",
    show: function() {
        console.log("my car");
```

```
    },
};
console.log(car);
```

Console

```
{name: undefined, model: 'morning', color: 'black', show: f}
```

이렇게 객체 프로퍼티의 value는 문자열, undefined, 함수 등 어떠한 자료형을 넣어도 오류가 발생하지 않는 것을 볼 수 있습니다. 그럼, 이제 key와 value 쌍으로 이루어진 객체의 프로퍼티 값을 사용하는 방법을 살펴봅시다.

5.2.1 객체 프로퍼티 값 사용

객체의 프로퍼티를 사용하는 방법을 알아보기 위해 먼저 tv라는 이름을 갖는 객체를 리터럴 방식으로 생성하고, 생성한 객체에 색상, 가격, 브랜드의 정보를 담는 프로퍼티를 할당해 보겠습니다.

예제 5.5 tv 객체 생성

```
let tv = {
    color: "white",
    brand: "Samsung",
    price: 2000000,
};
```

작성된 tv 객체의 값을 꺼내서 사용하는 방법에는 점 표기법과 괄호 표기법, 이렇게 두 가지 방법이 있습니다. 먼저 점 표기법에 대해 알아봅시다. 점 표기법은 말 그대로 점을 이용해 객체의 값을 꺼내는 방법입니다. 객체의 이름 뒤에 점을 작성하고, 객체 프로퍼티의 key 값을 작성하면 key 값에 해당하는 value 값을 반환합니다. 점 표기법을 사용해 tv 객체 프로퍼티의 값들을 하나씩 출력해 보겠습니다.

예제 5.6 점 표기법을 사용한 객체 프로퍼티 값 출력

```
let tv = {
    color: "white",
    brand: "Samsung",
```

```
    price: 2000000,
};

console.log(tv.color);
console.log(tv.brand);
console.log(tv.price);
```

Console

```
white
Samsung
2000000
```

객체의 이름인 tv 뒤에 점을 작성하고, 점 뒤에는 객체 프로퍼티의 key 값을 작성해 객체 프로퍼티의 value 값을 출력했습니다. 출력 결과를 보면 key 값에 해당하는 value 값이 알맞게 출력된 것을 확인할 수 있습니다.

이번에는 객체 프로퍼티의 값을 사용할 수 있는 두 번째 방법인 괄호 표기법을 살펴보겠습니다. 괄호 표기법은 객체의 이름 뒤에 대괄호를 열어 대괄호 안에 key 값을 작성해 주는 방식입니다. 괄호 표기법을 사용해 객체 프로퍼티의 값을 하나씩 출력해 보겠습니다.

예제 5.7 괄호 표기법을 사용한 객체 프로퍼티 값 출력

```
let tv = {
    color: "white",
    brand: "Samsung",
    price: 2000000,
};

console.log(tv["color"]);
console.log(tv["brand"]);
console.log(tv["price"]);
```

Console

```
white
Samsung
2000000
```

괄호 표기법을 사용할 때는 예제 5.7의 코드처럼 대괄호 안에 큰따옴표 혹은 작은따옴표를 사용해 key 값이 문자열임을 명시해야 합니다. 코드 실행 결과 대괄호 안의 key 값에 해당하는 value 값들이 알맞게 출력되는 것을 볼 수 있습니다. 보통 객체 프로퍼티의 값을 꺼내 사용할 때는 점 표기법을 많이 사용하지만, 객체의 key 값이 고정적이지 않고, 특정 함수의 매개변수에 따라 key 값을 계속해서 변경하는 경우에는 괄호 표기법을 활용합니다. 동일한 tv 객체의 프로퍼티 값을 출력하는 getValue 함수를 작성해보겠습니다.

예제 5.8 괄호 표기법을 사용한 객체 프로퍼티 값 출력

```
let tv = {
    color: "white",
    brand: "Samsung",
    price: 2000000,
};

const getValue = (key) => {
    console.log(tv[key]);
};

getValue("price");
```

Console
```
2000000
```

tv 객체 프로퍼티의 key 값을 매개변수로 받는 getValue 함수를 선언하고, 함수 내부에는 괄호 표기법을 사용해 객체 프로퍼티의 값을 출력하는 코드를 작성했습니다. 이후 getValue 함수를 호출하고 tv 객체 프로퍼티의 key 값 중 하나인 price를 인수로 넘겨주었습니다. 코드를 실행하면 tv 객체 프로퍼티의 key 값 중 price에 해당하는 값인 2000000이 출력되는 것을 볼 수 있습니다. 괄호 표기법은 이렇게 객체의 key 값을 특정 함수의 매개변수가 결정하는 상황, 혹은 key 값이 계속 변화하는 상황에 자주 사용됩니다.

5.2.2 객체 프로퍼티 추가

지금까지 객체를 생성하고 객체 프로퍼티의 값을 사용하는 방법까지 알아봤습니다. 이번에는
객체 프로퍼티를 추가하고 수정하고 삭제하는 방법을 배워보겠습니다. 객체의 프로퍼티를 추
가할 때도 객체 프로퍼티의 값을 사용하는 방법과 마찬가지로 점 표기법과 괄호 표기법을 사용
합니다. dog라는 객체에 점 표기법으로 name 프로퍼티를 추가하고, 괄호 표기법으로 age 프
로퍼티를 추가해 보겠습니다.

예제 5.9 객체 프로퍼티 추가하기

```
let dog = {
    age: 2
};

dog.name = "멍멍이";
dog["color"] = "brown";
console.log(dog);
```

Console

```
{age: 2, name: '멍멍이', color: 'brown'}
```

점 표기법을 사용해 객체 프로퍼티를 추가할 때는 객체의 이름 뒤에 점을 찍고 추가할 프로퍼
티의 key 값을 작성한 다음 원하는 값을 할당해 줍니다. 괄호 표기법도 마찬가지로 객체 이름
뒤의 괄호 안에 새로 추가할 프로퍼티의 key 값을 작성하고 원하는 값을 할당해 주면 됩니다.
코드를 실행하면 dog 객체에 새로 추가한 이름과 색깔에 대한 값이 담겨있는 프로퍼티들이 알
맞게 추가된 것을 확인할 수 있습니다.

5.2.3 객체 프로퍼티 수정

객체의 프로퍼티들은 추가뿐만 아니라 값을 수정할 수도 있습니다. 객체 프로퍼티의 값 수정
또한 프로퍼티를 추가할 때와 동일하게 점 표기법과 괄호 표기법을 사용해 수정합니다. 이번에
는 key 값이 age인 프로퍼티의 값을 1로, key 값이 color인 프로퍼티의 값을 white로 수정해
보겠습니다.

예제 5.10 객체 프로퍼티 수정하기

```
let dog = {
    name: "멍멍이",
    age: 2,
    color: "brown"
};

dog.age = 1;
dog["color"] = "white";
console.log(dog);
```

Console

```
{name: '멍멍이', age: 1, color: 'white'}
```

객체의 이름 뒤에 수정할 프로퍼티의 key 값을 작성하고, 각각 1과 white의 값을 할당했습니다. 출력 결과를 보면, 프로퍼티 값이 알맞게 수정된 것을 볼 수 있습니다.

코드를 다시 한번 살펴보겠습니다. 위의 코드에서 dog 객체는 let 키워드로 선언되어 있는 것을 알 수 있습니다. 앞에서 const 키워드로 선언된 상수는 중간에 값을 변경할 수 없고 let으로 선언된 변수는 중간에 값을 변경할 수 있다고 배웠지만, 객체는 const 키워드로 선언하더라도 프로퍼티의 값은 수정할 수 있습니다. const 키워드를 사용해 dog 객체를 선언하고, 프로퍼티의 값을 위와 동일하게 수정해 보겠습니다.

예제 5.11 const 키워드로 선언된 객체 프로퍼티 수정하기

```
const dog = {
    name: "멍멍이",
    age: 2,
    color: "brown"
};

dog.age = 1;
dog["color"] = "white";
console.log(dog);
```

Console

```
{name: '멍멍이', age: 1, color: 'white'}
```

코드 실행 결과, const 키워드를 사용해 선언된 객체의 프로퍼티 값 또한 에러가 발생하지 않고 알맞게 변경된 것을 볼 수 있습니다. 객체는 왜 const 키워드로 선언하더라도 프로퍼티의 값을 수정할 수 있을까요? 그 이유는 객체 프로퍼티 값을 수정하는 것과 dog 객체 자체를 수정하는 것은 다른 것이기 때문입니다. 객체는 생성될 때 고유한 id 값을 갖습니다. dog 객체의 프로퍼티를 변경하는 것은, 이 객체의 고유 id 값을 변경하는 것이 아니기 때문에 const 키워드로 선언하더라도 프로퍼티의 값을 변경할 수 있습니다. 그럼, 객체의 고유한 id 값까지 변경하는 경우는 어떠한 경우가 있는지 다음 코드를 통해 살펴봅시다.

예제 5.12 객체의 고유한 id 값을 수정하는 코드

```
const dog = {
    name: "멍멍이",
    age: 2,
    color: "brown"
};

dog = {
    age: 1,
}
```

Console

```
Uncaught TypeError: Assignment to constant variable. at <anonymous>
```

const 키워드로 선언된 dog 객체 아래에 key 값은 age, value는 1인 프로퍼티가 저장된 dog 객체를 한 번 더 작성했습니다. 이렇게 dog라는 객체 자체에 새로운 프로퍼티를 저장하려고 하면 이것은 객체의 고유한 id를 변경하는 것이므로 에러가 발생합니다. 그렇기 때문에 객체 프로퍼티의 값을 변경하는 경우에는 객체를 const 키워드로 선언하더라도 프로퍼티 값을 수정할 수 있습니다.

5.2.4 객체 프로퍼티 삭제

이번에는 객체 프로퍼티의 값을 삭제하는 방법을 알아보겠습니다. 프로퍼티를 삭제할 때는 delete 키워드를 사용합니다. 삭제하려는 프로퍼티의 값을 앞에서 배운 점 표기법과 괄호 표기법으로 작성한 다음, 맨 앞에 delete 키워드를 작성해 보겠습니다.

예제 5.13 객체 프로퍼티 삭제하기

```javascript
const dog = {
    name: "멍멍이",
    age: 2,
    color: "brown"
};

delete dog.color;
delete dog["age"];

console.log(dog);
```

Console

```
{name: '멍멍이'}
```

delete 키워드를 사용해 dog 객체의 key 값이 age와 color인 프로퍼티를 삭제했습니다. 코드를 실행하면, key 값이 name인 프로퍼티를 제외한 모든 프로퍼티가 삭제된 것을 볼 수 있습니다.

5.2.5 객체의 함수 프로퍼티

앞서 봤듯이, 객체 프로퍼티의 value 값으로는 숫자, 문자열, 함수 등 어떠한 자료형을 넣어도 무관하다는 특징이 있습니다. 이번에는 객체 프로퍼티의 값이 함수일 경우 함수를 작성하고 호출하는 방법에 대해 자세하게 살펴보겠습니다. 이름, 나이에 대한 프로퍼티가 저장되어 있는 person 객체 안에 key 값이 print이고, value 값이 "hello world"를 출력하는 함수인 프로퍼티를 추가로 작성해 보겠습니다.

예제 5.14 객체의 함수 프로퍼티

```javascript
const person = {
    name: "홍길동",
    age: 20,
    print: function () {
        console.log("hello world");
    },
};
```

person 객체의 프로퍼티 중 key 값이 print인 프로퍼티에 할당된 함수를 호출하기 위해서는 일반 함수를 호출하는 방식과 동일하게 점 표기법과 괄호 표기법을 사용합니다. 객체의 이름 뒤에 함수가 할당되어 있는 프로퍼티의 key 값을 작성한 후 점 표기법과 괄호 표기법을 모두 사용해 호출해 보겠습니다.

예제 5.15 객체의 함수 프로퍼티 호출하기

```
const person = {
    name: "홍길동",
    age: 20,
    print: function () {
        console.log("hello world");
    },
};

person.print();
person["print"]();
```

Console

```
hello world
hello world
```

점 표기법과 괄호 표기법을 사용해 print의 value 값으로 할당된 함수를 호출한 결과, "hello world"가 출력되는 것을 볼 수 있습니다. 이처럼 객체 프로퍼티 값이 함수인 경우, 이를 **메서드(method)**라고 부릅니다. 메서드는 객체 내부의 프로퍼티에 접근할 수 있는 특별한 기능이 있습니다. person 객체의 print 메서드에서 다른 프로퍼티들의 value 값을 출력하는 코드를 작성해 보겠습니다.

예제 5.16. 메서드에서 객체 프로퍼티에 접근하기

```
const person = {
    name: "홍길동",
    age: 20,
    print: function () {
        console.log(`제 이름은 ${this.name}입니다.`);
    },
```

```
};

person.print();
```

Console

제 이름은 홍길동입니다.

객체의 메서드에서는 this 키워드를 사용해 자신이 속해 있는 객체를 가리킬 수 있습니다. this 키워드가 person 객체를 가리키기 때문에 this.name은 key 값이 name인 프로퍼티의 값이 할당되어 메서드를 호출한 결과, "제 이름은 홍길동입니다"가 출력됩니다. 메서드를 생성할 때는 화살표 함수보다는 함수 선언식으로 생성하는 것이 좋습니다. 그 이유는 화살표 함수 내부의 this는 해당 메서드를 호출한 객체를 가리키지 못하고, 가장 바깥의 객체인 window 객체를 가리키기 때문에 객체의 다른 프로퍼티 값들을 사용하지 못하기 때문입니다.

5장에서 배운 객체가 한 번에 서로 연관된 여러 데이터 값을 저장할 수 있는 자료형이었다면, 배열은 순서가 있는 요소의 집합, 여러 개의 항목이 모여 있는 리스트라고 할 수 있습니다. '사람' 이라는 배열은 다음 그림과 같이 나타낼 수 있습니다.

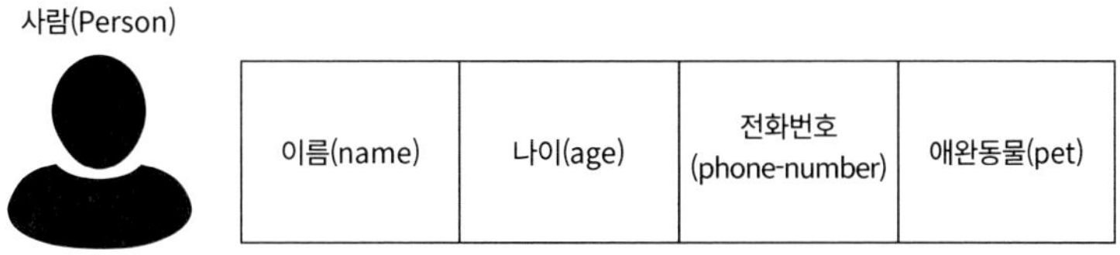

사람(Person)

이름(name)	나이(age)	전화번호 (phone-number)	애완동물(pet)

그림 6-1 사람 배열과 사람에 대한 여러 가지 데이터

이번 장에서는 자바스크립트의 객체 자료형에 속하는 객체와 배열은 어떤 차이점이 있는지 알아보고, 배열을 생성하는 방법과 함께 배열에 대해 자세하게 살펴보겠습니다.

6.1 배열 생성

배열은 객체와 동일하게 생성자 함수나 리터럴을 사용하여 생성할 수 있습니다. 먼저 배열 생성자 함수를 사용해 배열을 생성해 보겠습니다.

6.1.1 생성자 함수

생성자 함수를 사용해 배열을 생성하기 위해서는 **Array** 생성자 함수를 사용합니다. 배열 생성자 함수도 new 키워드와 함께 작성해야 하며, 작성법은 다음과 같습니다.

예제 6.1 생성자 함수를 사용한 배열 생성

```
let arr = new Array();
console.log(arr);
```

Console

```
[]
```

생성자 함수를 사용해 생성한 arr 배열을 출력하면 대괄호가 출력되는 것을 볼 수 있습니다. 이번에는 생성자를 사용해 선언된 배열에 값을 넣어보겠습니다. 배열에 값을 넣기 위해서는 객체와 마찬가지로 생성자 함수의 괄호 안에 값을 작성해 주면 됩니다. arr1 배열에는 여러 개의 값을 넣고, arr2 배열에는 숫자 3을 넣어보겠습니다.

예제 6.2 생성자의 괄호 안에 값 작성하기

```
let arr1 = new Array(1, 2, 3);
let arr2 = new Array(3);

console.log(arr1);
console.log(arr2);
```

Console

```
[1, 2, 3]
[undefined, undefined, undefined]
```

코드를 실행하면, arr1 배열에는 괄호 안의 모든 요소가 순서대로 배열에 담기는 반면, arr2 배열은 3이라는 값이 배열의 요소에 할당되는 것이 아니라 undefined라는 3개의 값이 배열에 할당되어 길이가 3인 배열이 생성되는 것을 볼 수 있습니다. 이렇게 배열 생성자에 값을 할당할 때, 특정 값을 요소에 할당하기 위해서는 생성자 함수의 괄호 안에 여러 개의 값을 넣고, 원하는 크기의 공간을 특정 배열에 할당하기 위해서는 원하는 공간의 크기를 괄호 안에 작성합니다.

6.1.2 리터럴

배열을 생성하는 두 번째 방법은 배열 리터럴을 사용하는 방법입니다. 배열 리터럴은 중괄호가 아닌, 대괄호를 사용해 배열을 생성합니다.

예제 6.3 리터럴을 사용한 배열 생성

```
let array = [];
console.log(array);
```

Console

```
[]
```

리터럴을 사용해 생성된 배열에 값을 넣어보겠습니다. 앞에서 배열 생성자에 넣었던 값과 동일한 값을 각각 array1 배열과 array2 배열에 넣어보겠습니다.

예제 6.4 리터럴로 생성한 배열에 값 넣기

```
let array1 = [1, 2, 3];
let array2 = [3];

console.log(array1);
console.log(array2);
```

Console

```
[1, 2, 3]
[3]
```

코드를 실행하면 array1 배열은 배열 생성자에 여러 개의 값을 넣은 결과와 동일하게, 배열 안에 숫자 1, 2, 3이 순서대로 담겨 있지만, array2 배열은 3개의 undefined 값이 할당된 배열이 아닌, 숫자 3이 담겨 있는 배열이 출력되는 것을 볼 수 있습니다. 이처럼 배열 리터럴을 사용해 배열을 생성하고 배열에 특정 값을 넣으면, 그 값이 순서대로 배열의 요소로 저장됩니다.

6.2   배열 요소

이러한 배열의 요소는 객체 프로퍼티의 값과 마찬가지로, 자료형에 상관없이 작성할 수 있습니다. 여러 가지 자료형을 배열 요소에 넣어보겠습니다.

예제 6.5 배열 요소에 다양한 자료형 넣기

```
let arr = [
    { name: "홍길동" },
    1,
    "array",
    function () {
        console.log("hello world!");
    },
    null,
    undefined,
];

console.log(arr);
```

Console

```
[{ name: "홍길동" }, 1, "array", function() { console.log("hello world!)" }, null,
undefined]
```

arr 배열 안에 객체, 숫자, 문자열, 함수 등의 다양한 자료형으로 이루어진 요소를 작성해 봤습니다. 위의 코드에서 볼 수 있듯이 배열 요소에도 객체 프로퍼티의 값과 마찬가지로 다양한 자료형을 작성하더라도 오류가 발생하지 않고 코드가 정상적으로 작동하는 것을 볼 수 있습니다. 그럼 이제 본격적으로 배열을 다루는 방법에 대해 살펴보겠습니다. 배열의 요소에 접근하는 방법은 무엇인지, 그리고 배열 요소를 추가하고 삭제하는 방법은 무엇인지 하나씩 알아봅시다.

6.2.1   배열 요소 접근

배열은 순서가 있는 요소들의 집합으로, 객체와는 다르게 데이터를 구분하는 key 값이 존재하지 않습니다. 배열은 key 값 대신에 **데이터가 위치한 순서인 index**를 통해 배열의 요소에 접근할 수 있습니다. 이름이 arr인 배열을 배열 리터럴 방식으로 생성하고 숫자 1, 문자열 hello, null 값을 arr 배열의 요소로 할당한 다음, 배열의 인덱스에 맞는 요소를 각각 출력해 보겠습니다.

예제 6.6 배열 요소 값에 접근하기

```
let arr = [1, "hello", null];

console.log(arr[0]);
console.log(arr[1]);
console.log(arr[2]);
```

Console

```
1
hello
null
```

배열의 인덱스에 맞는 요소들을 출력하기 위해서는 배열의 이름 뒤에 대괄호를 작성하고, 대괄호 안에 인덱스 번호를 작성해 줍니다. 출력 결과를 살펴보면, 배열의 인덱스에 맞는 배열 요소들이 순서대로 출력된 것을 확인할 수 있습니다. 배열 요소의 값에 접근할 때 주의할 점은 위 코드처럼 배열의 인덱스는 1번부터 시작되지 않고 **0번부터 시작**된다는 것입니다. 그렇기 때문에 배열의 가장 마지막 요소를 출력하기 위해서는 항상 배열 요소의 수보다 1 작은 값을 인덱스에 넣어줘야 합니다.

6.2.2 배열 요소 추가

이제 배열에 요소를 추가하는 방법을 알아봅시다. 배열에 새로운 요소를 추가하는 방법에는 두 가지가 있습니다.

표 6-1 배열 요소를 추가하는 메서드

방법	예제 코드	설명
push()	let number = [1, 2, 3, 4]; number.push(5); //결과: [1, 2, 3, 4, 5]	배열의 마지막 인덱스에 요소 추가
unshift()	let number = [1, 2, 3, 4]; number.unshift(0); //결과: [0, 1, 2, 3, 4]	배열의 첫 번째 인덱스에 요소 추가

먼저 push 메서드를 사용해 배열 요소를 추가해 보겠습니다. push는 배열의 이름 뒤에 작성하며 push에 넘겨준 값을 해당 배열의 맨 마지막 요소로 추가하는 내장 함수입니다. 이번에는 "apple", "orange", "peach"가 저장된 fruits라는 배열을 생성하고, fruits 배열에 push 메서드를 사용해 "grape" 요소를 추가해 보겠습니다.

예제 6.7 배열의 맨 뒤에 요소 추가하기

```javascript
let fruits = ["apple", "orange", "peach"];
fruits.push("grape");

console.log(fruits);
```

Console

```
["apple", "orange", "peach", "grape"];
```

push 메서드를 사용해 "grape"를 배열 요소로 추가하고, fruits 배열을 출력해 봤습니다. 출력 결과 "grape"가 배열 요소의 가장 마지막 값으로 추가된 것을 볼 수 있습니다.

push 메서드 말고도 배열 요소를 추가하는 또 다른 방법이 있습니다. 이번에는 unshift 메서드를 사용해 fruits 배열에 "lemon"을 추가해 보겠습니다.

예제 6.8 배열의 맨 앞에 요소 추가하기

```javascript
let fruits = ["apple", "orange", "peach"];
fruits.unshift("lemon");

console.log(fruits);
```

Console

```
["lemon", "apple", "orange", "peach"];
```

코드를 실행하면 push 메서드를 사용해 배열에 새로운 요소를 추가했을 때와는 다르게, "lemon"이라는 값이 fruits 배열 요소의 맨 앞쪽에 추가된 것을 확인할 수 있습니다. unshift는 이렇게 배열 요소의 맨 앞쪽에 특정 값을 추가하고 싶을 때 사용하는 배열 내장 함수입니다.

6.2.3 배열 요소 수정

다음으로 배열의 요소를 수정하는 방법을 알아보겠습니다. 배열은 배열에 새로운 값을 할당해 값을 수정할 수도, 배열의 인덱스로 배열 요소에 직접 접근해 수정할 수도 있습니다. 이 두 가지 방법을 모두 사용해서 "cat", "dog", "hamster"가 저장된 pets라는 배열 요소의 값을 수정해 보겠습니다.

예제 6.9 배열 요소 값 수정하기

```
let pets = ["cat", "dog", "hamster"];
pets = ["cat", "rabbit", "hamster"];
pets[2] = "parrot";

console.log(pets);
```

Console

```
["cat", "rabbit", "parrot"];
```

위 코드의 출력 결과를 살펴보면, pets 배열의 1번째 요소와 2번째 요소의 값이 각각 "rabbit"과 "parrot"으로 알맞게 변경된 것을 볼 수 있습니다. 5장에서 배웠던 객체는 const 키워드로 선언된 객체 또한 프로퍼티 값을 변경할 수 있었습니다. 배열도 객체와 마찬가지로 const 키워드로 선언된 배열의 값을 변경할 수 있는지 한 번 알아보겠습니다.

예제 6.10 const 키워드로 배열 수정하기

```
const pets = ["cat", "dog", "hamster"];
pets = ["cat", "rabbit", "hamster"];
pets[2] = "parrot";

console.log(pets);
```

Console

```
TypeError: "pets" is read-only
```

예제 6.9의 코드에서 let 키워드를 const 키워드로 변경한 코드를 실행하면, 위와 같이 배열의 값이 수정되지 않고, 'TypeError: "pets" is read-only'라는 오류가 출력되는 것을 볼 수 있습니다. 이처럼 const 키워드로 생성된 배열의 값 자체를 수정하면 객체에서처럼 pets 배열은 읽기 전용이라는 에러가 발생합니다. 그럼 이번에는 배열의 요소에 하나씩 접근해서 배열 요소 값을 수정해 보겠습니다.

예제 6.11 const 키워드로 생성한 배열 요소 값 수정하기

```
const pets = ["cat", "dog", "hamster"];
pets[1] = "rabbit";
pets[2] = "parrot";

console.log(pets);
```

Console

```
["cat", "rabbit", "parrot"];
```

출력 결과를 살펴보면, const 키워드로 선언된 arr 배열의 값이 에러 없이 알맞게 변경된 것을 확인할 수 있습니다. 자바스크립트에서 배열은 객체로 분류되는 자료형으로, 객체라고 볼 수 있습니다. 그렇기 때문에 객체와 동일하게 const로 선언된 배열의 요소를 수정하더라도 배열 자체를 수정하는 것이 아니므로 const 키워드로 선언된 배열의 요소 또한 수정할 수 있습니다.

6.2.4 배열 요소 삭제

이번에는 배열의 요소를 삭제하는 방법을 알아보겠습니다. 배열 요소를 삭제하는 방법에는 여러 가지가 있습니다.

표 6-2 배열 요소를 삭제하는 메서드

방법	예제 코드	설명
pop()	let number = [1, 2, 3, 4]; number.pop(); //결과: [1, 2, 3]	배열의 마지막 요소 삭제
shift()	let number = [1, 2, 3, 4]; number.shift(); //결과: [2, 3, 4]	배열의 첫 번째 요소 삭제
splice()	let number = [1, 2, 3, 4]; number.splice(1, 2); //결과: [1, 4]	배열에서 특정 인덱스의 요소 삭제

표 6-2의 방법을 순서대로 하나씩 사용해 보겠습니다. 먼저 pop 메서드를 사용해 colors라는 배열의 마지막 요소를 삭제해 보겠습니다.

예제 6.12 배열의 맨 뒤 요소 삭제하기

```
let colors = ["purple", "skyblue", "green"];
colors.pop();

console.log(colors);
```

Console

```
["purple", "skyblue"]
```

배열에는 pop이라는 배열의 요소를 삭제하는 내장 함수가 있습니다. pop 메서드를 사용해 배열 요소를 삭제하면 출력 결과에서 볼 수 있듯이 배열의 가장 마지막 요소가 삭제됩니다. 배열 요소를 삭제하는 또 다른 방법은 배열의 shift라는 내장 함수를 사용하는 방법입니다. 이번에는 shift 메서드를 사용해 배열의 요소를 삭제해 보겠습니다.

예제 6.13 배열의 맨 앞 요소 삭제하기

```
let colors = ["purple", "skyblue", "green"];
colors.shift();

console.log(colors);
```

Console

```
["skyblue", "green"]
```

코드를 실행해 출력 결과를 살펴보면, shift 메서드를 사용해 배열 요소를 삭제할 경우 배열의 가장 앞 요소가 삭제되는 것을 알 수 있습니다. 이번에는 splice 메서드를 사용해 배열 요소를 삭제해 보겠습니다.

splice 메서드 사용법

```
array.splice(start, deleteCount)
```

splice 메서드는 start와 deleteCount 이렇게 두 개의 매개변수를 전달받습니다. 첫 번째 매개변수인 start는 배열 요소의 인덱스를 나타내고 deleteCount는 배열에서 삭제할 요소의 수를 나타냅니다. 즉, splice 메서드는 배열 요소를 start번째 인덱스에 해당하는 배열 요소부터 deleteCount의 개수만큼 삭제한 배열을 반환하는 메서드입니다. 5개의 요소가 할당되어 있는 animals 배열에서 splice 메서드를 사용해 배열의 1번째 인덱스부터 3개의 요소를 삭제해 봅시다.

예제 6.14 배열에서 특정 인덱스의 요소 삭제하기

```
let animals = ["dog", "cat", "rabbit", "lion", "tiger"];
animals.splice(1, 3);

console.log(animals);
```

Console

```
["dog", "tiger"]
```

splice 메서드에 1과 3을 매개변수로 전달해 animals 배열의 1번째 인덱스인 cat부터 3번째 인덱스인 lion까지, 3개의 요소를 삭제하는 코드를 작성했습니다. 코드를 실행하면 animals 배열의 0번째 인덱스와 4번째 인덱스에 저장된 요소들만 남아 출력되는 것을 볼 수 있습니다.

6.2.5 배열의 길이

배열 요소를 삭제하고 추가하다 보면 현재 배열이 몇 개의 요소를 가지고 있는지 알아야 할 경우가 생깁니다. 현재 배열의 크기를 알아보기 위해서는 length라는 배열의 프로퍼티를 사용합니다. length를 사용해 배열의 크기를 출력해 보겠습니다.

예제 6.15 배열의 길이 출력하기

```
let animals = ["dog", "cat", "rabbit", "lion", "tiger"];
console.log(animals.length);
```

Console

```
5
```

코드를 실행하면, animals 배열의 요소가 5개이기 때문에 숫자 5가 출력되는 것을 확인할 수 있습니다. 이번에는 중간에 animals 배열의 크기를 변경한 다음, length 프로퍼티를 사용해 배열의 크기를 출력해 보겠습니다.

예제 6.16 배열 요소 삭제 후 배열의 길이 출력하기

```
let animals = ["dog", "cat", "rabbit", "lion", "tiger"];
animals.pop();

console.log(animals.length);
```

Console

```
4
```

pop 메서드를 사용해 배열의 요소를 삭제한 다음 length 프로퍼티를 사용해 배열의 크기를 출력했습니다. 코드를 실행하면 배열의 마지막 요소인 "tiger"가 삭제되어 4가 출력되는 것을 볼 수 있습니다. 이렇게 배열의 요소 길이가 변경되면 길이를 나타내는 length 프로퍼티가 자동으로 갱신됩니다.

이렇게 자바스크립트의 배열에 대해 알아봤습니다. 배열은 거의 모든 프로그래밍 언어에서 사용될 정도로 다양한 방면에서 아주 유용하게 활용되는 자료형이기 때문에 개념과 사용법을 정확하게 알고 있는 것이 중요합니다.

07

반복문

개발하다 보면 동일한 코드를 중복해서 작성해야 하는 경우도 생깁니다. 그 예시로 다음과 같이 1부터 5까지의 숫자를 출력하는 코드처럼 console.log()를 여러 번 작성하는 경우가 있습니다.

예제 7.1 1부터 5까지 출력하기

```
console.log(1);
console.log(2);
console.log(3);
console.log(4);
console.log(5);
```

Console

```
1
2
3
4
5
```

프로그래밍할 때 이렇게 동일한 코드를 반복적으로 작성해도 상관없지만, 만약 숫자 5까지가 아닌 1부터 100까지, 혹은 1000까지의 숫자를 출력해야 한다면 동일한 코드를 100번, 1000

번 작성해야 한다는 어려움이 있습니다. 이처럼 특정 작업을 반복적으로 수행할 때 활용할 수 있는 구문이 바로 **반복문**입니다.

자바스크립트에서 사용할 수 있는 반복문은 여러 가지가 있습니다. 이 책에서는 여러 가지 반복문 중 가장 많이 사용되는 몇 가지 반복문에 대해 알아보면서, 배열과 객체에서 반복문을 사용해 해당 배열의 요소와 객체의 프로퍼티를 순회하는 방법까지 배워보겠습니다.

7.1 기본 반복문

프로그래밍 언어에서 자주 사용되는 가장 기본적인 반복문으로는 for 문과 while 문이 있습니다. for 문과 while 문은 어떻게 작성하고 동작하는지 하나씩 살펴보겠습니다.

7.1.1 for 문

for 문은 조건에 따라 일정 횟수만큼 같은 코드를 반복해서 실행할 수 있게 도와주는 반복문입니다. 예제 7.2는 for 문을 사용해 작성했습니다.

예제 7.2 for 문을 사용해 1부터 5까지 출력하기

```
for (let i = 1; i < 6; i++) {
    console.log(i);
}
```

Console

```
1
2
3
4
5
```

for 문은 초기화식, 조건식, 증감식, 그리고 실행해야 하는 코드로 구성되어 있습니다. 위의 코드에서 초기화식은 for 문 옆의 소괄호 안에 작성된 let i = 1;이고, 조건식은 i < 6;, 그리고 증감식은 i++에 해당합니다. 우선 for 문을 구성하는 초기화식, 조건식, 증감식에 대해 자세하게 살펴보겠습니다.

for 문이 실행되면 가장 먼저 초기화식을 통해 변수 i를 1로 초기화해 줍니다. 그다음 for 문을 통해 반복적으로 실행돼야 할 코드가 언제까지 실행될지 조건식을 알맞게 작성해 실행 횟수를 제한해줍니다. 예제 7.2의 코드에서는 값이 1로 초기화된 변수 i의 값이 6보다 작을 때까지 실행하도록 제한했습니다. 조건식의 오른쪽에는 변수 i의 값을 증가시키거나 감소시키는 증감식을 작성해 변수 i의 값을 변화시켜 줍니다.

표 7-1 for문 실행 과정에 따른 변수 i값과 출력 결괏값

변수 i의 값	i<6	출력 결과
1	성립 ○	1
2	성립 ○	2
3	성립 ○	3
4	성립 ○	4
5	성립 ○	5
6	성립 ×	

for 문을 구성하는 여러 가지 식을 살펴봤으니 이제 for 문의 실행 순서를 순서대로 하나씩 확인해 보겠습니다. 먼저 변수 i의 초깃값을 1로 초기화하고, 현재 i의 값이 조건식인 i < 6을 만족하기 때문에 for 문 안의 코드가 실행되어 1이 출력됩니다. 그다음, 증감식인 i++이 실행되어 변수 i의 값이 2가 됩니다. 마찬가지로 값이 2인 변수 i는 i < 6 조건식을 만족하므로 다시 for 문 안에 작성된 코드가 실행되어 숫자 2가 출력됩니다. 이 과정을 반복해서 만약 i의 값이 6이 된다면, i < 6 조건식을 만족하지 못하므로 for 문 내부의 코드가 실행되지 않고 for 문이 종료되어 1부터 5까지의 숫자만 출력됩니다.

그럼, for 문을 사용해 5부터 1까지의 숫자를 출력하는 프로그램을 한 번 작성해 보겠습니다.

예제 7.3 for 문을 사용해 5부터 1까지 출력하기

```javascript
for (let i = 5; i >0; i--) {
    console.log(i);
}
```

Console

```
5
4
3
2
1
```

이번에는 숫자 1부터가 아니라 숫자 5부터 출력해야 하므로 변수 i의 값을 5로 초기화했습니다. 그다음, i의 값이 1이 되는 순간까지 해당 코드가 실행돼야 하므로 i의 값이 1보다 크거나 같을 때까지, 혹은 0보다 클 때까지로 조건식을 작성합니다. 변수 i의 값은 코드가 실행될 때마다 1씩 감소해야 하기 때문에 이번에는 i--라는 증감식을 작성해 주면, 코드 실행 결과 5부터 1까지 순서대로 출력되는 반복문을 작성할 수 있습니다.

7.1.2 while 문

다음으로는 for 문과 비슷하게 조건을 만족할 때까지 동일한 코드를 반복 수행하는 while 문에 대해 알아보겠습니다. while 문은 조건이 참일 때 특정 코드를 반복 수행하는 반복문입니다. for 문은 특정 변수의 초깃값과 조건문을 비교하고, 조건문이 참이라면 변수의 값을 증가 혹은 감소시켜 코드를 반복 수행하지만, while 문은 단순하게 괄호 안의 조건문만 확인하여 코드를 반복 수행한다는 차이점이 있습니다. 이번에도 1부터 5까지의 숫자를 출력하는 코드를 while 문을 사용해 간단하게 작성해 보겠습니다.

예제 7.4 while 문을 사용해 1부터 5까지 출력하기

```
let i = 1;

while (i < 6) {
    console.log(i);
    i++;
}
```

Console

```
1
2
3
```

```
4
5
```

while 문에서는 괄호 안의 조건문이 true 값을 반환한다면 while 문 내부의 코드를 계속해서 실행하기 때문에 while 문 내부에서 반복 횟수를 결정하는 변수의 값을 직접 변화시켜야 합니다.

예제 7.4의 코드를 통해 while 문의 구성 요소와 작성법을 자세하게 살펴보겠습니다. 먼저 1부터 5까지의 숫자를 출력해야 하므로 출력할 변수인 i를 숫자 1로 초기화해 줍니다. 그리고 while 문의 중괄호 내부에는 변수 i의 값을 출력할 수 있는 console.log(i)를 작성합니다. while 문 옆의 괄호 안에는 조건식이 들어가는데, 변수 i의 값이 1일 때부터 5일 때까지 코드를 반복 실행해야 하므로 괄호 안에 i < 6이라는 조건식을 작성해 주었습니다. while 문을 작성할 때 주의할 점은 for 문과는 다르게 중괄호 내부에 증감식을 작성해 반복 실행 횟수를 제한해 준다는 것입니다. i의 값이 1부터 5까지 순서대로 출력될 수 있도록 while 문의 내부에 i++를 작성해 주면 코드 실행 결과 알맞은 결괏값이 출력되는 것을 볼 수 있습니다. while 문을 작성할 때는 언젠가는 조건문을 만족하지 않아 false가 반환되어 종료될 수 있도록 주의해서 작성해야 합니다.

7.2   배열과 객체에서의 반복문

지금까지 가장 기본적으로 사용되는 반복문인 for 문과 while 문의 사용법에 대해 배웠습니다. for 문, while 문과 같은 반복문은 자바스크립트에서 배열의 모든 요소에 접근하거나 객체의 모든 프로퍼티에 접근할 때 유용하게 사용됩니다. 먼저 반복문을 사용해 배열의 모든 요소에 접근하는 코드를 작성하겠습니다.

7.2.1   배열과 반복문

배열 요소에 1부터 5까지의 값이 할당되어 있는 arr 배열을 생성하고 for 문을 사용해 배열의 모든 요소에 접근해 배열 요소를 하나씩 출력하는 코드를 작성해 보겠습니다.

예제 7.5 for 문을 사용해 배열의 모든 요소에 접근하기

```
let arr = [1, 2, 3, 4, 5];

for (let i = 0; i < arr.length; i++) {
    console.log(arr[i]);
}
```

Console

```
1
2
3
4
5
```

배열의 인덱스는 앞서 배운 것과 같이 0부터 시작하므로 for 문 안의 변수 i를 0으로 초기화해 줍니다. 그다음 배열의 현재 길이를 나타내는 length 프로퍼티를 사용해 for 문의 조건식에 정확하게 arr 배열의 크기만큼 for 문을 실행할 수 있도록 작성해 줍니다. 마지막으로 변수 i의 값을 1씩 증가시켜 가면서 arr 배열의 i번째 요소를 출력하면 arr 배열의 모든 요소가 순서대로 출력되는 것을 볼 수 있습니다. 그럼 이번에는 while 문을 사용해 배열 요소를 하나씩 출력해 봅시다.

예제 7.6 while 문을 사용해 배열의 모든 요소에 접근하기

```
let arr = [1, 2, 3, 4, 5];
let i = 0;
while (i < arr.length) {
    console.log(arr[i]);
    i++;
}
```

Console

```
1
2
3
4
5
```

while 문을 사용하면 예제 7.6의 코드처럼 변수 i가 arr 배열의 길이보다 작을 때까지 arr 배열의 i번째 요소를 출력하면서 arr 배열의 요소가 순서대로 출력됩니다.

7.2.2 객체와 반복문

반복문을 사용하면 배열의 요소뿐만 아니라 객체의 프로퍼티에도 하나씩 접근할 수 있습니다. 다만, 객체의 프로퍼티에 접근하기 위해서는 객체를 배열 형태로 변경해야 합니다. 먼저 person이라는 객체에 이름, 나이, 키에 대한 정보를 할당해 보겠습니다.

예제 7.7 person 객체 선언

```
let person = {
    name: "홍길동",
    age: 25,
    height: 180,
};
```

자바스크립트에서 객체를 배열로 변경하는 방법에는 다음과 같은 3가지 방법이 있습니다.

1. Object.keys()
2. Object.values()
3. Object.entries()

이제 이 person 객체의 프로퍼티에 하나씩 접근하기 위해 객체를 배열로 변경하는 3가지 방법에 대해 하나씩 살펴보겠습니다.

가장 먼저 살펴볼 방법은 Object.keys()를 사용하는 방법입니다. Object.keys()는 자바스크립트의 Object라는 객체의 메서드로, 매개변수로 받은 객체의 key들을 모두 찾아 배열의 형태로 반환하는 객체 메서드입니다. newArray라는 변수에 Object.keys()를 사용해 person 객체를 배열의 형태로 바꾼 값을 할당하고, 그 값을 출력해 보겠습니다.

예제 7.8 Object.keys() 출력하기

```
let person = {
    name: "홍길동",
```

```
        age: 25,
        height: 180,
    };

    let newArray = Object.keys(person);
    console.log(newArray);
```

Console

```
["name", "age", "height"]
```

person 객체를 Object.keys()를 사용해 배열로 변경한 값을 출력해 보면, person 객체의 key 값인 name, age, height가 순서대로 배열 요소에 담겨 출력되는 것을 볼 수 있습니다. 객체를 key 값으로 이루어진 배열로 변환했으니, for 문을 사용해 객체의 프로퍼티를 모두 출력해 보겠습니다.

예제 7.9 Object.keys()를 사용해 객체 프로퍼티 출력하기

```
let person = {
    name: "홍길동",
    age: 25,
    height: 180,
};

let newArray = Object.keys(person);

for (let i = 0; i < newArray.length; i++) {
    let nowKey = newArray[i];
    console.log(`key : ${nowKey}, value : ${person[nowKey]}`);
}
```

Console

```
key : name, value : 홍길동
key : age, value : 25
key : height, value : 180
```

person 객체의 key 값들이 순서대로 담겨있는 newArray 배열을 사용해 person 객체의 프로퍼티를 하나씩 출력했습니다. 코드를 살펴보면 초깃값이 0인 변수 i의 값이 newArray 배열의

길이보다 작을 때까지 for 문을 사용해 코드를 반복 실행하게 했고, for 문의 내부에는 nowKey 라는 변수를 선언해 newArray 변수의 요소, 즉 person 객체의 key 값을 하나씩 할당했습니다. 그다음 person 객체의 key 값을 nowKey 변수를 통해 출력하고, 괄호 표기법을 사용해 대괄호 안에 nowKey 변수를 작성해 해당 key 값에 해당하는 value 값을 출력할 수 있습니다. 코드를 실행하면 person 객체의 key 값과 value 값이 알맞게 출력된 것을 볼 수 있습니다.

객체를 배열로 변경하는 두 번째 방법은 Object.values()를 사용하는 것입니다. Object. values() 메서드는 매개변수로 객체를 넘기면, 해당 객체의 value를 모두 찾아 배열로 반환합니다. 동일하게 newArray라는 변수에 Object.values()를 사용해 person 객체를 배열의 형태로 변환한 값을 할당하고 그 값을 출력해 보겠습니다.

예제 7.10 Object.values() 출력하기

```
let person = {
    name: "홍길동",
    age: 25,
    height: 180,
};

let newArray = Object.values(person);
console.log(newArray);
```

Console

```
["홍길동", 25, 180]
```

코드 실행 결과, person 객체 프로퍼티의 value 값들이 순서대로 배열 요소에 담겨 출력되었습니다. Object.values() 메서드를 사용하면 객체 프로퍼티의 key 값을 알 필요 없이, 바로 객체 프로퍼티의 value 값을 알 수 있습니다. 그럼 이제 for 문을 사용해 person 객체 프로퍼티의 값들을 출력해 보겠습니다.

예제 7.11 Object.values()를 사용해 객체 프로퍼티 값 출력하기

```
let person = {
    name: "홍길동",
    age: 25,
    height: 180,
```

```
};
let newArray = Object.values(person);

for (let i = 0; i < newArray.length; i++) {
    let nowValue = newArray[i];
    console.log(`value : ${nowValue}`);
}
```

Console

```
value : 홍길동
value : 25
value : 180
```

여기서도 마찬가지로 객체 프로퍼티의 value 값들로 이루어진 배열이 저장된 newArray 배열을 사용해서 for 문을 작성했습니다. Object.values() 메서드를 사용하면 바로 for 문을 통해 person 객체 프로퍼티의 value 값을 출력할 수 있습니다. 코드를 실행하면 person 객체 프로퍼티의 값이 순서대로 출력되는 것을 볼 수 있습니다.

객체를 배열로 변경하는 마지막 방법은 Object.entries() 메서드를 사용하는 방법입니다. Object.entries() 메서드는 매개변수로 객체를 받으면 key, value 쌍으로 이루어진 요소가 담긴 배열을 반환하는 메서드입니다. 마찬가지로 newArray라는 변수에 Object.entries() 메서드가 반환하는 배열을 할당하고 출력하겠습니다.

예제 7.12 Object.entries() 출력하기

```
let person = {
    name: "홍길동",
    age: 25,
    height: 180,
};

let newArray = Object.entries(person);
console.log(newArray);
```

Console

```
[["name", "홍길동"], ["age", 25], ["height", 180]]
```

코드를 실행하면 이번에는 다른 두 가지의 방법과는 다르게 person 객체 프로퍼티의 key, value가 모두 출력된 것을 볼 수 있습니다. 그렇기 때문에 Object.entries() 메서드를 사용하면 보다 편리하게 객체의 모든 프로퍼티의 key와 value 값을 출력할 수 있습니다. Object.entries() 메서드를 사용해 코드를 작성해 보겠습니다.

예제 7.13 Object.entries()를 사용해 객체 프로퍼티 출력하기

```
let person = {
    name: "홍길동",
    age: 25,
    height: 180,
};
let newArray = Object.entries(person);

for (let i = 0; i < newArray.length; i++) {
    let nowKey = newArray[i][0];
    let nowValue = newArray[i][1];
    console.log(`key : ${nowKey}, value : ${nowValue}`);
}
```

Console

```
key : name, value : 홍길동
key : age, value : 25
key : height, value : 180
```

이번에는 newArray 배열에 key 값과 value 값이 모두 저장되어 있기 때문에 key 값을 꺼낼 때는 i번째 인덱스 중 0번째 값을, value 값을 꺼낼 때는 i번째 인덱스 중 1번째 값을 꺼내야 합니다. 코드를 실행해 값을 출력해 보면 person 객체 프로퍼티의 key와 value 값이 알맞게 출력되는 것을 확인할 수 있습니다.

7.2.3 for…of와 for…in

이번에는 알아두면 유용한 자바스크립트의 또 다른 반복문을 몇 가지 배워보겠습니다. 자바스크립트에는 for…of와 for…in이라는 독특한 반복문이 있습니다. 하나씩 살펴보겠습니다.

먼저 **for…of** 반복문은 주로 배열의 모든 요소에 접근해야 할 때 편리하게 사용되는 반복문입니다. arr이라는 배열에 1부터 5까지의 값을 할당하고 **for…of** 문을 사용해 배열의 요소를 하나씩 출력하는 코드를 작성해 보겠습니다.

예제 7.14 for…of 문으로 배열 요소 출력하기

```
let arr = [1, 2, 3, 4, 5];

for (let i of arr) {
    console.log(i);
}
```

Console

```
1
2
3
4
5
```

for…of 문은 이렇게 for 문의 괄호 안에 변수를 선언한 다음, of 뒤에 배열의 이름을 작성해 사용합니다. 괄호 안에 선언된 변수를 사용해 훨씬 간편하게 배열 요소에 하나씩 접근할 수 있는 자바스크립트의 반복문입니다.

다음으로는 for…in이라는 반복문에 대해 알아보겠습니다. **for…in** 문은 주로 객체에서 사용되며 객체를 배열의 형태로 변환해 주는 과정 없이 객체의 모든 프로퍼티에 바로 접근할 수 있습니다.

person이라는 객체에 이름, 나이, 키에 대한 정보가 담긴 프로퍼티를 넣어준 다음, for 문의 괄호 안에는 key라는 변수를 선언하고 in 뒤에는 객체의 이름인 person을 작성해 줍니다.

예제 7.15 for…in 문으로 객체 프로퍼티 출력하기

```
let person = {
    name: "홍길동",
    age: 25,
    height: 180,
};
```

```
for (let key in person) {
    console.log(`${key} : ${person[key]}`);
}
```

Console

```
name : 홍길동
age : 25
height : 180
```

이렇게 작성하면 key라는 변수에는 실제로 person 객체 프로퍼티의 key 값이 하나씩 저장되고,
괄호 표기법을 사용해 key 값에 해당하는 value 값들을 출력할 수 있습니다. 코드를 실행하면
person 객체 프로퍼티의 key 값과 그에 맞는 value 값이 알맞게 출력된 것을 볼 수 있습니다.

이렇게 for...of와 for...in 문을 사용하면 배열의 모든 요소와 객체의 모든 프로퍼티를 훨씬 더
쉽고 간편하게 출력할 수 있습니다.

배열과
객체 응용

이번 장에서는 7장에서 배운 배열과 객체에 대한 더 구체적인 내용을 다뤄보겠습니다. 배열에 요소를 삭제하고 추가할 때 사용했던 push(), pop()과 같은 자바스크립트의 여러 가지 배열 내장 함수에 대해 배우고, 배열의 요소와 객체의 프로퍼티를 분해해 그 값을 다양하게 활용할 수 있는 방법을 알아보겠습니다.

8.1   배열 내장 함수

자바스크립트는 배열을 조금 더 쉽게 다룰 수 있도록 여러 가지 내장 함수(메서드)를 제공합니다. 배열의 내장 함수를 잘 다룰 수 있게 되면 유연하고 깔끔한 프로그래밍을 할 수 있습니다. 이 책에서는 자주 사용되는 자바스크립트의 배열 내장 함수를 하나씩 사용해 보면서 배워보겠습니다.

8.1.1   요소 순회

배열에는 여러 개의 요소가 담겨 있습니다. 배열에 있는 여러 요소를 사용하기 위해서는 먼저 배열의 요소를 순회해 요소에 하나씩 접근해야 합니다. 일반적으로는 배열을 순회할 때 자바스크립트의 여러 반복문을 사용하지만, 배열 내장 함수를 사용하면 조금 더 간단하게 배열의 요소를 순회할 수 있습니다. 여러 가지 배열 내장 함수 중 먼저 배열의 요소를 순회할 수 있는 forEach에 대해 배워보겠습니다.

forEach

forEach는 7장에서 배웠던 for 문과 유사한 내장 함수로, 배열의 모든 요소를 순회할 수 있습니다. forEach 내장 함수는 다음과 같이 작성할 수 있습니다.

내장 함수 forEach 작성법

```
arr.forEach((element, index, array) => {
    //실행할 코드
});
```

숫자 1부터 5까지 순서대로 담겨있는 배열 arr의 모든 요소를 forEach 내장 함수를 사용해 하나씩 출력해 보겠습니다.

예제 8.1 forEach를 사용해 배열 요소 출력하기

```
let arr = [1, 2, 3, 4, 5];

arr.forEach((elm) => {
    console.log(elm);
});
```

Console

```
1
2
3
4
5
```

forEach는 사용할 배열의 이름 뒤에 작성합니다. 위 코드에서 볼 수 있듯이 배열 내장 함수 forEach는 매개변수로 함수를 받을 수 있고, 이 함수를 콜백 함수라고 부릅니다. 콜백 함수에서는 elm이라는 변수를 매개변수로 받아 그 값을 출력하고, 그 결과 1부터 5까지의 배열 요소가 순서대로 출력된 것을 볼 수 있습니다. forEach의 콜백 함수에는 이렇게 elm처럼 처리할 현재 요소뿐만 아니라, 배열 요소의 인덱스와 forEach 내장 함수를 호출한 배열을 매개변수로 받을 수 있습니다. 콜백 함수에서 사용 가능한 매개변수를 모두 사용해 코드를 작성해 보겠습니다.

> **Tip _ 화살표 함수를 사용해 콜백 함수 작성하기**
>
> 자바스크립트에서 콜백 함수를 작성할 때에는 보통 화살표 함수를 사용합니다. 화살표 함수를 사용하지 않고,
> function 키워드를 사용한 일반 함수로 콜백 함수를 작성하면 아래와 같이 작성할 수 있습니다.
>
> ```
> let arr = [1, 2, 3, 4, 5];
>
> arr.forEach(function (elm) {
>   console.log(elm);
> });
> ```
>
> 콜백 함수를 일반 함수로 작성한 코드와 화살표 함수로 작성한 코드를 비교해보면, 화살표 함수로 작성된 코드
> 가 훨씬 간결하고 깔끔한 것을 알 수 있습니다. 그렇기 때문에 화살표 함수를 사용해 콜백 함수를 작성하면 코드
> 를 좀 더 직관적으로 해석할 수 있습니다. 화살표 함수에 대한 자세한 내용은 앞의 4.4.2를 참고하기 바랍니다.

예제 8.2 forEach 콜백 함수의 매개변수 사용하기

```
let arr = [1, 2, 3, 4, 5];

arr.forEach((elm, idx, array) => {
    console.log(`arr배열의 모든 요소 : ${array}`)
    console.log(`${idx} 번째 요소는 ${elm} 입니다.`);
});
```

Console

```
arr배열의 모든 요소 : 1,2,3,4,5
0 번째 요소는 1 입니다.
arr배열의 모든 요소 : 1,2,3,4,5
1 번째 요소는 2 입니다.
arr배열의 모든 요소 : 1,2,3,4,5
2 번째 요소는 3 입니다.
arr배열의 모든 요소 : 1,2,3,4,5
3 번째 요소는 4 입니다.
arr배열의 모든 요소 : 1,2,3,4,5
4 번째 요소는 5 입니다.
```

forEach 내장 함수의 콜백 함수에서 매개변수들은 매개변수의 이름이 아닌 순서로 역할이 구
분됩니다. 가장 먼저 작성된 elm은 현재 처리할 배열의 요소, 두 번째 작성된 idx는 배열의 인

덱스, 그리고 마지막에 작성된 array는 배열 그 자체를 나타냅니다. 콜백 함수 내부에 arr 배열의 모든 요소를 매개변수 array를 통해 출력하는 코드와, 매개변수 elm과 idx를 통해 배열 요소 elm이 arr 배열의 몇 번째 요소인지를 출력하는 코드를 작성했습니다.

예제 8.2의 코드를 실행하면 매개변수 array는 arr 배열의 모든 요소인 1, 2, 3, 4, 5가 출력되고, 매개변수 elm과 idx는 arr 배열의 인덱스 번호에 해당하는 배열 요소 값이 알맞게 출력된 것을 볼 수 있습니다. forEach 내장 함수는 배열에서 for 문을 대체해 사용되기도 하고, 콜백 함수의 여러 가지 매개변수를 통해 더 다양한 기능을 할 수 있게 해주는 유용한 배열 내장 함수입니다.

8.1.2   요소 탐색

배열의 요소를 탐색하는 내장 함수는 배열에서 특정 조건을 만족하는 요소, 혹은 요소들을 찾아 그 값을 반환해 주는 역할을 합니다. 배열 요소 탐색 내장 함수를 사용하면 원하는 요소를 쉽게 찾아낼 수 있습니다.

at

배열 요소를 탐색하는 내장 함수 중 가장 먼저 살펴볼 내장 함수는 at입니다. 내장 함수 at에 대해 살펴보기 전에 먼저 colors라는 배열을 생성하고 초록색, 파란색, 보라색의 요소를 넣어 준 다음, colors 배열의 마지막 요소를 출력하는 코드를 작성해 보겠습니다.

예제 8.3 colors 배열 요소의 마지막 요소 출력하기

```
let colors = ["green", "blue", "purple"];

console.log(colors[2]);
```

Console

```
purple
```

colors 배열에는 현재 3개의 요소가 담겨 있기 때문에 colors 배열 요소의 마지막 인덱스가 2라는 사실을 쉽게 알 수 있어 colors[2]를 사용해 요소의 값을 출력했습니다. 하지만 만약 이 colors 배열에 매우 많은 요소가 들어 있어 배열의 길이를 바로 알 수 없다면, 배열의 가장 마

지막 값을 출력하기 위해 colors[colors.length-1]을 사용합니다. 이러한 경우 자바스크립트 배열의 at이라는 내장 함수를 사용하면 훨씬 쉽고 간편하게 배열의 요소를 출력할 수 있습니다. at을 사용해 colors 배열의 2번째 요소와 마지막 요소를 출력해 보겠습니다.

예제 8.4 at을 사용해 colors 배열 요소 출력하기

```
let colors = ["green", "blue", "purple"];

console.log(colors.at(1));
console.log(colors.at(-1));
```

Console

```
blue
purple
```

배열 내장 함수 at은 대괄호 안에 인덱스를 작성하는 방법과 동일하게 매개변수로 배열의 인덱스를 작성해 인덱스에 해당하는 배열 요소를 반환합니다. 하지만 매개변수로 −1이라는 값을 넣어주면 항상 배열 요소의 마지막 값을 반환합니다. 위의 코드를 실행해 보면 at 내장 함수에 1이라는 값을 넘겨줬을 때는 colors 배열의 1번 인덱스에 해당하는 요소인 blue 값을 반환하고, −1이라는 값을 넘겨주면 colors 배열의 마지막 요소인 purple을 반환하는 것을 확인할 수 있습니다.

includes

다음으로 살펴볼 배열 내장 함수는 includes입니다. includes는 매개변수로 전달받은 요소를 배열이 포함하고 있는지 판별하여 결괏값을 Boolean 값으로 반환하는 내장 함수입니다. includes는 다음과 같이 괄호 안에 찾고 싶은 배열 요소를 전달해 사용합니다.

내장 함수 includes 작성법

```
arr.includes("찾고 싶은 배열 요소");
```

앞에서 사용했던 colors 배열에 blue라는 요소가 있는지와, yellow라는 요소가 있는지를 확인하는 코드를 includes 내장 함수를 사용해 작성해 보겠습니다.

예제 8.5 includes를 사용해 배열이 특정 요소를 포함하고 있는지 확인하기

```
let colors = ["green", "blue", "purple"];

console.log(colors.includes("blue"));
console.log(colors.includes("yellow"));
```

Console
```
true
false
```

위 코드를 실행하면 colors 배열에 blue라는 요소는 존재하고 yellow 요소는 존재하지 않기 때문에 각각 true와 false의 값이 출력됩니다. 배열 내장 함수 includes는 매개변수로 배열 요소의 값뿐만 아니라 배열의 인덱스도 전달받을 수 있습니다. includes는 배열의 인덱스를 매개변수로 전달받으면, 배열의 해당 인덱스부터 특정 요소가 있는지 없는지를 판단하고 그 결괏값을 반환합니다. includes를 사용해 blue라는 값이 2번째 요소 이후에 있는지 없는지, 그리고 1번째 요소 이후에 있는지 없는지에 대한 결괏값을 출력해 보겠습니다.

예제 8.6 includes를 사용해 배열의 특정 인덱스 이후에 특정 요소를 포함하고 있는지 확인하기

```
let colors = ["green", "blue", "purple"];

console.log(colors.includes("blue", 2));
console.log(colors.includes("blue", 1));
```

Console
```
false
true
```

매개변수로 전달받은 인덱스는 colors 배열에서 특정 요소를 찾기 시작할 위치를 의미합니다. colors 배열에서 blue라는 요소는 1번째 요소에 위치해 있기 때문에 코드 실행 결과 각각 false와 true가 출력됩니다.

indexOf

배열에서 특정 요소를 찾는 또 다른 방법은 indexOf 내장 함수를 사용하는 것입니다. indexOf 내장 함수는 특정 요소가 배열에 존재하는지를 검사하는 것이 아니라 특정 값을 지닌 요소

가 배열의 몇 번째 인덱스에 위치하는 요소인지를 찾아주는 내장 함수입니다. `indexOf`도 `includes`와 마찬가지로 내장 함수에 찾고 싶은 특정 요소를 전달합니다. 이번에는 `indexOf` 내장 함수를 사용해서 동일한 colors 배열에 `purple`이라는 요소가 있는지 찾아보겠습니다.

예제 8.7 indexOf를 사용해 purple 요소가 몇 번째에 위치하는 값인지 확인하기

```
let colors = ["green", "blue", "purple"];

console.log(colors.indexOf("purple"));
```

Console
```
2
```

`purple`이라는 값은 colors 배열의 2번 인덱스에 있으므로, 출력 결과 2가 출력되는 것을 볼 수 있습니다. 그럼 colors 배열에 존재하지 않는 값을 `indexOf` 내장 함수를 사용해 찾으려고 하면 어떻게 되는지 알아보기 위한 코드를 작성해 보겠습니다.

예제 8.8 indexOf를 사용해 yellow 요소가 몇 번째에 위치하는 값인지 확인하기

```
let colors = ["green", "blue", "purple"];

console.log(colors.indexOf("yellow"));
```

Console
```
-1
```

colors 배열에 존재하지 않는 `yellow`라는 값을 `indexOf` 내장 함수를 사용해 찾아보는 코드를 작성해 봤습니다. 이렇게 배열에 존재하지 않는 값을 찾으려고 하면 `indexOf` 내장 함수는 항상 −1 값을 반환합니다. 코드를 실행하면 `yellow`는 colors 배열의 요소에 존재하지 않는 값이므로 −1이 출력됩니다.

findIndex

colors 배열의 요소가 green, blue, purple처럼 문자 형태의 값이 아닌 객체나 배열의 형태라고 가정해 보겠습니다. 이러한 경우에 `indexOf` 내장 함수를 사용해서 특정 요소 값이 배열의 몇 번째 인덱스에 위치하는지 출력하는 코드를 작성해 보겠습니다.

예제 8.9 배열의 요소가 객체일 때 indexOf를 사용해 특정 요소의 위치 찾기

```
let colors = [
    { id: 1, color: "green" },
    { id: 2, color: "blue" },
    { id: 3, color: "purple" }
];


console.log(colors.indexOf({ id: 1, color: "green" }));
```

Console

```
-1
```

위 코드처럼 배열 요소의 값이 객체 형태라면 indexOf 내장 함수는 colors 배열의 요소를 찾
지 못하고 −1의 값을 반환하게 됩니다. 이렇게 배열 요소의 값이 객체 혹은 배열의 형태라면
특정 요소를 찾기 위해서는 indexOf 내장 함수가 아닌 findIndex라는 내장 함수를 사용해야
합니다. findIndex는 다음과 같이 작성할 수 있습니다.

내장 함수 findIndex 작성법

```
arr.findIndex ((element, index, array) => {
    //실행할 코드
});
```

findIndex 내장 함수를 사용해서 color의 값이 purple인 배열의 요소를 찾아보겠습니다.

예제 8.10 findIndex를 사용해 특정 요소의 위치 찾기

```
let colors = [
    { id: 1, color: "green" },
    { id: 2, color: "blue" },
    { id: 3, color: "purple" }
];

let idx = colors.findIndex((elm) => elm.color === "purple");
console.log(idx);
```

Console

```
2
```

findIndex 내장 함수 또한 매개변수로 콜백 함수를 전달받을 수 있습니다. 콜백 함수의 매개변수로 elm이라는 현재 처리할 요소를 전달해 colors 배열의 요소에 하나씩 접근할 수 있습니다. elm은 colors 배열의 요소, 즉 id 값과 color 값을 가리키기 때문에 elm에서 color의 값이 purple인 값을 찾아야 하므로 점 표기법으로 color 값이 purple과 동일한지를 작성해 줍니다. 코드를 실행하면 colors 배열에 color : purple 값이 들어 있는 인덱스의 요소인 2가 출력됩니다. findIndex 내장 함수는 배열의 모든 요소에 대해 순차적으로 콜백 함수를 수행하며 조건을 가장 먼저 만족하는 배열 요소의 인덱스를 반환합니다. findIndex 내장 함수 또한 콜백 함수의 매개변수로 처리할 현재 요소와 인덱스, 그리고 해당 배열 그 자체를 받을 수 있습니다.

find

자바스크립트에는 배열에서 특정 요소의 위치를 반환하는 findIndex와 비슷한 find라는 내장 함수가 있습니다. find 내장 함수는 찾아낸 값의 인덱스를 반환하는 것이 아니라, 찾아낸 값 그 자체를 반환하는 함수입니다. colors 배열에서 color 값이 purple인 요소를 찾는 코드를 find 내장 함수를 사용해 작성해 보겠습니다.

예제 8.11 find를 사용해 특정 조건을 만족하는 요소 찾기

```
let colors = [
    { id: 1, color: "green" },
    { id: 2, color: "blue" },
    { id: 3, color: "purple" }
];

let idx = colors.find((elm) => elm.color === "purple");

console.log(idx);
```

Console

```
{ id: 3, color: "purple" }
```

작성된 코드를 살펴보겠습니다. idx 변수에 find 내장 함수를 사용해서 배열 요소 중 color 값이 purple과 일치하는 요소를 할당했습니다. idx 변수를 출력해 보면 {id : 3, color: "purple"}이라는 객체가 그대로 출력됩니다.

filter

이번에는 배열에서 특정 조건을 만족하는 요소를 찾아내 새로운 배열을 형성하는 배열 내장 함수 filter에 대해 알아봅시다. filterArray라는 변수를 선언해 주고, filter 내장 함수를 사용해서 colors 배열 요소의 id 값이 1보다 큰 요소들을 할당해 보겠습니다.

예제 8.12 filter를 사용해 특정 조건을 만족하는 요소 찾기

```
let colors = [
    { id: 1, color: "green" },
    { id: 2, color: "blue" },
    { id: 3, color: "purple" }
];

let filterArray = colors.filter((elm, idx, array) => elm.id > 1);
console.log(filterArray);
```

Console

```
[{ id: 2, color: "blue" }, { id: 3, color: "purple" }]
```

이렇게 filterArray를 출력해 보면 { id: 2, color: "blue" }와 { id: 3, color: "purple" } 값이 담긴 배열이 출력되는 것을 볼 수 있습니다. filterArray는 조건을 만족하는 가장 첫 번째 값만 반환하는 것이 아니라, 조건을 만족하는 모든 값을 새로운 배열에 담아 반환하는 내장 함수입니다.

8.1.3 요소 추가 삭제

배열에서 요소를 추가할 때 사용할 수 있는 내장 함수는 push와 unshift, 그리고 요소를 삭제할 때 사용할 수 있는 내장 함수는 pop과 shift라고 배웠습니다. 이번에는 이 내장 함수들 외에 배열의 요소를 추가하고 삭제할 수 있는 다른 내장 함수에 대해 배워보겠습니다.

slice

먼저 slice 내장 함수를 살펴보겠습니다. slice는 특정 배열을 원하는 부분만 잘라서 가져올 수 있는 내장 함수입니다. slice 내장 함수는 두 개의 매개변수로 begin과 end를 전달받습니다.

내장 함수 slice 작성법

```
arr.slice(begin, end);
```

전달받은 매개변수 begin과 end는 배열의 인덱스를 나타내며 slice는 begin번째 요소부터 end보다 1작은 인덱스의 요소까지의 값을 새로운 배열에 담아 반환합니다.

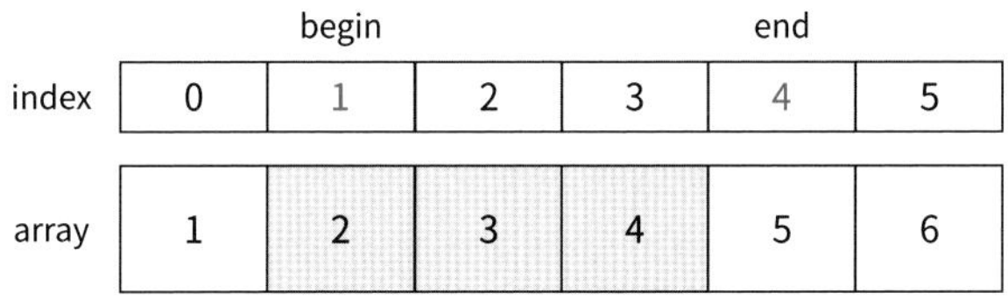

그림 8-1 array.slice(1,4)의 결과

colors 배열에 slice 내장 함수를 사용해서 id가 1과 2인 요소만 가져오는 코드를 작성해 보고, 이후에 colors 배열의 값을 출력하는 코드를 작성해 보겠습니다.

예제 8.13 slice의 begin, end 값을 통해 배열의 특정 부분 가져오기

```
let colors = [
    { id: 1, color: "green" },
    { id: 2, color: "blue" },
    { id: 3, color: "purple" }
];

let slicedArray = colors.slice(0, 2);
console.log(slicedArray);
console.log(colors);
```

Console

```
[{ id: 1, color: "green" }, { id: 2, color: "blue" }]
[{ id: 1, color: "green" }, { id: 2, color: "blue" }, { id: 3, color: "purple" }]
```

slice 내장 함수에 begin으로는 0, end로는 2의 값을 작성하고 slice가 반환하는 새로운 배열을 slicedArray에 할당했습니다. colors 배열의 0번째 요소부터 1번째 요소까지 배열에 담아 출력했기 때문에 id 값이 1과 2인 요소만 배열에 담아 출력된 것을 볼 수 있습니다.

이번에는 slice 내장 함수를 사용해 배열을 잘라낸 이후 colors 배열을 출력한 결과를 살펴보
겠습니다. 결과를 보면 colors 배열은 수정되지 않고 그대로 유지된 것을 확인할 수 있습니다.
slice 내장 함수를 사용할 때는 특정 배열을 잘라내 배열의 원하는 부분만 반환하더라도 잘라
낸 원본 배열은 수정되지 않는다는 점을 유의해야 합니다.

slice 내장 함수는 매개변수로 begin 값만 전달받기도 합니다. 이번에는 slice 내장 함수를
사용해 begin과 end의 값을 모두 작성하지 않고, begin 값으로 1과 −2만 작성해 보겠습니다

예제 8.14 slice의 begin 값을 사용해 배열의 특정 부분 가져오기

```
let colors = [
    { id: 1, color: "green" },
    { id: 2, color: "blue" },
    { id: 3, color: "purple" }
];

let slicedArray1 = colors.slice(1);
let slicedArray2 = colors.slice(-2);

console.log(slicedArray1);
console.log(slicedArray2);
```

Console

```
[{ id: 2, color: "blue" }, { id: 3, color: "purple" }]
[{ id: 2, color: "blue" }, { id: 3, color: "purple" }]
```

작성된 코드를 살펴보겠습니다. 위의 코드처럼 slice 내장 함수에 매개변수로 1개의 값만 작
성하면 양수 값일 경우 해당 값의 인덱스부터 마지막 인덱스까지의 값을, 음수 값일 경우 배열
의 맨 마지막 인덱스부터 작성한 값의 절댓값만큼 잘라낸 요소를 반환합니다. slicedArray1
을 출력하면 매개변수로 1을 전달받기 때문에 1번째 인덱스인 { id: 2, color: "blue" }
부터 마지막 요소인 { id: 3, color: "purple" }까지의 값이 배열에 담겨 출력되고,
slicedArray2를 출력하면 −2의 값을 전달받으므로 맨 마지막 요소인 { id: 3, color:
"purple" }과 그 이전 요소인 { id: 2, color: "blue" }까지 2개의 값이 배열에 담겨 출력
되는 것을 볼 수 있습니다.

concat

concat은 두 개의 배열을 이어 붙일 수 있는 내장 함수입니다. arr1과 arr2 배열을 선언하고 arr1 배열에는 green과 blue의 값을, arr2 배열에는 purple과 yellow의 값을 담아보겠습니다. 그리고 concat 내장 함수를 사용해서 이 두 개의 배열을 이어 붙인 값을 출력해 보겠습니다.

예제 8.15 concat을 사용해 두 배열 이어 붙이기

```
let arr1 = ["green", "blue"];
let arr2 = ["purple", "yellow"];
let result = arr1.concat(arr2);

console.log(result);
```

Console

```
["green", "blue", "purple", "yellow"]
```

코드를 실행해 출력 결과를 살펴보면, arr1 배열과 arr2 배열이 하나의 새로운 배열로 합쳐진 것을 볼 수 있습니다. 이번에는 arr2에는 배열이 아닌 다른 값을 작성해 보고, concat 내장 함수를 사용해 arr1과 arr2를 이어보겠습니다.

예제 8.16 concat을 이용해 배열과 문자열 이어 붙이기

```
let arr1 = ["green", "blue"];
let arr2 = "purple";
let result = arr1.concat(arr2);

console.log(result);
```

Console

```
["green", "blue", "purple"]
```

concat 내장 함수를 사용해 배열과 배열이 아닌 다른 값을 연결하면 그 값이 하나의 요소로 인식되기 때문에 배열에 하나의 요소로 삽입되어 출력됩니다.

8.1.4 요소 변형

배열의 요소를 변형하는 내장 함수는 요소의 값이나 형태를 변형하거나 요소를 정렬하는 기능을 합니다. 배열의 요소를 변형하는 몇 가지 내장 함수를 알아보겠습니다.

map

가장 먼저 살펴볼 배열 요소를 변형하는 내장 함수는 map입니다. map을 설명하기 전에 먼저 arr이라는 배열의 모든 요소에 10을 곱해서 새로운 배열을 만드는 코드를 작성해 보겠습니다.

예제 8.17 forEach를 사용해 arr 배열의 모든 요소에 10을 곱한 배열 만들기

```
let arr = [1, 2, 3, 4, 5];
let newArray = [];

arr.forEach((elm) => {
    newArray.push(elm * 10);
});

console.log(newArray);
```

Console

```
[10, 20, 30, 40, 50]
```

newArray라는 새로운 빈 배열을 선언하고 forEach 배열 내장 함수를 사용해 arr 배열의 요소들에 10을 곱한 값들을 newArray에 내장 함수 push를 이용해서 값을 넣어주었습니다. newArray 변수를 출력하면 10, 20, 30, 40, 50의 요소가 담긴 배열이 출력되는 것을 확인할 수 있습니다. 이렇게 특정 배열의 모든 요소의 값을 변환해 그 값들을 새로운 배열에 담을 때 배열 내장 함수 map을 사용하면 훨씬 더 편리하게 코드를 작성할 수 있습니다.

배열 내장 함수 map도 forEach와 마찬가지로 매개변수로 콜백 함수를 전달받습니다. map을 사용하면 forEach나 다른 반복문을 사용하는 것보다 간단하게 특정 배열의 요소 값을 변환할 수 있습니다. 이번에는 map을 사용해 동일한 기능을 하는 코드를 작성해 보겠습니다.

예제 8.18 map을 사용해 arr 배열의 모든 요소에 10을 곱한 배열 만들기

```
let arr = [1, 2, 3, 4, 5];

let newArray = arr.map((elm) => {
    return elm * 10;
});
console.log(newArray);
```

Console

```
[10, 20, 30, 40, 50]
```

위의 코드를 살펴보겠습니다. 이번에는 newArray 변수에 바로 배열 내장 함수 map을 사용해 map이 반환하는 결괏값을 할당했습니다. map의 콜백 함수는 매개변수로 elm을 전달받고 return 문을 사용해 arr 배열 요소의 값을 나타내는 elm에 10을 곱한 값을 return 문을 통해 반환했습니다. 출력 결과를 살펴보면 arr 배열의 요소에 10이 곱해진 값이 새로운 배열의 형태로 출력되는 것을 볼 수 있습니다.

map은 전달한 콜백 함수를 호출한 결과를 모아서 새로운 배열로 반환해 주는 내장 함수입니다. map을 사용하면 배열의 모든 요소에 특정 연산을 적용하고 그 결괏값을 새로운 배열로 반환 받을 수 있습니다. map 또한 forEach와 동일하게 처리할 현재 요소, 인덱스, 배열, 3가지의 매개변수를 전달받아 각각의 값을 활용할 수 있습니다.

join

배열 내장 함수 join은 배열의 요소들을 하나의 문자열로 합쳐주는 내장 함수입니다. colors 라는 배열에 green, blue, purple의 값을 할당하고 join 함수를 사용해서 colors 배열의 요소들을 하나의 문자열로 합친 결괏값을 출력해 보겠습니다.

예제 8.19 join을 사용해 배열 요소를 하나의 문자열로 합치기

```
let colors = ["green", "blue", "purple"];

console.log(colors.join());
console.log(colors.join(" "));
```

Console

```
green,blue,purple
green blue purple
```

join에는 매개변수로 구분자(separator)를 작성할 수 있습니다. 이 구분자는 배열의 요소를 문자열로 합칠 때 각각의 요소 사이에 어떤 문자를 넣어 문자를 구분할 것인지를 결정합니다. 구분자로 어떠한 값도 넣지 않는다면 기본적으로 콤마(,)를 사용해 문자열을 구분합니다.

sort

이번에는 colors 배열을 정렬하는 배열 내장 함수 sort에 대해 살펴보겠습니다. sort를 사용하면 배열 요소를 순서대로 배치할 수 있습니다.

예제 8.20 sort를 사용해 배열 요소 정렬하기

```
let colors = ["green", "blue", "purple"];
colors.sort();

console.log(colors);
```

Console

```
["blue","green","purple"]
```

colors 배열의 요소를 sort 내장 함수를 사용해서 정렬했습니다. sort는 요소들을 기본적으로 알파벳 순서로 정렬하기 때문에 결괏값을 출력하면 blue, green, purple의 순서대로 정렬된 것을 볼 수 있습니다. sort는 기존 배열의 요소들을 정렬한 새로운 배열을 반환하는 것이 아니라 기존 배열에서 요소들을 정렬하는 내장 함수이기 때문에 기존 배열 요소의 순서 자체가 변화된다는 것에 주의해서 사용해야 합니다.

예제 8.21 sort를 사용해 숫자로 이루어진 배열 정렬하기

```
let numbers = [1, 100, 25, 50, 120, 3];
numbers.sort();

console.log(numbers);
```

Console

```
[1, 100, 120, 25, 3, 50]
```

이번에는 배열 요소들이 숫자형으로 이루어진 numbers 배열을 정렬했습니다. numbers 배열을
내장 함수 sort를 사용해 결괏값을 출력해 보면 숫자의 크기 순서가 아니라, 값이 이상한 순서
로 정렬됩니다. 그 이유는 sort 내장 함수가 기본적으로 배열 요소들을 문자열로 취급해 값을
정렬하기 때문입니다. 이렇게 배열의 요소가 숫자형인 경우 요소들을 순서대로 정렬하고 싶다
면, sort 함수에 비교 함수를 인수로 전달하면 됩니다.

배열 요소들을 숫자의 크기 순으로 정렬할 수 있는 compare라는 비교 함수를 선언해 보겠습니
다. sort 함수는 전달받은 콜백 함수의 반환값에 따라 정렬 방법을 결정합니다.

표 8-1 비교함수 반환값에 따른 정렬 방법

반환값	정렬 방법
양수	b가 a보다 앞에 있어야 함
음수	a가 b보다 앞에 있어야 함
0	a와 b는 정렬 순서가 같음

예제 8.22 sort를 사용해 배열 요소를 크기 순서로 정렬하기

```
let numbers = [1, 100, 25, 50, 120, 3];
const compare = (a, b) => {
    return a - b;
};

numbers.sort(compare);
console.log(numbers);
```

Console

```
[1, 3, 25, 50, 100, 120]
```

위의 코드를 살펴보겠습니다. 작성된 compare 함수는 다음과 같은 방식으로 동작합니다.

표 8-2 compare 함수 동작 방식

크기 비교	반환값 (a-b)	정렬 방법
a>b	양수	b가 a보다 앞에 있어야 함
a<b	음수	a가 b보다 앞에 있어야 함
a==b	0	위치 변화 없음

compare 함수를 sort 함수에 전달하면 numbers 배열의 요소들은 크기가 작은 값이 앞으로, 큰 값이 뒤로 위치하게 되어 오름차순으로 정렬되는 것을 볼 수 있습니다. 이처럼 sort 함수는 비교함수를 사용해서 배열 요소들을 자유롭게 원하는 대로 정렬할 수 있습니다.

reduce

마지막으로 살펴볼 배열 내장 함수는 reduce입니다. reduce는 배열 요소를 모두 순회하면서 전달받은 함수를 실행하고 하나의 결괏값을 반환하는 내장 함수입니다. reduce 내장 함수의 작성법은 다음과 같습니다.

내장 함수 reduce 작성법

```
arr.reduce((acc, cur, idx, array) => {
    //실행할 코드
}, initialValue);
```

내장 함수 reduce는 2개의 매개변수를 전달받습니다. 첫 번째로는 콜백 함수를 전달받고, 두 번째로는 초깃값(initialValue)을 전달받습니다. reduce 내장 함수에 전달된 콜백 함수를 **리듀서(reducer)**라고 합니다. 이 리듀서 함수는 forEach나 map의 콜백 함수와 같이 배열의 모든 요소에 대해 실행되는 함수지만, 이들과는 달리 4개의 매개변수를 전달받습니다. 리듀서가 전달받는 매개변수를 하나씩 살펴보겠습니다.

표 8-3 리듀서가 전달받는 매개변수들

accumulator(acc)	누산기라는 뜻으로 콜백 함수의 반환값을 계속 반복해서 저장함
currentValue(cur)	현재 처리할 배열 요소를 나타냄
currentIndex(idx)	현재 처리할 배열 요소의 인덱스를 나타냄
array	내장 함수 reduce를 호출한 배열을 나타냄

acc의 초깃값은 기본적으로 reduce에 전달된 두 번째 값인 initialValue로 설정됩니다. 하지만 initialValue는 필수로 전달해야 하는 값이 아니기 때문에 만약 initialValue 값이 전달되지 않았다면 acc의 초깃값은 배열의 첫 번째 요소가 됩니다. 이제 reduce를 사용해서 numbers 배열 요소들의 누적값을 구해 보겠습니다. 그전에 먼저 이 reduce 내장 함수가 어떻게 동작하는지 리듀서의 콜백 함수에 acc, cur, idx를 전달해서 이 값들을 출력해 보겠습니다.

예제 8.23 reduce의 콜백 함수 매개변수들 살펴보기

```
let numbers = [1, 100, 25, 50];
numbers.reduce((acc, cur, idx) => {
    console.log(acc, cur, idx);
    return acc + cur;
}, 0);
```

Console

```
0 1 0
1 100 1
101 25 2
126 50 3
```

위의 코드를 살펴보면서 reduce 내장 함수가 어떻게 동작하는지 코드의 흐름을 살펴보겠습니다. 먼저 reduce가 initialValue로 0을 전달받았기 때문에 acc의 초깃값은 0으로 할당됩니다. cur에는 현재 처리할 요소인 numbers 배열의 첫 번째 요소 1이 할당되고, idx에는 현재 처리할 요소의 인덱스인 0이 할당됩니다. 출력 결과를 보면 0 1 0이라는 값이 알맞게 출력되었습니다. 그다음, 누산기 acc에는 return 값인 acc+cur, 즉 1이 할당됩니다. cur와 idx에는 마찬가지로 numbers의 두 번째 요소인 100과 인덱스 1이 할당되어 1 100 1이 출력됩니다. 이후 acc의 값에는 acc에 할당돼 있던 1과 numbers 배열의 두 번째 인덱스인 100이 합산되어 101이 할당됩니다. reduce는 이러한 과정을 반복하며 동작하고, acc에는 계속해서 리턴값이 누적됩니다. 이제 reduce를 사용해서 numbers 배열 요소들의 합을 출력하는 코드를 작성해 보겠습니다.

예제 8.24 reduce를 사용해 배열 요소의 누적값 출력하기

```
let numbers = [1, 100, 25, 50];
let sum = numbers.reduce((acc, cur, idx) => {
```

```
    return acc + cur;
}, 0);


console.log(sum);
```

Console

```
176
```

코드를 실행하면 numbers 배열의 모든 요소를 합친 176이 출력되는 것을 볼 수 있습니다. reduce 내장 함수는 배열의 모든 요소에 대해 콜백 함수를 실행해 누적된 값을 출력하고 싶을 때 유용하게 사용할 수 있고, 코드를 훨씬 더 깔끔하게 만들어줍니다.

좀 더 알아보기: isArray

자바스크립트를 사용해 코드를 작성하다 보면 특정 변수가 객체의 값을 담고 있는지 배열의 값을 담고 있는지 헷갈리는 상황이 발생합니다. 이때 특정 변수가 배열인지 아닌지를 판별할 수 있는 내장 함수인 isArray 를 사용하면 이를 쉽게 판별할 수 있습니다. isArray 내장 함수를 사용해 특정 값이 배열인지 아닌지 판별하는 코드를 작성해 보겠습니다.

예제 8.25 isArray를 사용해 특정 값이 배열인지 아닌지 판별하기

```
console.log(Array.isArray([1, 100, 50, 3]));
console.log(Array.isArray({ id: 3, color: "purple" }));
console.log(Array.isArray("string"));
console.log(Array.isArray(undefined));
```

Console

```
true
false
false
false
```

이렇게 isArray를 사용하면 특정 값이 배열인지 아닌지를 쉽게 판별할 수 있고 알맞게 배열 내장 함수를 사용할 수 있어 오류를 사전에 방지할 수 있습니다.

이 책에서는 자주 사용되는 배열의 내장 함수에 대해 몇 가지만 살펴봤습니다. 하지만 자바스크립트에는 매우 많은 배열 내장 함수가 존재합니다. 추가로 자바스크립트의 배열에 어떠한 내

장 함수가 있는지 알고 싶다면 mozila 재단의 공식 사이트에 나와있는 'Array 메서드' 부분
(https://developer.mozilla.org/ko/docs/Web/JavaScript/Reference/Global_Objects/
Array)을 참고하기 바랍니다.

8.2 구조 분해 할당

구조 분해 할당이란 말 그대로 배열 요소나 객체의 프로퍼티를 분해해서 그 값들을 각각의 변
수에 할당하는 자바스크립트의 표현식입니다. 구조 분해 할당을 이용하면 배열이나 객체 안에
있는 값을 쉽고 간편하게 추출할 수 있습니다.

8.2.1 배열 구조 분해 할당

먼저 배열의 구조 분해 할당에 대해 알아보겠습니다. green, blue, purple의 값이 할당된
colors 배열을 선언하고 각각의 요소를 elm1, elm2, elm3 변수에 담아 그 값을 출력해 보겠습
니다.

예제 8.26 colors 배열 요소 출력하기
```
let colors = ["green", "blue", "purple"];
let elm1 = colors[0];
let elm2 = colors[1];
let elm3 = colors[2];

console.log(elm1, elm2, elm3);
```

Console
```
green blue purple
```

배열의 구조 분해 할당을 사용하면 위에 작성한 코드를 훨씬 더 간결하게 작성할 수 있습니다.
배열 구조 분해 할당은 colors 배열의 요소를 분해한 다음, 요소들을 순서대로 각각의 새로운
변수에 할당하는 방식으로, 대괄호 안에 변수를 선언하고 변수에 배열을 할당해 줍니다. 코드
를 통해 살펴보겠습니다.

예제 8.27 구조 분해 할당을 사용해 colors 배열 요소 출력하기

```
let colors = ["green", "blue", "purple"];
let [elm1, elm2, elm3] = colors;

console.log(elm1, elm2, elm3);
```

Console

```
green blue purple
```

코드를 실행하면 동일하게 elm1, elm2, elm3 변수에 colors 배열의 요소가 순서대로 할당되어 출력되는 것을 확인할 수 있습니다. 이번에는 이렇게 작성한 코드를 좀 더 간단하게 작성해보겠습니다. elm1, elm2, elm3 변수를 한 번에 선언한 다음 colors 배열을 별도로 선언하지않고 이 변수들에 배열의 값을 바로 할당해 주겠습니다.

예제 8.28 선언 분리 할당을 사용해 colors 배열 요소 출력하기

```
let elm1, elm2, elm3;
[elm1, elm2, elm3] = ["green", "blue", "purple"];

console.log(elm1, elm2, elm3);
```

Console

```
green blue purple
```

위의 코드와 같이 변수의 선언을 분리해서 배열 요소의 값을 할당하는 방법을 **선언 분리 할당**이라고 합니다. 배열의 길이와 같은 수의 변수에 값을 할당하지 않고 길이보다 더 적은 변수에배열을 할당하면 변수에 어떠한 값이 할당되는지 코드를 작성해 살펴보겠습니다.

예제 8.29 배열의 길이보다 적은 수의 변수에 특정 배열 할당하기

```
let elm1, elm2;
[elm1, elm2] = ["green", "blue", "purple"];

console.log(elm1, elm2);
```

Console

```
green blue
```

두 개의 변수 elm1과 elm2에 3개의 요소가 담긴 배열을 할당했습니다. 이렇게 배열의 길이보다 적은 수의 변수에 배열을 할당하면 배열 요소가 순서대로 하나씩 변수에 할당됩니다. 코드를 실행하면 배열의 첫 번째 요소와 두 번째 요소가 순서대로 출력되는 것을 볼 수 있습니다. 이번에는 배열의 길이보다 더 많은 수의 변수에 배열을 할당해 보겠습니다.

예제 8.30 배열의 길이보다 많은 수의 변수에 배열 할당하기

```
let elm1, elm2, elm3, elm4;
[elm1, elm2, elm3, elm4] = ["green", "blue", "purple"];

console.log(elm1, elm2, elm3, elm4);
```

Console
```
green blue purple undefined
```

출력 결과를 보면 길이가 3인 배열을 4개의 변수에 할당한 결과, 변수 elm1, elm2, elm3에는 배열의 요소가 순서대로 할당되고, 마지막 elm4 변수에는 undefined가 할당된 것을 볼 수 있습니다. 배열의 길이보다 더 많은 수의 변수에 배열을 할당하면 변수에 배열 요소가 하나씩 순서대로 할당되고, 나머지 변수에는 undefined가 할당됩니다. 만약 이 나머지 변수에 undefined라는 값이 할당되는 것을 원하지 않는다면 직접 기본값을 설정해 줄 수도 있습니다.

예제 8.31 undefined가 할당되는 변수에 기본값 할당하기

```
let elm1, elm2, elm3, elm4;
[elm1, elm2, elm3, elm4="yellow"] = ["green", "blue", "purple"];

console.log(elm1, elm2, elm3, elm4);
```

Console
```
green blue purple yellow
```

elm4 변수에 undefined가 할당되지 못하도록 yellow라는 값을 직접 할당해 주었습니다. 출력 결과 elm4 변수에는 yellow라는 값이 할당된 것을 알 수 있습니다. 이렇게 배열의 길이보다 큰 변수에 배열 요소를 할당해 값을 할당받지 못하는 변수가 있을 때 그 변수에 undefined가 아닌 어떤 값을 직접 할당해 주는 것을 '기본값 할당'이라고 부릅니다.

배열의 구조 분해 할당은 이렇게 배열 요소의 값을 추출할 때 자주 사용하지만, 두 변수의 값을 서로 바꿀 때도 유용하게 사용됩니다. 구조 분해 할당을 사용하지 않고 두 변수의 값을 서로 교체하는 코드를 작성해 보겠습니다.

예제 8.32 변수 a와 b의 값 교환하기

```javascript
let a = 10;
let b = 5;
let tmp;
console.log(a, b);

tmp = a;
a = b;
b = tmp;
console.log(a, b);
```

Console

```
10 5
5 10
```

변수 a에 할당된 값을 변수 b에, 변수 b에 할당된 값을 변수 a에 저장하기 위해서는 위의 코드처럼 tmp와 같은 **임시 변수**가 필요합니다. tmp에 a에 할당된 값을 저장하고 a에는 b에 할당된 값을, 마지막으로 tmp에 저장되어 있는 값을 b에 할당해야 합니다. 이번에는 배열의 구조 분해 할당을 사용해 동일한 기능을 하는 코드를 작성해 보겠습니다.

예제 8.33 구조 분해 할당을 사용해 변수 a와 b의 값 교환하기

```javascript
let a = 10;
let b = 5;
console.log(a, b);

[a, b] = [b, a];
console.log(a, b);
```

Console

```
10 5
5 10
```

이처럼 배열의 구조 분해 할당을 사용하면 임시 변수를 별도로 선언하지 않고 코드를 더 간략하게 작성할 수 있습니다.

8.2.2 객체 구조 분해 할당

이번에는 객체의 구조 분해 할당에 대해 살펴보겠습니다. 다음과 같은 객체를 통해 알아봅시다.

예제 8.34 3개의 프로퍼티를 갖는 colors 객체

```
let colors = {
    elm1: "green",
    elm2: "blue",
    elm3: "purple",
};
```

먼저 colors 객체의 프로퍼티들을 각각 elm1, elm2, elm3 변수에 하나씩 할당하고 그 값을 출력해 보겠습니다. 기본적으로 객체의 프로퍼티들을 변수에 하나씩 할당하기 위해서는 다음과 같이 변수에 프로퍼티를 일일이 할당해 줘야 합니다.

예제 8.35 colors 객체의 프로퍼티 하나씩 출력하기

```
let colors = {
    elm1: "green",
    elm2: "blue",
    elm3: "purple",
};

let elm1 = colors.elm1;
let elm2 = colors.elm2;
let elm3 = colors.elm3;

console.log(elm1, elm2, elm3);
```

Console

```
green blue purple
```

이번에는 객체의 구조 분해 할당을 사용해서 코드를 더욱 간단하게 바꿔보겠습니다. 객체의 구조 분해 할당은 배열과 다르게 대괄호를 사용하지 않고 중괄호를 사용합니다. 중괄호 안에 변수들을 작성하고 대입 연산자의 오른쪽에는 분해할 객체를 작성해 객체 프로퍼티들을 변수에 하나씩 할당해 주겠습니다.

예제 8.36 구조 분해 할당을 사용해 colors 객체의 프로퍼티 출력하기

```
let colors = {
    elm1: "green",
    elm2: "blue",
    elm3: "purple",
};

let { elm1, elm2, elm3 } = colors;
console.log(elm1, elm2, elm3);
```

Console

```
green blue purple
```

객체의 구조 분해 할당은 인덱스를 이용해 인덱스의 순서대로 변수에 값을 할당하는 배열의 구조 분해 할당과는 다르게 key 값을 기준으로 객체를 분해한 다음, 변수에 할당한다는 차이점이 있습니다. 이번에는 elm1, elm2, elm3이라는 key 값을 변수의 이름으로 동일하게 사용하지 않고, 다른 이름을 갖는 변수에 값을 할당해보겠습니다..

예제 8.37 colors 객체 프로퍼티의 key 값과 다른 이름을 갖는 변수에 프로퍼티 할당하기

```
let colors = {
    elm1: "green",
    elm2: "blue",
    elm3: "purple"
};

let { elm1: color1, elm2: color2, elm3: color3 } = colors;
console.log(color1, color2, color3);
```

Console

```
green blue purple
```

객체 프로퍼티의 값을 할당할 변수가 객체 프로퍼티의 key 값과 다를 경우에는 콜론(:)을 사용해 다른 이름의 변수에 값을 할당할 수 있습니다. 작성한 코드는 객체의 elm1, elm2, elm3을 각각 color1, color2, color3으로 변경하겠다는 의미이고, color1, color2, color3의 값을 출력한 결과 객체 프로퍼티의 값이 알맞게 출력된 것을 확인할 수 있습니다.

객체의 구조 분해 할당 또한 배열의 구조 분해 할당처럼 변수의 수가 객체 프로퍼티의 수보다 많을 경우 undefined가 할당되는 변수에 기본값을 설정할 수 있습니다.

예제 8.38 undefined가 할당된 변수에 기본값 할당하기

```
let colors = {
    elm1: "green",
    elm2: "blue",
    elm3: "purple"
};

let { elm1, elm2, elm3, elm4 = "yellow" } = colors;
console.log(elm1, elm2, elm3, elm4);
```

Console

```
green blue purple yellow
```

변수 elm4에 yellow라는 기본값을 지정해 주면 undefined가 아닌 yellow가 출력되는 것을 볼 수 있습니다. 이렇게 구조 분해 할당은 배열과 객체의 값들을 분해해서 각각의 변수에 간편하게 담을 수 있고, 배열과 객체의 값들을 쉽게 추출할 수 있는 표현식입니다.

8.3 spread와 rest

spread와 rest는 자바스크립트 ES6에 추가된 문법으로, 자바스크립트에서 배열과 객체를 좀 더 편리하게 사용할 수 있게 도와주는 연산자입니다. 전개 연산자라고도 불리는 spread는 배열이나 객체를 다른 배열이나 객체에 펼쳐서 나타내는 역할을, 나머지 매개변수라고도 하는 rest는 여러 값들을 합쳐 하나의 배열로 묶어주는 역할을 합니다. 하나씩 배워보겠습니다.

8.3.1　spread

먼저 spread 연산자에 대해 살펴보겠습니다. spread는 우리말로 확산, 퍼짐이라는 뜻으로, 실제로 특정 배열의 요소나 객체의 프로퍼티 값을 펼치는 역할을 합니다. 먼저 spread 문법을 사용해서 객체의 프로퍼티들을 펼쳐보겠습니다. 다음과 같은 객체가 있다고 가정해 봅시다.

예제 8.39 type과 price에 대한 정보를 갖고 있는 toy 객체 선언

```
const toy = {
    type: "bear",
    price: 15000,
};
```

toy라는 이름으로 객체를 선언하고 프로퍼티로 장난감의 종류와 가격을 나타내는 type과 price 데이터를 넣어주었습니다. 이 toy 객체의 아래에 장난감의 색상을 나타내는 프로퍼티를 하나 추가해서 파랑색 장난감과 노랑색 장난감을 나타내는 객체 2개를 추가로 선언해 봅시다.

예제 8.40 blueToy 객체와 yellowToy 객체 선언하기

```
const toy = {
    type: "bear",
    price: 15000,
};

const blueToy = {
    type: "bear",
    price: 15000,
    color: "blue",
};

const yellowToy = {
    type: "bear",
    price: 15000,
    color: "yellow",
};
```

파랑색 장난감을 나타내는 blueToy 객체와 노랑색 장난감을 나타내는 yellowToy 객체를 추가
했습니다. 새로 추가된 객체를 살펴보면 기존에 작성했던 toy 객체의 프로퍼티 중 종류와 가격
을 나타내는 type과 price 값이 동일한 것을 알 수 있습니다. 이렇게 비슷한 프로퍼티를 가진
객체를 생성하려면 동일한 코드를 여러 번 작성해야 하는 번거로운 작업을 해야 합니다. 이와
같은 상황에서 spread 문법을 사용하면 코드를 더욱 간단하게 작성할 수 있습니다.

spread 문법은 '...' 기호를 사용해 표기합니다. 작성된 객체에 반복되는 프로퍼티를 spread 문
법을 사용해 작성해 보겠습니다. spread 문법을 사용하면 blueToy의 type: "bear", price:
15000을 ...toy 로 바꿔 작성할 수 있고 yellowToy 객체 또한 동일한 부분을 바꿔서 작성할 수
있습니다. 한 번 작성해 보겠습니다.

예제 8.41 spread 연산자를 사용해 blueToy와 yellowToy 객체를 간략하게 작성하기

```
const toy = {
    type: "bear",
    price: 15000,
};
const blueToy = {
    ...toy,
    color: "blue",
};

const yellowToy = {
    ...toy,
    color: "yellow",
};

console.log(blueToy);
console.log(yellowToy);
```

Console

```
{ type: "bear", price: 15000, color: "blue" }
{ type: "bear", price: 15000, color: "yellow" }
```

이렇게 spread는 특정 객체가 가진 프로퍼티를 펼쳐주는 역할을 하는 문법입니다. 실제 코드를 실행해 보면 blueToy와 yellowToy의 프로퍼티에 toy 객체의 프로퍼티인 type: "bear", price: 15000이 할당된 것을 확인할 수 있습니다.

spread 문법은 객체뿐만 아니라 배열에서도 사용 가능한 문법입니다. 이번에는 color1이라는 배열에 빨강, 주황, 노랑의 값을 넣고, color2라는 배열에 초록, 파랑, 남색, 보라의 값을 넣어 보겠습니다.

예제 8.42 color1 배열과 color2 배열 선언하기

```
const color1 = ["red", "orange", "yellow"];
const color2 = ["green", "blue", "navy", "purple"];
```

그다음 spread 문법을 사용해서 rainbow라는 새로운 배열에 color1과 color2 배열의 요소를 전부 넣어주겠습니다.

예제 8.43 spread 연산자를 사용해 rainbow 배열에 요소 할당하기

```
const color1 = ["red", "orange", "yellow"];
const color2 = ["green", "blue", "navy", "purple"];

const rainbow = [...color1, ...color2];
console.log(rainbow);
```

Console

```
["red", "orange", "yellow", "green", "blue", "navy", "purple"]
```

rainbow라는 새로운 배열에 color1과 color2 배열의 요소를 spread 연산자를 사용해 펼쳐 주었습니다. 코드를 실행하면 rainbow라는 배열에 7가지 색상값이 알맞게 저장된 것을 확인할 수 있습니다. 이처럼 spread 문법은 배열이나 객체에서 반복적인 부분을 '...'를 사용해서 펼쳐서 나타낼 수 있고, rainbow 배열에서 사용했던 것과 같이 순서에 상관없이 여러 번 반복해서 사용할 수도 있습니다.

8.3.2 rest

이번에는 rest 문법에 대해 살펴보겠습니다. rest는 '나머지 매개변수'라고 표현하기도 합니다. rest 문법 또한 '...'기호를 사용하기 때문에 spread 문법과 굉장히 비슷해 보이지만, 이 두 문법은 서로 다른 역할을 하는 문법입니다. spread는 객체나 배열에서 반복적인 값을 펼쳐서 나타내는 역할을 하는 문법이지만, rest 문법은 이와 반대로 특정 부분을 하나의 배열이나 객체로 묶는 역할을 하는 문법입니다. 마찬가지로 앞에서 작성했던 blueToy라는 객체를 생성해서 rest 문법에 대해 더 자세히 알아보겠습니다.

객체에서 rest는 구조 분해 할당과 함께 사용됩니다. blueToy 객체를 생성하고 구조 분해 할당을 사용해 blueToy 객체 프로퍼티의 값을 변수에 할당해 보겠습니다.

예제 8.44 구조 분해 할당을 사용해 blueToy 객체 프로퍼티 출력하기

```
const blueToy = {
    type: "bear",
    price: 15000,
    color: "blue",
};

const { type, price, color } = blueToy;
console.log(type, price, color);
```

Console

```
"bear", 15000, "blue"
```

여기서 price와 color 변수 각각의 값이 아니라, type값을 제외한 나머지 값을 묶어 객체 형태로 출력하고 싶다면 price와 color를 rest 문법을 사용해 출력할 수 있습니다.

예제 8.45 rest를 사용해 type 변수와 rest 변수에 blueToy 객체 프로퍼티를 할당해 출력하기

```
const blueToy = {
    type: "bear",
    price: 15000,
    color: "blue",
};
```

```
const { type, ...rest } = blueToy;
console.log(type, rest);
```

Console

```
"bear", {price: 15000, color: "blue"}
```

price, color 변수 대신에 rest 문법을 사용해서 blueToy 객체의 프로퍼티 값을 할당했습니다. 출력 결과 rest 변수는 객체의 형태로 출력되고, 객체 내부에는 blueToy 객체 프로퍼티 중 type 값을 제외한 나머지 값이 들어 있는 것을 볼 수 있습니다. 이렇게 rest는 구조 분해 할당을 통해 원하는 값들을 꺼내고 나머지 값을 별도로 묶어서 할당할 수 있습니다. 그럼 이번에는 type과 rest의 순서를 바꿔 blueToy 객체의 프로퍼티 값을 할당하는 코드를 작성해 보겠습니다.

예제 8.46 rest를 사용해 rest 변수와 type 변수에 blueToy 객체 프로퍼티를 할당해 출력하기

```
const blueToy = {
    type: "bear",
    price: 15000,
    color: "blue",
};

const {...rest, type } = blueToy;
console.log(rest, type);
```

Console

```
Uncaught SyntaxError: Rest element must be last element
```

작성한 코드를 실행해 보면 에러가 발생합니다. rest 문법은 spread와는 다르게 순서에 상관없이 여러 번 작성할 수 없고, 항상 맨 마지막에 작성해야 하기 때문에 주의해서 작성해야 하는 문법입니다. 다음으로 rest 문법을 배열에서 사용해 보겠습니다. 이번에는 colors라는 배열에 빨강, 주황, 노랑의 값을 넣어주고 배열의 구조 분해 할당 문법과 함께 rest를 사용해 보겠습니다.

예제 8.47 rest를 사용해 colors 배열 요소 출력하기

```
const colors = ["red", "orange", "yellow"];
const [elm1, ...rest] = colors;


console.log(elm1, rest);
```

Console

```
red ["orange", "yellow"]
```

배열의 구조 분해 할당을 통해 colors 배열에서 값이 red인 요소는 밖으로 꺼내고, rest 문법을 사용해서 orange와 yellow의 값을 갖는 요소는 별도의 배열로 묶어 rest 변수에 할당했습니다. 코드를 실행하면 rest 변수에는 orange와 yellow 값이 저장되어 있는 배열이, elm1 변수에는 colors 배열의 0번째 인덱스인 red가 할당되어 출력됩니다.

이러한 rest와 spread 문법은 함수에서도 유용하게 사용됩니다. 먼저 나머지 매개변수라고도 불리는 rest 문법이 함수에서 어떻게 사용되는지 알아보겠습니다. 매개변수로 전달받은 값을 출력하는 print 함수를 선언하고, 전달받은 매개변수 중 첫 번째와 두 번째 매개변수를 제외한 나머지 매개변수를 배열에 담아 출력해 보겠습니다.

예제 8.48 6개의 매개변수를 전달받아 출력하는 print 함수 선언하기

```
const print = (a, b, c, d, e, f) => {
    console.log([c, d, e, f]);
};


print(1, 2, 3, 4, 5, 6);
```

Console

```
[3, 4, 5, 6]
```

만약 여기서 print 함수가 6개보다 더 많은 매개변수를 전달받고, 동일하게 첫 번째와 두 번째 매개변수를 제외한 나머지 매개변수들을 배열에 담아 출력해야 한다면, print 함수 내부에 작성되어 있는 console.log()에 무수히 많은 매개변수를 작성해야 합니다. 이러한 상황에서 이 a와 b 매개변수를 제외한 나머지 매개변수들을 rest로 묶어서 출력할 수 있습니다. 다음 코드를 살펴봅시다.

예제 8.49 rest를 사용해 매개변수 전달받기

```
const print = (a, b, ...rest) => {
    console.log(a, b);
    console.log(rest);
};


print(1, 2, 3, 4, 5, 6);
```

Console

```
1 2
[3, 4, 5, 6]
```

출력 결과를 살펴보면 a와 b에는 각각 1과 2의 값이 할당되었고, rest 변수에는 1과 2를 제외한 나머지 값이 배열의 형태로 할당되어 출력된 것을 볼 수 있습니다. 이렇게 함수의 매개변수에 rest 문법을 사용하면 rest에는 함수에서 받아온 매개변수들로 이루어진 배열이 할당됩니다. rest 매개변수는 함수의 매개변수가 매우 많거나 몇 개가 될지 모르는 경우, 전달받은 매개변수를 배열로 나타내야 할 때 유용하게 사용되는 문법입니다.

이번에는 함수에서 spread 문법이 어떻게 사용되는지에 대해 살펴보겠습니다. 앞서 작성했던 코드에 1부터 6까지의 숫자가 담긴 numbers라는 배열을 추가로 작성하고, print 함수에 인수로 이 numbers 배열의 요소를 전달해 보겠습니다.

예제 8.50 print 함수의 매개변수로 numbers 배열의 요소 전달하기

```
const print = (a, b, ...rest) => {
    console.log(a, b);
    console.log(rest);
};


const numbers = [1, 2, 3, 4, 5, 6];
print(numbers[0], numbers[1], numbers[2], numbers[3], numbers[4], numbers[5]);
```

Console

```
1 2
[3, 4, 5, 6]
```

이렇게 함수의 인수로 특정 배열의 여러 요소를 하나씩 전달할 경우, 코드를 작성하기가 매우 번거롭고 만약 배열의 길이가 이보다 훨씬 더 긴 배열이라면 더더욱 코드를 작성하기가 까다로워집니다. 이러한 경우에 print 함수의 인수 부분에 spread 문법을 사용해서 배열 요소를 펼쳐서 전달하면 코드를 훨씬 더 깔끔하게 작성할 수 있습니다. spread 문법을 사용해 코드를 작성해보겠습니다.

예제 8.51 rest를 사용해 매개변수로 numbers 배열의 요소 전달하기

```
const print = (a, b, ...rest) => {
    console.log(a, b);
    console.log(rest);
};

const numbers = [1, 2, 3, 4, 5, 6];
print(...numbers);
```

Console

```
1 2
[3, 4, 5, 6]
```

spread와 rest 문법을 다시 한번 정리해 보겠습니다. spread 문법은 객체나 배열에서 중복된 요소를 퍼트릴 때 혹은 함수를 호출할 경우 인수로 전달할 값을 퍼트려서 전달할 때 사용되는 문법이고, rest 문법은 객체나 배열에서 특정 부분을 하나의 객체나 배열로 묶어서 사용할 때, 함수의 매개변수로 많은 값을 전달받거나 특정 매개변수를 제외한 나머지 매개변수를 묶어서 나타낼 경우 사용되는 유용한 문법입니다.

09

―――――

Date 객체

Date 객체는 자바스크립트의 내장 객체 중 하나로, 특정 날짜의 시각과 현재 날짜 및 시각을 알 수 있어 아주 유용하게 사용되는 내장 객체입니다. 이번 장에서는 Date 객체를 활용하는 방법에 대해 자세하게 살펴보겠습니다. 본격적으로 Date 객체를 사용해 보기 전에, 먼저 Date 객체를 활용한 다양한 예시를 살펴보겠습니다. Date 객체를 활용하면 다음과 같이 생성 시각과 수정 시각을 저장할 수 있습니다.

그림 9-1 Date 객체를 활용해 글 생성 시각 나타내기 (velog)

또한 Date 객체는 현재 날짜와 시각을 나타낼 수 있기 때문에 특정일까지 얼마나 남았는지를 나타내는 D-day 기능을 개발하는 데 활용할 수 있고, 달력이나 시계를 개발할 때도 활용할 수 있습니다.

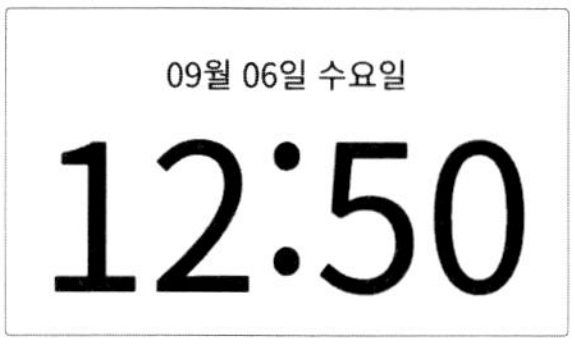

그림 9-2 Date 객체를 활용해 시계 나타내기

9.1 협정 세계시(UTC)와 타임스탬프

Date 객체를 활용하기 위해서는 UTC와 타임스탬프라는 용어에 대해 알아야 합니다. 먼저 그 두 개념을 살펴보겠습니다.

9.1.1 협정 세계시(UTC)

가장 먼저 UTC라는 협정 세계시에 대해 알아봅시다. 자바스크립트는 전 세계에서 사용되는 언어이기 때문에 Date 객체는 협정 세계시라고 부르는 UTC(Universal Time Coordinated)를 기준으로 합니다. UTC는 세계 표준 시간으로 사용되며, 1970년 1월 1일 0시 0분 0초를 시간의 시작이라고 정의합니다. 그렇기 때문에 Date 객체는 기본적으로 1970년 1월 1일 00:00:00(UTC)을 값으로 갖고 이를 UTC+0시라고 나타냅니다.

9.1.2 타임스탬프

타임스탬프는 특정 시간을 나타내는 문자열로, 앞서 배운 UTC+0시인 1970년 1월 1일 00:00:00를 기준으로 흘러간 ms(milliseconds)의 시간을 나타내는 숫자입니다. 자바스크립트의 Date 객체에는 다음과 같이 현재 혹은 특정 시각을 이 타임스탬프로 나타내는 기능이 있기 때문에 알고 있어야 하는 중요한 개념입니다.

예제 9.1 Date 객체를 통해 타임스탬프 출력하기

```
const date = new Date();
console.log(date.getTime());
```

Console

```
1694244608348 //현재 시각이 출력되므로 결괏값은 항상 다르게 출력됩니다
```

이제 본격적으로 Date 객체를 생성하고 Date 객체를 활용해 자바스크립트에서 날짜와 시각을 나타내 보겠습니다.

9.2   Date 생성자 함수

Date 객체는 생성자 함수의 호출을 통해 생성할 수 있습니다.

9.2.1   new Date()

생성자 함수를 사용해서 Date 객체를 생성해 보겠습니다. date 변수에 new Date()의 결괏값을 담아 출력해 봅시다.

예제 9.2 Date 객체 생성하기

```
const date = new Date();
console.log(date);
```

Console

```
Thu Sep 07 2023 10:59:27 GMT+0900 (한국 표준시)
```

new Date()를 호출해 Date 객체를 생성하면, 위의 출력 결과와 같이 현재의 날짜와 시각을 반환합니다.

9.2.2   new Date(milliseconds)

생성자 함수 Date에는 인수를 전달할 수 있습니다. 생성자 함수 Date에 인수로 숫자 0을 전달하고 출력해 보겠습니다.

예제 9.3 Date 생성자 함수에 0 전달하기

```
const date = new Date(0);
console.log(date);
```

Console

```
Thu Jan 01 1970 09:00:00 GMT+0900 (한국 표준시)
```

생성자 함수로 생성된 Date 객체는 기본적으로 1970년 1월 1일 00:00:00(UTC)을 값으로 갖는다고 배웠습니다. 출력 결과에 나와있는 한국 표준시(Korea Standard Time)는 UTC 시간대보다 9시간 빠른 1970년 1월 1일 09:00:00을 값으로 갖습니다. 인수로 특정 숫자를 전달할 경우 Date 객체는 인수로 전달된 ms만큼 경과된 시각과 날짜를 반환합니다. 예제 9.3의 경우 인수로 숫자 0을 전달했기 때문에 한국 표준시에서 0ms가 경과된 시각인 1970년 1월 1일 09:00:00이 출력됩니다.

9.2.3 new Date(dateString)

인수로는 날짜와 시간을 나타내는 특정 문자열도 전달 가능합니다. 가장 많이 쓰이는 날짜 작성 방식으로 2023년 12월 21일을 인수로 전달해 보겠습니다.

예제 9.4 Date 생성자에 날짜 전달하기

```
const date = new Date("2023-12-21");
console.log(date);
```

Console

```
Thu Dec 21 2023 09:00:00 GMT+0900 (한국 표준시)
```

위의 코드처럼 인수로 특정 날짜나 시각을 나타내는 문자열을 전달할 경우, 전달된 문자열이 자동으로 파싱되어 Thu Dec 21 2023 09:00:00 GMT+0900 (한국 표준시)와 같은 값이 출력됩니다.

9.3 Date 메서드

Date 객체에는 다양한 메서드가 있습니다. 이 메서드를 사용하면 날짜와 시각 정보를 활용해 현재 혹은 특정 날짜와 시각을 나타낼 수 있습니다. Date 객체의 메서드는 크게 타임스탬프를 반환하는 메서드, 날짜 요소를 반환하는 메서드, 시각 요소를 반환하는 메서드, 그리고 이들을 수정할 수 있는 메서드로 나눌 수 있습니다. 하나씩 살펴보겠습니다.

9.3.1 Date.now()

Date.now() 메서드는 1970년 1월 1일 00:00:00(UTC)을 기점으로 현재 시각까지 경과한 ms인 타임스탬프를 반환하는 메서드입니다.

예제 9.5 Date.now()로 타임스탬프 반환하기

```
let timestamp = Date.now();
console.log(timestamp);
```

Console

```
1694483312461 //현재 시각이 출력되므로 결괏값은 항상 다르게 출력됩니다
```

Date 생성자 함수에 한 개의 숫자를 인수로 전달하면, 인수로 전달된 ms만큼 경과된 시각과 날짜를 반환한다고 배웠습니다. 그렇기 때문에 Date.now()를 사용해 얻은 타임스탬프를 Date 생성자 함수에 인수로 전달하면 다음과 같이 타임스탬프를 실제 날짜와 시각으로 변경할 수 있습니다.

예제 9.6 타임스탬프를 날짜로 변환하기

```
let timestamp = Date.now();
let date = new Date(timestamp);

console.log(date);
```

Console

```
Tue Sep 12 2023 10:48:32 GMT+0900 (한국 표준시)
```

9.3.2 날짜 반환 메서드

다음으로는 Date 객체의 날짜 요소를 반환하는 메서드에 대해 살펴보겠습니다. 날짜 요소를 반환하는 Date 객체의 메서드는 다음과 같습니다.

표 9-1 Date 객체의 날짜 반환 메서드

메서드	설명
getFullYear()	연도(네 자릿수)를 반환
getMonth()	월(0~11)을 반환
getDate()	일(1~31)을 반환

날짜 요소를 반환하는 메서드를 사용해 현재 날짜의 연월일을 출력해 보겠습니다.

예제 9.7 Date 객체의 날짜 반환 메서드 사용하기

```
let nowDate = new Date();
let year = nowDate.getFullYear();
let month = nowDate.getMonth();
let date = nowDate.getDate();
let day = nowDate.getDay();

console.log(`${year}년 ${month}월 ${date}일 ${day}요일`);
```

Console

```
2023년 8월 12일 2요일
```

nowDate 변수에 생성자 함수를 사용해서 현재 날짜 정보를 할당하고 year, month, date, day 변수에 각각 getFullYear(), getMonth(), getDate(), getDay() 메서드를 사용해 년, 월, 일, 요일에 대한 값을 할당했습니다. 코드 실행 결과를 살펴보면 오늘의 날짜인 2023년 9월 12일 화요일이 아닌, 2023년 9월 12일 2요일이라는 결괏값이 출력되는 것을 볼 수 있습니다. Date 객체의 getMonth() 메서드는 우리가 월을 나타낼 때 사용하는 숫자인 1~12가 아니라 0~11 의 값을 반환합니다. 그렇기 때문에 1월을 0월로, 12월을 11월로 나타냅니다. 따라서 올바른 날짜를 출력하기 위해서는 코드를 다음과 같이 작성해야 합니다.

예제 9.8 알맞은 월 출력하기

```
let nowDate = new Date();
let year = nowDate.getFullYear();
let month = nowDate.getMonth()+1;
let date = nowDate.getDate();
```

```
let day = nowDate.getDay();

console.log(`${year}년 ${month}월 ${date}일 ${day}요일`);
```

Console

```
2023년 9월 12일 2요일
```

getMonth() 메서드를 사용해 알맞은 값을 얻기 위해서는 이처럼 getMonth()가 반환하는 값
에 1을 더해 주어야 합니다. 그럼 이번에는 2요일이 아닌 알맞은 요일이 출력되도록 코드를 바
꿔보겠습니다. getDay() 메서드는 특정 날짜의 요일에 해당하는 값을 숫자로 반환하는 메서드
로, 일요일부터 토요일까지의 요일을 순서대로 0부터 6까지의 숫자로 나타냅니다. 그렇기 때
문에 우리가 실제 사용하는 요일로 나타내기 위해서는 일요일부터 토요일까지의 값이 담겨있
는 배열을 사용해야 합니다.

한 주를 나타내는 week라는 배열에 일요일부터 토요일까지의 값을 순서대로 할당하고 week 배
열과 getDay() 메서드를 사용해 알맞은 요일을 출력해 보겠습니다.

예제 9.9 알맞은 요일 출력하기

```
const week = ["일", "월", "화", "수", "목", "금", "토"];

let nowDate = new Date();
let year = nowDate.getFullYear();
let month = nowDate.getMonth()+1;
let date = nowDate.getDate();
let day = nowDate.getDay();

console.log(`${year}년 ${month}월 ${date}일 ${week[day]}요일`);
```

Console

```
2023년 9월 12일 화요일
```

getDay() 메서드는 0부터 6까지의 숫자를 반환하기 때문에 위 코드와 같이 getDay() 메서드
가 반환하는 값을 week 배열의 인덱스로 활용하면 알맞은 요일을 얻어낼 수 있습니다. 이렇게
자바스크립트에서는 Date 객체의 메서드를 활용해 날짜에 대한 정보를 얻어올 수 있습니다.

9.3.3 시각 반환 메서드

이번에는 날짜가 아닌 시각 요소를 반환하는 Date 객체의 메서드에 대해 살펴봅시다. 시각에 대한 값을 나타내야 할 때 활용할 수 있는 Date 객체의 메서드는 다음과 같습니다.

표 9-2 Date 객체의 시각 반환 메서드

메서드	설명
getHours()	시(0~23)를 반환
getMinutes()	분(0~59)을 반환
getSeconds()	초(0~59)를 반환
getMilliseconds()	밀리초(0~999)를 반환

시각을 나타낼 수 있는 getHours(), getMinutes(), getSeconds() 메서드를 활용해 현재 시각을 출력하는 코드를 작성해 보겠습니다.

예제 9.10 Date 객체의 시간 반환 메서드 사용하기

```
let nowDate = new Date();
let hours = nowDate.getHours();
let minutes = nowDate.getMinutes();
let seconds = nowDate.getSeconds();

console.log(`${hours}:${minutes}:${seconds}`);
```

Console

```
11:14:17
```

Date 객체의 메서드 중 시각을 나타내는 메서드들을 사용해 현재 시각이 몇 시 몇 분 몇 초인지를 출력해 봤습니다. 코드를 실행하면 현재 시각이 알맞게 출력되는 것을 볼 수 있습니다.

9.3.4 날짜 수정 메서드

Date 객체의 메서드에는 객체에 저장된 날짜 및 시각 요소들을 가져오는 메서드뿐만 아니라 저장된 날짜와 시각 요소들을 수정하는 메서드도 존재합니다. 저장된 날짜 요소를 수정하는 메서드에는 다음과 같은 메서드들이 있습니다.

표 9-3 Date 객체의 날짜 수정 메서드

메서드	설명
setFullYear()	연도 수정
setMonth()	월 수정
setDate()	일 수정

Date 생성자 함수에 2023-12-21이라는 date string을 전달해 2023년 12월 21일을 date 객체에 저장한 다음, setFullYear(), setMonth(), setDate() 메서드를 사용해서 날짜를 2017년 1월 7일로 수정해 보겠습니다.

예제 9.11 Date 객체의 날짜 수정 메서드 사용하기

```
const date = new Date("2023-12-21");
date.setFullYear(2017);
date.setMonth(0);
date.setDate(7);


console.log(date);
```

Console

```
Sat Jan 07 2017 09:00:00 GMT+0900 (한국 표준시)
```

setFullYear() 메서드에 숫자 2017을, setMonth() 메서드에는 숫자 0을, 그리고 setDate() 메서드에는 숫자 7을 인수로 전달했습니다. setMonth() 메서드를 사용할 때는 월을 1월로 수정하려면 숫자 0을, 12월로 수정하려면 숫자 11을 전달해야 합니다. 위의 코드를 실행하면 date에 저장된 값이 2017년 1월 7일로 알맞게 수정되어 출력되는 것을 볼 수 있습니다.

9.3.5 시각 수정 메서드

이번에는 date 변수에 저장된 시각을 Date 객체의 시각 수정 메서드를 사용해 수정해 보겠습니다. Date 객체에 내장되어 있는 시각 수정 메서드는 다음과 같습니다.

표 9-4 Date 객체의 시간 수정 메서드

메서드	설명
setHours()	시를 수정
setMinutes()	분을 수정
setSeconds()	초를 수정
setMilliseconds()	밀리초를 수정

date에 setHours(), setMinutes(), setSeconds() 메서드를 사용해서 시, 분, 초를 다른 값으로 변경해 보겠습니다.

예제 9.12 Date 객체의 시각 수정 메서드 사용하기

```
const date = new Date("2023-12-21");
date.setHours(10);
date.setMinutes(11);
date.setSeconds(12);

console.log(date);
```

Console

```
Thu Dec 21 2023 10:11:12 GMT+0900 (한국 표준시)
```

출력 결과를 확인하면, 변수 date에 저장된 시각이 10시 11분 12초로 알맞게 수정된 것을 볼 수 있습니다.

10

자바스크립트의
비동기 처리

자바스크립트에서는 비동기라는 개념을 이용해 다양한 기능을 개발할 수 있습니다. 이번 장에서는 비동기란 무엇이고 어떻게 사용할 수 있는지에 대해 자세하게 살펴보고, 비동기와 관련된 자바스크립트의 Promise 객체와 async/await에 대해 함께 배워보면서 실제로 비동기를 사용하는 대표적인 기능인 서버와 데이터를 주고받는 기능을 개발해 보겠습니다.

10.1 동기와 비동기

비동기가 무엇인지 이해하기 위해서는 먼저 비동기의 반대되는 개념인 **동기**에 대해 알아야 합니다. 동기란 하나의 작업이 실행되는 동안은 다른 작업을 수행하지 않는 방식으로, 다시 말해 하나의 작업이 완료될 때까지 다른 작업을 실행하지 않고 앞의 작업이 끝나야 다음 작업을 할 수 있는 순차적인 방식을 말합니다. 아래에 작성된 예제를 포함해 지금까지 작성했던 예제 코드는 모두 순차적으로 코드를 실행하는, 동기적으로 동작하는 코드라고 할 수 있습니다.

예제 10.1 동기적으로 동작하는 코드

```
console.log(1);
console.log(2);
console.log(3);
```

Console

```
1
2
3
```

이와 반대로 **비동기**는 동기와 반대되는 개념으로, 어떠한 작업이 종료되기를 기다리지 않고 그 다음 작업을 병렬적으로 수행하는 방식을 뜻합니다.

그림 10-1 동기와 비동기

동기적으로 동작하는 프로그램과 비동기적으로 동작하는 프로그램을 그림으로 비교하면 두 개념의 차이를 한눈에 확인할 수 있습니다.

10.1.1 동기, 비동기 처리

동기적으로 동작하는 코드와 비동기적으로 동작하는 코드에 대해 더 자세하게 살펴보면서 작업을 비동기로 처리하면 어떠한 장점이 있는지, 그리고 작업을 동기로 처리하면 어떠한 문제점이 있는지 배워보겠습니다. 먼저 다음과 같은 workA, workB, workC 함수를 동기적으로 실행해 보겠습니다.

예제 10.2 workA, workB, workC 동기적으로 처리하기

```
const workA = () => {
    console.log("workA");
}
const workB = () => {
    console.log("workB");
```

```
}
const workC = () => {
    console.log("workC");
}


workA();
workB();
workC();
```

Console

```
workA
workB
workC
```

workA, workB, workC 함수를 순서대로 호출했기 때문에 위 코드는 동기적으로 동작하는 코드라는 것을 알 수 있습니다. workA, workB, workC를 실행하는 데 걸리는 시간을 각각 5초, 3초, 10초라고 가정해 보겠습니다. 코드를 동기적으로 실행하면 하나의 작업이 완료된 이후에 다른 작업이 수행되기 때문에 모든 작업을 수행하는 데 걸리는 시간은 총 18초입니다. 이를 그림으로 나타내면 다음과 같습니다.

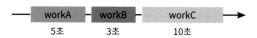

그림 10-2 wokrA, workB, workC 동기적으로 처리한 결과

예제 10.2와 동일한 코드를 비동기로 처리한다면, 이전 작업이 완료되기를 기다리지 않고 이후의 작업도 병렬적으로 수행할 수 있습니다. 예제 10.2를 비동기로 처리한 결과를 그림으로 나타내면 다음과 같습니다.

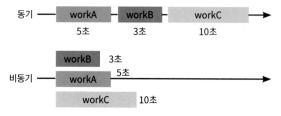

그림 10-3 wokrA, workB, workC 동기, 비동기적으로 처리한 결과

어떠한 작업을 비동기로 처리하면 여러 작업을 병렬적으로 수행할 수 있기 때문에 그림 10-3에서 볼 수 있듯이 workA, workB, workC를 처리하는 데 총 10초가 걸리는 것을 확인할 수 있습니다. 동일한 작업을 수행하는 것이지만, 같은 작업을 비동기로 처리하면 동기에 비해 8초라는 시간을 절약할 수 있습니다. 실제 웹사이트나 애플리케이션을 개발할 때 모든 작업을 동기적으로 처리한다면, 이전 작업이 처리될 때까지 걸리는 시간이 10초든 10분이든 계속 대기해야 합니다. 예를 들어 이미지 로드라는 하나의 작업이 완료될 때까지 버튼 클릭 등과 같은 다른 작업이 수행되지 않을 것이고, 많은 사람은 이를 오류가 발생했다고 인식할 것입니다

하지만 여러 작업을 비동기적으로 처리하면, 하나의 작업이 처리될 때까지 시간이 얼마나 걸리든 대기하지 않고 다른 작업을 처리할 수 있어 훨씬 더 좋은 사용자 경험을 줄 수 있습니다. 이제 자바스크립트에서는 작업을 어떻게 비동기로 처리할 수 있는지 배워보겠습니다.

좀 더 알아보기: 자바스크립트는 싱글 스레드 언어

동기는 하나의 작업이 종료된 이후에 다른 작업을 수행하는 순차적인 방식이고, 비동기는 하나의 작업이 종료되기를 기다리지 않고 여러 작업을 병렬로 수행하는 방식입니다. 자바스크립트에서 이렇게 어떠한 작업을 수행하는 또는 처리하는 주체를 **스레드**라고 합니다.

그림 10-4 스레드의 작업 처리

동기식 처리는 하나의 스레드에서 작업을 순차적으로 처리하기 때문에 작업 처리 시간이 길어 비효율적입니다. 그렇기 때문에 하나의 스레드에서 여러 작업을 병렬적으로 처리할 수 있도록 비동기식으로 작업을 처리합니다. 여기서 많은 사람이 '그럼 스레드를 여러 개 만들어 각각의 스레드마다 작업을 수행하게 하면 작업을 비동기식으로 처리하지 않아도 동기식 처리의 문제점을 해결할 수 있지 않을까?' 하는 궁금증이 생길 수 있습니다. 하나의 스레드에서 하나의 작업만 수행하게 하고, 작업을 여러 개의 스레드에서 수행한다면 여러 작업이 다음과 같이 처리될 것입니다.

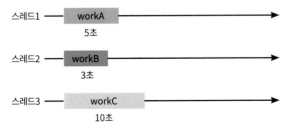

그림 10-5 작업을 여러 스레드에서 처리하기

이렇게 작업을 하나의 스레드가 아닌, 여러 개의 스레드에서 수행하는 방식을 **멀티 스레드 방식**이라고 부릅니다. 하나의 스레드에서 여러 작업을 비동기로 처리하는 것은 상당히 복잡합니다. 하지만 이처럼 여러 작업을 멀티 스레드 방식으로 수행하면 비동기 처리 방식과 같이 효율적으로 작업을 수행할 수 있고, 프로그램을 조금 더 간단하게 설계할 수 있습니다.

하지만 자바스크립트에서는 이렇게 멀티 스레드 방식으로 작업을 수행할 수 없습니다. 왜냐하면 자바스크립트는 싱글 스레드 방식으로 실행되는 언어이기 때문입니다. 그렇기 때문에 자바스크립트에서 프로그래밍을 효율적으로 하기 위해서는, 하나의 스레드에서 여러 개의 작업을 병렬적으로 처리할 수 있는 비동기 방식으로 작업을 처리해야 합니다.

10.1.2 setTimeout

자바스크립트에서 작업을 비동기로 처리하는 방법은 여러 가지가 있습니다. 그중 가장 기본적인 방법은 setTimeout() 내장 함수를 사용하는 방법입니다.

setTimeout 함수의 구조

```
setTimeout(() => {
    //code
}, delayTime);
```

setTimeout 내장 함수에는 콜백 함수와 delayTime이라는 두 개의 매개변수가 들어갑니다. setTimeout 내장 함수를 사용하면, 전달된 콜백 함수를 전달된 delayTime(ms)만큼 기다린 후에 수행합니다. '자바스크립트'를 출력하는 코드가 3초 후에 실행될 수 있도록 setTimeout을 사용해 코드를 작성해 보겠습니다.

예제 10.3 setTimeout을 사용해 3초 후에 실행되는 코드 작성하기

```
setTimeout(() => {
    console.log("자바스크립트");
}, 3000);
```

Console

자바스크립트

코드를 실행하면 3초 후에 결괏값이 출력되는 것을 확인할 수 있습니다. setTimeout 함수는 이렇게 delayTime만큼의 시간이 흐른 후에 콜백 함수를 실행하는 내장 함수입니다. 이번에는 동일한 setTimeout 내장 함수 아래에 다른 문장을 출력하는 코드를 작성해 보겠습니다.

예제 10.4 setTimeout 함수 아래에 다른 코드를 작성한 후 출력하기

```
setTimeout(() => {
    console.log("자바스크립트");
}, 3000);

console.log("종료");
```

Console

```
종료
자바스크립트
```

위의 코드를 실행하면 예상했던 출력 결과와는 다르게 '자바스크립트'보다 '종료'가 먼저 출력됩니다. 그 이유는 바로 setTimeout 함수에 있는 콜백 함수가 실행이 종료될 때까지, 즉 3초를 계속 기다리지 않고, 아래에 있는 console.log("종료")가 바로 실행되었기 때문입니다. 이 '종료'라는 문장을 코드가 종료됐을 때 출력하고 싶다면 다음과 같이 콜백 함수를 사용해 코드를 작성합니다.

예제 10.5 콜백 함수로 실행할 코드 전달하기

```
const work = (callback) => {
    setTimeout(() => {
        console.log("자바스크립트");
        callback();
    }, 3000);
};

work(() => {
    console.log("종료");
});
```

Console

> **자바스크립트**
> **종료**

매개변수로 콜백 함수를 전달받는 work라는 함수를 선언하고, setTimeout 내장 함수를 작성했습니다. work 함수를 호출할 때 콜백 함수로 '종료'를 출력하는 코드를 전달하고, setTimeout 함수의 내부에 전달받은 콜백 함수를 작성하면 코드 실행 후 3초 후에 '자바스크립트'가 출력되고 바로 다음으로 '종료'가 출력됩니다. 자바스크립트의 내장 함수 setTimeout에 대해 알아봤으니, 이제 앞에서 작성했던 예제 10.2를 setTimeout 함수를 사용해서 비동기로 처리해 보겠습니다. workA는 5초, workB는 3초의 delayTime을 넣어 비동기적으로, workC는 동기적으로 처리하는 코드를 작성해 봅시다.

예제 10.6 workA, workB, workC 함수 실행하기

```
const workA = () => {
    setTimeout(() => {
        console.log("workA");
    }, 5000);
};
const workB = () => {
    setTimeout(() => {
        console.log("workB");
    }, 3000);
};
const workC = () => {
    console.log("workC");
};

workA();
workB();
workC();
```

Console

> workC
> workB
> workA

workA, workB, workC 함수를 순서대로 호출한 결과를 살펴보겠습니다. 코드를 실행하면 가장 먼저 workC가 출력되고, 이후 3초 후에 workB가 출력됩니다. 마지막으로 workB가 출력되고 나서 2초 후에 workA가 출력되는 것을 볼 수 있습니다. 이렇게 이전 작업이 종료되기를 기다리지 않고, 여러 작업이 병렬적으로 수행되는 방식을 비동기 방식이라고 하고 자바스크립트에서는 setTimeout 내장 함수를 사용해서 특정 작업들을 비동기적으로 처리할 수 있습니다.

10.2 프로미스 객체

자바스크립트에는 특정 작업을 비동기로 처리할 때 사용하는 객체인 **프로미스(Promise)**라는 객체가 있습니다. 프로미스 객체를 사용하면 자바스크립트에서 비동기 작업을 좀 더 편리하게 처리할 수 있습니다. 자바스크립트의 프로미스 객체에 대해 자세하게 살펴보겠습니다.

10.2.1 생성 및 사용법

먼저 프로미스 객체의 생성법을 알아보겠습니다. 프로미스 객체는 new 키워드와 생성자를 사용해 생성합니다. 프로미스 객체는 객체 생성 시 인수로 executor라는 실행 함수를 전달하고, 실행 함수에는 매개변수로 resolve와 reject라는 콜백 함수를 전달합니다.

예제 10.7 프로미스 객체 생성하기

```
const executor = (resolve, reject) => {
    //코드
};
const promise = new Promise(executor);
console.log(promise);
```

Console

```
Promise {<pending>}
```

executor(실행 함수)란 프로미스 생성자에 반드시 전달해야 하는 함수로, 프로미스 객체가 생성될 때 자동으로 실행되는 함수입니다. 프로미스 객체가 생성됨과 동시에 executor가 실행되고, executor에서 원하는 작업이 처리됩니다. 비동기는 이전 작업의 처리가 완료될 때까지 기다리지 않고 다음 작업을 병렬적으로 처리하는 방식이기 때문에 비동기 처리 작업은 항상 작업 처리의 성공 여부에 따라 함수를 다르게 호출해야 합니다. 프로미스 객체의 **executor**는 작업 처리의 성공 여부에 따라 성공했을 경우 **resolve**가, 실패했을 경우 **reject**가 호출됩니다.

10.2.2 resolve와 reject

앞에서 등장한 **resolve**와 **reject** 함수에 대해 자세하게 살펴보겠습니다. 생성자를 통해 생성된 프로미스 객체는 state와 result라는 프로퍼티를 갖습니다. **resolve**와 **reject** 함수는 어떻게 작동하는 함수인지 살펴보고, 작업 처리의 성공 여부에 따라 state와 result 프로퍼티 값이 어떻게 변경되는지 알아보겠습니다.

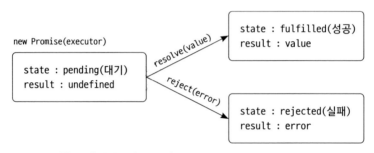

그림 10–6 resolve, reject 함수 호출에 따른 내부 프로퍼티 값

프로미스 객체가 생성되면 바로 **executor**가 실행되고, 이때 state와 result 프로퍼티는 값으로 각각 pending(대기)과 undefined를 갖습니다. 만약 특정 작업이 성공해서 **resolve** 함수가 호출되면, state는 fulfilled(성공)의 값을 갖고, result는 **resolve** 함수에 전달된 value의 값을 갖습니다. 반대로 특정 작업이 실패해서 **reject** 함수가 호출된다면, state는 rejected(실패), 그리고 result는 error로 변합니다. 실제 코드를 작성해 보면서 더 자세하게 살펴보겠습니다.

3초 후에 '성공'을 전달하는 비동기 함수를 **resolve**를 사용해 구현하고 오류가 발생했을 경우 '실패'를 전달하는 코드를 **reject**를 사용해 작성해 보겠습니다.

예제 10.8 resolve와 reject 호출하기

```
const executor = (resolve, reject) => {
    setTimeout(() => {
        resolve("성공");
```

```
        reject("실패");
    }, 3000);
};

const promise = new Promise(executor);
```

어떤 작업을 3초 후에 수행해야 하므로 `setTimeout` 함수에 `delayTime`으로 3000을 전달해 코드를 작성했습니다. `resolve` 함수는 작업이 성공했을 때 호출되므로 '성공'을 전달하고 `reject` 함수는 작업이 실패했을 때 호출되므로 '실패'를 전달합니다. `resolve`가 호출되면 프로미스 객체의 프로퍼티인 state의 값은 pending에서 fulfilled로, result는 undefined에서 `resolve` 함수에 전달된 값인 성공으로 변경됩니다. 마찬가지로 작업 처리에 실패해 `reject`가 호출되면 state의 값은 pending에서 rejected로, result는 undefined에서 실패로 변경됩니다.

이번에는 `resolve`와 `reject` 함수에 전달된 값을 출력하는 코드를 작성해 보겠습니다. 콜백 함수에 전달된 값을 프로미스 객체의 then 메서드를 사용해 출력해 보겠습니다.

예제 10.9 프로미스 객체의 then 메서드를 사용한 에러 핸들링

```
const executor = (resolve, reject) => {
    setTimeout(() => {
        resolve("성공");
        reject("실패");
    }, 3000);
};

const promise = new Promise(executor);
promise.then(
    (result) => {
        console.log(result);
    },
    (error) => {
        console.log(error);
    }
);
```

Console

성공

예제 10.9의 코드와 같이 프로미스 객체는 then 메서드를 사용해 resolve와 reject 함수에 전달된 값을 가져올 수 있습니다. then 메서드의 첫 번째 인수는 프로미스 객체가 fulfilled 상태일 때 실행되고, 두 번째 인수는 프로미스 객체가 rejected일 때 실행되는 함수입니다. 코드를 실행하면 프로미스 객체의 상태가 fulfilled로 변경되기 때문에 3초 후에 '성공'이 출력됩니다.

작업이 성공한 경우와 실패해 에러가 발생한 경우를 나눠서 처리하고 싶다면, then/catch 메서드를 사용해 좀 더 직관적으로 처리할 수 있습니다. then과 catch를 사용해 코드를 수정해보겠습니다.

예제 10.10 프로미스 객체의 then/catch 메서드를 사용한 에러 핸들링

```javascript
const executor = (resolve, reject) => {
    setTimeout(() => {
        resolve("성공");
        reject("실패");
    }, 3000);
};

const promise = new Promise(executor);
promise
    .then((result) => {
        console.log(result);
    })
    .catch((error) => {
        console.log(error);
    });
```

Console

성공

작업이 성공했을 때 호출되는 resolve 함수에 전달된 값은 프로미스 객체의 then 메서드를 사용해 가져올 수 있고, 작업이 실패했을 때 호출되는 reject 함수에 전달된 값은 catch 메서드를 사용해 에러를 핸들링할 수 있습니다. 코드를 실행하면, 코드가 오류 없이 실행되었으므로 resolve 함수가 호출되어 then 메서드를 통해 '성공'이 출력됩니다. 프로미스 객체의 생성부터 리턴까지의 흐름을 그림으로 나타내면 다음과 같습니다.

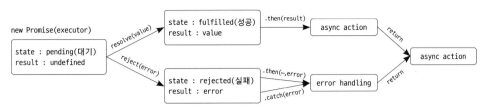

그림 10-7 프로미스 처리 흐름도

10.2.3 콜백 지옥

프로미스를 사용하는 가장 대표적인 이유는 자바스크립트의 비동기 처리 방식의 문제점 중 하나인 **콜백 지옥**을 해결할 수 있기 때문입니다. 콜백 지옥이란 무엇인지 살펴보고, 프로미스 객체가 이를 어떻게 해결할 수 있는지 알아보겠습니다.

비동기로 처리되는 3개의 함수를 각각 workA, workB, workC라는 이름으로 생성하고 workA는 5초, workB는 3초, 그리고 workC는 10초의 delayTime을 전달하는 코드를 작성해 보겠습니다. 이 workA, workB, workC 함수가 순서대로 실행될 수 있도록 각각의 함수에는 이전 함수의 결괏값인 value와 함수의 결괏값을 출력하는 콜백 함수를 전달하겠습니다.

예제 10.11 workA, workB, workC 함수 비동기로 호출하기

```
const workA = (value, callback) => {
    setTimeout(() => {
        callback(value + 5);
    }, 5000);
};
const workB = (value, callback) => {
    setTimeout(() => {
        callback(value - 3);
    }, 3000);
};
const workC = (value, callback) => {
    setTimeout(() => {
        callback(value + 10);
    }, 10000);
};
```

```
workA(10, (resA) => {
    console.log(`workA : ${resA}`);
    workB(resA, (resB) => {
        console.log(`workB : ${resB}`);
        workC(resB, (resC) => {
            console.log(`workC : ${resC}`);
        });
    });
});
```

Console

```
workA : 15
workB : 12
workC : 22
```

workA의 value로 숫자 10을 전달하고 callback 함수를 사용해서 value에 5를 더한 값을 5초 후에 출력했습니다. 그리고 workA의 결괏값인 15를 다시 workB의 value로 전달하고 이번에는 callback함수를 사용해 value에서 3을 뺀 값을 3초 후에 출력했습니다. 이 과정을 반복해서 최종적으로는 workC : 22라는 값이 출력됩니다.

자바스크립트에서 비동기 함수의 결괏값을 또 다른 비동기 함수에서 사용하기 위해서는 위의 코드와 같이 콜백 함수 안에 콜백 함수를 전달하는 방식으로 전달해야 합니다. 비동기 함수를 이러한 방식으로 처리하면 함수의 실행 순서를 알기 쉽고 유연한 프로그래밍을 할 수 있다는 장점이 있습니다. 하지만 코드가 매우 복잡해지기 때문에 코드의 가독성이 떨어지고 많은 오류를 발생시킨다는 단점이 있습니다. 예제 10.11에서 사용한 코드와 같이 〉 모양으로 복잡하게 작성된 코드를 콜백 지옥이라고 부릅니다.

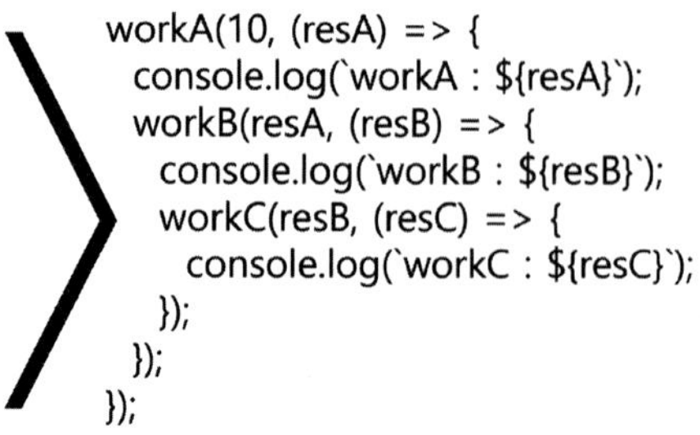

```
workA(10, (resA) => {
  console.log(`workA : ${resA}`);
  workB(resA, (resB) => {
    console.log(`workB : ${resB}`);
    workC(resB, (resC) => {
      console.log(`workC : ${resC}`);
    });
  });
});
```

그림 10-8 콜백 지옥의 형태

프로미스 객체는 이 콜백 지옥을 해결할 수 있는 자바스크립트 객체입니다. 앞서 배운 프로미스 객체를 사용해서 예제 10.11의 코드를 변경해 보겠습니다. workA, workB, workC 함수는 매개변수로 value를 전달받고, 함수 내부에서는 프로미스 객체를 생성하고 resolve 함수를 사용해 알맞은 값을 전달해 보겠습니다.

예제 10.12 프로미스 객체를 사용해 workA, workB, workC 함수 비동기로 처리하기

```
const workA = (value) => {
    const promise = new Promise((resolve) => {
        setTimeout(() => {
            resolve(value + 5);
        }, 5000);
    });
    return promise;
};

const workB = (value) => {
    const promise = new Promise((resolve) => {
        setTimeout(() => {
            resolve(value - 3);
        }, 3000);
    });
    return promise;
};

const workC = (value) => {
    const promise = new Promise((resolve) => {
        setTimeout(() => {
            resolve(value + 10);
        }, 10000);
    });
    return promise;
};

workA(10).then((resA) => {
    console.log(`workA : ${resA}`);
    workB(resA)
```

```
        .then((resB) => {
            console.log(`workB : ${resB}`);
            workC(resB).then((resC) => {
                console.log(`workC : ${resC}`);
            });
        })
    });
```

Console

```
workA : 15
workB : 12
workC : 22
```

함수의 내부에서는 각 함수 내부에서 생성한 promise 객체를 반환했습니다. 함수 선언문 아래에는 제일 먼저 workA 함수를 호출하고 then 메서드를 사용해서 resolve 함수가 전달한 값을 받아 출력하는 코드를 작성했습니다. 그다음 다시 workB 함수에 workA 함수의 결괏값을 인수로 전달하고 다시 workB 함수의 결괏값을 출력하는 코드를 작성하고 workC 함수도 동일하게 작성했습니다. 이렇게 작성한 코드를 보면 코드가 이전보다 많이 깔끔해지기는 했지만, 여전히 콜백 지옥 코드의 모양과 비슷하기 때문에 많은 차이가 느껴지지 않습니다. 그럼 then 메서드를 다른 방식으로 사용해 코드를 좀 더 깔끔하게 변경해 보겠습니다.

10.2.4 프로미스 체이닝

이번에는 다음과 같이 then 메서드의 콜백 함수 안에서 다음으로 수행할 함수를 반환해 보겠습니다.

then 메서드의 콜백 함수 안에서 함수 반환하기

```
workA(10).then((resA) => {
    return workB(resA);
});
```

이처럼 workA 함수에서 workB 함수가 반환되면 workB 함수의 반환값인 프로미스 객체가 반환되는 것이기 때문에 다시 한번 then 메서드를 사용할 수 있습니다. 예제 10.12의 코드를 프로미스 객체를 반환해 then 메서드를 연속으로 사용하는 코드로 변경해 보겠습니다.

예제 10.13 프로미스 체이닝 방식으로 workA, workB, workC 함수 비동기로 처리하기

```javascript
const workA = (value) => {
    const promise = new Promise((resolve) => {
        setTimeout(() => {
            resolve(value + 5);
        }, 5000);
    });
    return promise;
};

const workB = (value) => {
    const promise = new Promise((resolve) => {
        setTimeout(() => {
            resolve(value - 3);
        }, 3000);
    });
    return promise;
};

const workC = (value) => {
    const promise = new Promise((resolve) => {
        setTimeout(() => {
            resolve(value + 10);
        }, 10000);
    });
    return promise;
};

workA(10)
    .then((resA) => {
        console.log(`1. ${resA}`);
        return workB(resA);
    })
    .then((resB) => {
        console.log(`2. ${resB}`);
        return workC(resB);
    })
```

```
    .then((resC) => {
        console.log(`3. ${resC}`);
    })
    .catch((error) => {
        console.log(error);
    });
```

Console

```
1. 15
2. 12
3. 22
```

이렇게 계속해서 프로미스 객체를 반환해 then 메서드를 연속으로 사용하는 방식을 **프로미스 체이닝(Promise Chaining)**이라고 부릅니다. 프로미스 체이닝을 사용해 코드를 작성하면 코드를 아래쪽으로 계속 작성할 수 있기 때문에 훨씬 더 직관적으로 코드를 해석할 수 있고 코드를 깔끔하게 정리할 수 있습니다.

10.3 async와 await

async와 await는 프로미스 객체를 더욱 쉽게 작성할 수 있게 도와주고, 코드를 직관적으로 해석할 수 있게 도와주는 문법입니다. 먼저 3초 후에 'javascript'를 출력하는 비동기 코드를 프로미스 객체를 사용해 작성해 봅시다. 프로미스 객체를 반환하는 delay 함수와 delay 함수를 호출하는 start 함수로 나누어 코드를 작성해 보겠습니다.

예제 10.14 delay 함수 비동기로 호출하기

```
const delay = (ms) => {
    return new Promise((resolve) => {
        setTimeout(() => {
            resolve();
        }, ms);
    });
};


const start = () => {
```

```
    delay(3000).then(() => {
        console.log("3초가 지났습니다.");
    });
};

start();
```

Console

3초가 지났습니다.

위 코드를 실행하면 start 함수가 호출되어 3초 후에 '3초가 지났습니다'라는 문장이 출력됩니다.

10.3.1 async

자바스크립트에서 async 키워드는 비동기 작업을 처리할 때 사용되는 키워드입니다. async 키워드는 비동기 작업을 포함하고 있고 프로미스 객체를 반환하는 함수에 작성하는 키워드이기 때문에, async를 작성하면 코드를 훨씬 직관적으로 해석할 수 있습니다. 그럼 앞에서 작성한 코드를 async를 사용한 코드로 수정해 보겠습니다.

예제 10.15 async를 사용해 코드 수정하기

```
const delay = (ms) => {
    return new Promise((resolve) => {
        setTimeout(() => {
            resolve(`${ms/1000}초가 지났습니다.`);
        }, ms);
    });
};

const start = async () => {
    delay(3000).then((res) => {
        console.log(res);
    });
};

start();
```

Console

3초가 지났습니다.

async는 코드 10.5의 코드와 같이 함수 이름의 오른쪽에 작성합니다. async 키워드가 붙은 함수 start는 무엇을 반환하는 함수인지 알아보기 위해 start 함수 위에 마우스를 한 번 올려보겠습니다.

```
index.js    ×

src >  index.js > ...
   1   const delay = (ms) => {
   2       return new Promise((resolve) => {
   3           setTimeout(() => {
   4               resolve(`${ms / 1000}초가 지났습니다.`);
   5           });
   6       });
   7   };
   8            const start: () => Promise<void>
   9   const start = async () => {
  10       delay(3000).then((res) => {
  11           console.log(res);
  12       });
  13   };
  14
  15   start();
  16
```

그림 10-9 async가 작성된 함수의 반환 형태 알아보기

async가 작성된 함수 start에 마우스를 올려보면, 그림과 같이 start 함수는 프로미스 객체를 반환하는 함수라고 표시됩니다. 이처럼 어떠한 함수에 async를 작성하면 해당 함수는 항상 자동으로 프로미스 객체를 반환합니다.

10.3.2 await

await은 async 키워드가 작성된 함수의 내부에서 사용되는 키워드입니다. await 키워드가 포함된 코드가 실행되면, 해당 작업이 종료될 때까지 프로그램의 실행이 중단됩니다. 그럼 이제 await를 사용해 기존의 코드를 더 간단하게 만들어보겠습니다.

예제 10.16 await를 사용해 코드 수정하기

```
const delay = (ms) => {
    return new Promise((resolve) => {
        setTimeout(() => {
            resolve("javascript");
        }, ms);
    });
};

const start = async () => {
    let result = await delay(3000);
    console.log(result);
};

start();
```

Console

```
javascript
```

result 변수에 delay 함수의 반환값을 저장하고, delay 함수의 앞에는 await을 작성했습니다. await는 '기다리다'라는 뜻으로, 프로미스가 처리될 때까지 함수의 실행을 중단하는 역할을 합니다. 그렇기 때문에 start 함수를 호출하면, delay 함수의 프로미스 객체의 처리가 완료될 때까지 중단되었다가 프로미스 객체의 처리가 완료되었다면 코드가 순서대로 다시 실행됩니다. 이후 result 변수에 delay 함수의 반환값인, 실행 완료된 프로미스 객체가 할당되어 3초 후에 'javascript'가 출력됩니다.

이렇게 await는 프로미스 객체가 처리될 때까지 함수의 실행을 기다리게 만드는 역할을 하고, 프로미스 객체의 처리가 완료될 때까지는 자바스크립트 엔진이 다른 작업을 처리할 수 있기 때문에 효율적으로 프로그래밍할 수 있게 도와줍니다. 또한 await를 사용해 코드를 작성하면 프로미스 객체의 then 메서드를 사용해 코드를 작성하는 것보다 코드를 훨씬 더 가독성이 좋고 편리하게 작성할 수 있으며, 기존에 실행 순서가 예측이 불가능했던 비동기 처리 방식과는 달리 비동기 함수의 실행 순서를 예측할 수 있게 만들어 준다는 장점이 있습니다.

다만, async 함수가 아닌 다른 함수의 내부에서 await을 사용하면 다음 코드와 같이 문법 에러가 발생합니다.

예제 10.17 async 함수가 아닌 함수의 내부에 await 사용하기

```javascript
const delay = (ms) => {
    return new Promise((resolve) => {
        setTimeout(() => {
            resolve("javascript");
        }, ms);
    });
};

const start = () => {
    let result = await delay(3000);
    console.log(result);
};

start();
```

Console

```
TypeError: Cannot assign to read only property 'message' of object 'SyntaxError: /src/
index.js: Unexpected reserved word 'await'. (10:15)
```

그렇기 때문에 await은 위의 코드와 같이 프로미스 객체를 반환하는, async가 작성된 함수의 내부에서만 사용 가능하다는 것을 명심해야 합니다.

10.3.3 에러 핸들링

마지막으로 async와 await를 사용할 때 에러를 처리하는 방법을 알아보겠습니다. 앞서 프로미스 객체는 then과 catch 문법을 사용해서 에러 처리를 했지만, async와 await를 이용한 비동기 처리에서는 try와 catch 문법을 사용해 보다 간단하게 에러 처리를 할 수 있습니다. async 함수인 start 함수의 내부에 try와 catch를 사용해서 코드를 작성해 보겠습니다.

예제 10.18 try와 catch를 사용한 에러 핸들링

```javascript
const delay = (ms) => {
    return new Promise((resolve) => {
        setTimeout(() => {
            resolve("javascript");
```

```
        }, ms);
    });
};

const start = async () => {
    try {
        let result = await delay(3000);
            console.log(result);
    } catch (error) {
        console.log(error);
    }
};

start();
```

Console
```javascript
javascript
```

코드의 실행 순서를 살펴보겠습니다. 먼저 try 블록 안에 작성된 코드가 실행되고, 해당 코드에서 에러가 발생한다면 아래에 작성된 catch 블록 내부의 코드가 실행됩니다. 발견된 에러는 catch에 전달된 error 객체에 저장되기 때문에 에러 발생 시 이 error 객체를 사용하면 어떠한 에러가 발생했는지 출력할 수 있습니다.

10.4 API

지금까지 배운 비동기 처리는 대표적으로 웹사이트에서 데이터를 주고받는 통신을 할 때 사용됩니다. API가 무엇인지 이해하기 위해서는 먼저 우리가 사용하는 웹사이트가 어떻게 데이터를 요청하고 전달받는지에 대한 이해가 필요합니다.

10.4.1 클라이언트와 서버 통신

우선 웹사이트가 어떻게 데이터를 요청하고 전달받는지 살펴보겠습니다. 웹사이트는 웹 브라우저에서 네트워크를 통해 데이터나 서비스를 제공하는 컴퓨터인 **서버**와 통신합니다. 이때 웹 브라우저는 네트워크로 연결된 서버로부터 정보를 제공받는 컴퓨터인 **클라이언트**라고 할 수 있습니다. 이 **클라이언트와 서버의 데이터 통신**은 우리가 웹이나 앱을 이용할 때 원하는 데이터를 요청하고 전달받기까지의 과정을 뜻합니다.

클라이언트와 서버의 통신 과정을 좀 더 자세하게 살펴보겠습니다. 클라이언트와 서버 통신은 우리가 흔히 겪을 수 있는, 커피숍에서 커피를 주문하는 과정을 떠올려보면 쉽게 이해할 수 있습니다. 커피숍에서 커피를 주문해 먹는 과정을 상상해 봅시다. 커피숍에서 커피를 주문하는 과정을 단계별로 나눠 보면 다음과 같이 나타낼 수 있습니다.

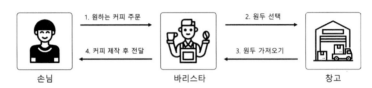

그림 10-10 커피숍에서 커피를 주문하고 받는 과정

가장 먼저 손님이 바리스타에게 원하는 커피를 주문합니다. 주문을 받은 바리스타는 커피를 만들기 위해 필요한 원두를 파악하고, 창고에서 원두를 선택합니다. 그다음 바리스타는 창고에서 선택한 원두를 가져와 커피를 제작하고 완성된 커피를 손님에게 전달합니다. 이러한 과정은 사용자가 웹이나 앱에서 데이터를 요청하고 전달받는 방식과 유사합니다. 웹에서 데이터를 요청하고 전달받는 방식을 단계별로 나눠보겠습니다.

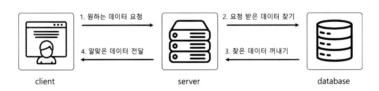

그림 10-11 클라이언트가 데이터를 요청하고 전달받는 과정

웹을 이용할 때 웹 브라우저는 서버에게 필요한 데이터를 요청합니다. 그럼 서버는 데이터베이스에서 요청받은 데이터를 찾습니다. 데이터를 찾았다면 서버는 많은 데이터가 저장된 데이터베이스에서 찾은 데이터를 꺼내오고, 꺼낸 데이터를 웹 브라우저에 전달합니다. 이렇게 웹에서 데이터를 주고받는 과정에서 웹 브라우저는 손님, 서버는 바리스타, 데이터베이스는 창고, 그리고 데이터는 커피 혹은 원두에 비유할 수 있습니다.

표 10-1 커피숍에서의 커피 주문과 웹이나 앱에서의 데이터 요청 비교

커피숍에서 커피 주문하기	웹에서 원하는 데이터 요청하기
손님	웹 브라우저(클라이언트)
바리스타	서버
창고	데이터베이스
커피/원두	데이터

커피숍에서 원하는 커피를 주문하는 과정과 마찬가지로, 클라이언트는 원하는 데이터가 있을 경우, 직접 다른 서버의 데이터베이스에 접근하지 않고 원하는 데이터를 서버에게 요청합니다. 그다음 바리스타가 손님이 주문한 커피에 사용되는 원두를 창고에서 찾고 꺼내오듯이, 서버 또한 클라이언트가 요청한 데이터를 데이터베이스에서 찾고 꺼내옵니다. 마지막으로 바리스타가 완성된 커피를 손님에게 전달해 주는 것과 같이 서버도 클라이언트가 요청한 데이터를 전달합니다. 정리해 보면, 클라이언트와 서버의 통신은 클라이언트가 서버에게 데이터를 요청하면 서버가 데이터베이스에서 요청받은 데이터를 찾고 꺼내 다시 클라이언트에게 알맞은 데이터를 전달하는 과정이라고 할 수 있습니다.

10.4.2 API와 JSON

API는 이러한 클라이언트와 서버의 통신 과정 속에서 찾아볼 수 있습니다. API는 아래의 그림에 표시된 부분과 같이 웹 브라우저와 같은 클라이언트와 서버 사이의 연결이라고 할 수 있고, 이렇게 서버에 원하는 데이터를 요청하고 전달받는 방법을 제공합니다. 웹 브라우저는 API를 사용해서 웹사이트에 필요한 데이터를 요청하고 전달받습니다. 이제 이 API를 직접 호출해보고 특정 서버에 원하는 데이터를 요청하고 전달받아 보겠습니다.

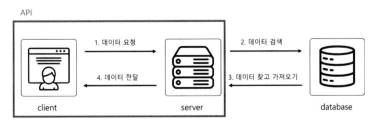

그림 10-12 클라이언트와 서버의 통신 과정 속에서 보는 API

API 호출을 하기 위해서는 가장 먼저 API 호출에 응답할 수 있는 서버가 필요합니다. 서버를 직접 제작하고 API를 호출할 수도 있지만, 여기서는 편의를 위해 여러 가지 API 예제를 무료로 제공하는 JSONplaceholder라는 서비스를 사용하겠습니다. 구글에 JSONplaceholder를 검색해 `https://jsonplaceholder.typicode.com/`로 접속합니다.

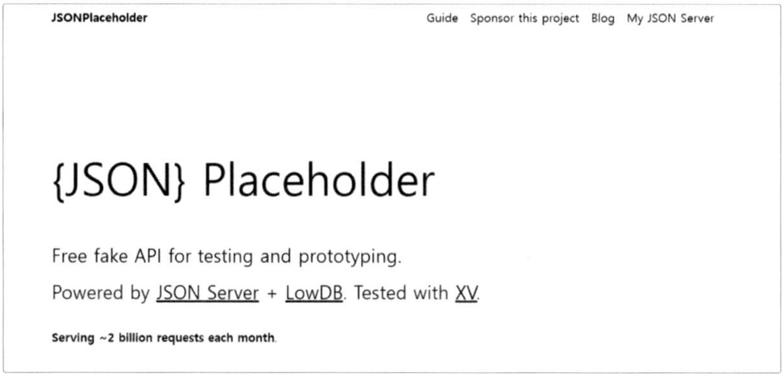

그림 10-13 JSONplaceholder 사이트 접속 화면

JSONplaceholder는 여러 가지 API를 제공합니다. 사이트에서 아래로 스크롤을 내려보면 다음과 같이 Resources라는 항목을 발견할 수 있습니다.

그림 10-14 JSONplaceholder 사이트의 Resources

Resources에서 /posts라고 작성된 부분을 클릭해 보겠습니다. 그러면 사이트의 주소가 https://jsonplaceholder.typicode.com/posts로 이동하고, 다음과 같은 데이터가 표시됩니다.

그림 10-15 JSONplaceholder의 posts 데이터

화면에 표시된 데이터는 `https://jsonplaceholder.typicode.com/posts`라는 API의 호출 결과라고 할 수 있습니다. 이렇게 API는 API 주소(API URL)를 통해 호출할 수 있고, API 주소를 사용해 API를 호출하면 서버는 화면에 표시된 데이터를 전달합니다. 화면에 표시된 데이터를 자세히 살펴보겠습니다. 데이터는 다음과 같이 한 개의 배열로 이루어지고, 배열 안에는 각각의 데이터가 객체 형태로 저장되어 있습니다.

예제 10.19 JSONplaceholder의 데이터 구조

```
[
    {
        "userId": 1,
        "id": 1,
        "title": "sunt aut facere repellat provident occaecati excepturi optio reprehenderit",
        "body": "quia et suscipit\nsuscipit recusandae consequuntur expedita et cum\nreprehenderit molestiae ut ut quas totam\nnostrum rerum est autem sunt rem eveniet architecto"
    },
    {
        "userId": 1,
        "id": 2,
        "title": "qui est esse",
```

```
      "body": "est rerum tempore vitae\nsequi sint nihil reprehenderit dolor beatae ea
dolores neque\nfugiat blanditiis voluptate porro vel nihil molestiae ut reiciendis\nqui
aperiam non debitis possimus qui neque nisi nulla"
    },
    …
]
```

이러한 자바스크립트의 데이터 구조를 JSON이라고 부릅니다. JSON(Javascript Object Notation)은 자바스크립트 객체 표기법이라는 뜻으로, 자바스크립트에서 데이터를 문자열 형태로 나타내기 위해 사용됩니다. JSON은 보통 웹 애플리케이션에서 데이터를 전송할 때 사용되며 화면의 데이터처럼 key와 value 쌍으로 이루어집니다.

10.4.3 API 호출과 비동기

그럼 이제 API 주소를 사용해서 직접 API를 호출해 보겠습니다. JSONplaceholder에서 제공하는 API 중 하나인 https://jsonplaceholder.typicode.com/posts를 사용해 API를 호출해 보겠습니다. 자바스크립트에서는 fetch라는 내장 함수를 사용해 API를 호출할 수 있습니다. fetch 내장 함수 안에는 API 주소를 작성합니다.

예제 10.20 fetch 내장 함수를 사용해 API 호출하기

```
const response = fetch("https://jsonplaceholder.typicode.com/posts");
console.log(response);
```

Console

```
Promise {<pending>}
```

response라는 변수에 API를 호출한 결과를 담아 출력하면, state 프로퍼티가 pending인 프로미스 객체가 출력되는 것을 볼 수 있습니다. 앞서 배웠던 것처럼, 프로미스 객체를 반환하는 함수는 비동기 처리 함수이고, 이러한 함수는 then 메서드를 사용해 결괏값을 출력할 수 있습니다. 위에 작성한 코드에서 비동기 처리 함수의 결괏값을 then 메서드를 사용해 출력해 보고 catch 메서드를 사용해 에러도 함께 출력해 보겠습니다.

예제 10.21 then과 catch를 사용한 에러 핸들링

```
const response = fetch("https://jsonplaceholder.typicode.com/posts")
    .then((res) => console.log(res))
    .catch((error) => console.log(error));

console.log(response);
```

Console

```
Promise {<pending>}
Response {type: "cors", url: "https://jsonplaceholder.typicode.com/posts", redirected:
false, status: 200, ok: true…}
```

코드를 실행하면 fetch 함수는 비동기 함수이기 때문에 가장 아래에 작성된 response를 출력하는 코드가 먼저 출력되었고, 이후 프로미스에서 resolve 함수를 통해 전달된 결괏값을 then 메서드에서 매개변수로 받아 API 호출의 결괏값이 출력되는 것을 볼 수 있습니다.

API 호출의 결괏값을 자세하게 살펴보겠습니다. API 호출 결과 JSONplaceholder 사이트에서 봤던 JSON 형식의 데이터가 출력돼야 하지만, Response라는 객체가 출력되었습니다. 이 Response 객체는 API 성공 객체로, 이렇게 fetch를 사용해 API를 호출하면 API 성공 객체 그 자체를 반환합니다. JSON 형식의 데이터를 얻으려면 어떻게 해야 하는지 알아보기 전에 좀 더 직관적인 코드 해석을 위해 async와 await를 사용해 코드를 수정해 보겠습니다.

예제 10.22 async와 await를 사용해 API 호출하기

```
const getData = async () => {
    const response = await fetch("https://jsonplaceholder.typicode.com/posts");
    console.log(response);
};

getData();
```

Console

```
Response {type: "cors", url: "https://jsonplaceholder.typicode.com/posts", redirected:
false, status: 200, ok: true…}
```

getData라는 함수를 생성하고, 함수의 앞에 async를 작성했습니다. 그리고 getData 함수의 내부에서는 fetch 내장 함수가 반환하는 프로미스가 처리될 때까지 함수의 실행을 중단해야 하기 때문에 fetch 내장 함수의 앞쪽에 await를 작성해 줍니다. 이렇게 async와 await를 사용하면 이전에 작성한 코드보다 훨씬 더 가독성 좋은 코드로 수정할 수 있습니다.

자바스크립트에서 API 호출을 하면 보통 JSONplaceholder 사이트에서 봤던 JSON 데이터를 전달받습니다. 하지만 이 JSON 형식의 데이터는 자바스크립트에서 객체 형태의 데이터를 가독성 좋게 나타내기 위한 하나의 표기법이므로, 자바스크립트에서 JSON 데이터를 활용하기 위해서는 JSON 문자열을 파싱해서 객체 형태로 변환해야 합니다. 자바스크립트에서 JSON 형식의 데이터를 자바스크립트가 활용할 수 있는 객체의 형태로 변환하기 위해서는 json 메서드를 사용합니다. json 메서드를 사용해 코드를 작성해보겠습니다.

예제 10.23 API 호출 결괏값 json으로 파싱하기

```javascript
const getData = async () => {
    const response = await fetch("https://jsonplaceholder.typicode.com/posts");
    const data = await response.json();
    console.log(data);
};


getData();
```

Console

```
(100) [Object, Object, Object, Object, Object, Object, Object, Object, Object, Object, …]
```

fetch 함수의 반환값인 JSON 형식의 데이터가 담긴 변수 response에 json 메서드를 사용해서 이를 자바스크립트가 활용할 수 있는 객체의 형태로 변환했습니다. 이때, fetch 함수는 비동기적으로 처리되기 때문에 API의 호출이 완전히 끝난 이후에 response 변수를 객체로 변환하기 위해 await를 작성했습니다.

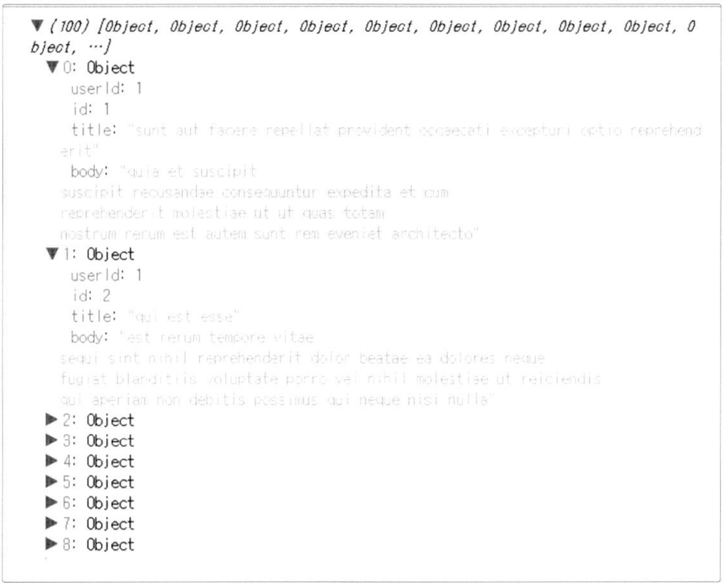

그림 10-16 예제 10.23의 코드 실행 결괏값

코드 실행 결과를 살펴보면, JSONplaceholder 페이지에서 봤던 100개의 데이터가 객체의 형태로 출력되는 것을 볼 수 있습니다.

10.4.4 API 에러 핸들링

API 호출은 필요한 데이터를 전달받기 위해 데이터를 요청하는 작업입니다. 데이터를 요청할 때는 다른 서버 프로그램에 데이터를 요청하는 경우가 많기 때문에 네트워크 오류 혹은 인터넷 속도 등의 다양한 이유로 실패할 수 있다는 점에 주의해야 합니다. API 호출처럼 성공할 수도, 혹은 실패할 수도 있고 작업이 언제 종료될지 모르는 작업은 모두 비동기로 처리해야 하고, 작업이 완료된 이후에 결괏값을 받아볼 수 있게 해야 합니다. 또한 항상 오류가 발생할 상황을 대비해서 에러 처리를 잘 해줘야 합니다.

이번에는 예제 10.23 코드에 try/catch 문을 사용해 에러 처리를 하겠습니다.

예제 10.24 try와 catch를 사용한 에러 핸들링

```
const getData = async () => {
    try {
```

```
        const response = await fetch("https://jsonplaceholder.typicode.com/posts");
        const data = await response.json();
        console.log(data);
    } catch (error) {
        console.log(`error : ${error}`);
    }
};


getData();
```

Console

```
(100) [Object, Object, Object, Object, Object, Object, Object, Object, Object, Object, …]
```

이렇게 try 문 안에는 fetch 메서드를 사용해 API를 호출해 주고 결괏값을 JSON으로 파싱해 출력하는 코드를 작성하고, catch 문 안에는 에러를 출력하는 코드를 작성하면 try 문 내부의 코드가 먼저 실행되고, 만약 코드에서 에러가 발생하면 catch 문 내부의 코드가 실행되어 오류 메시지가 출력됩니다. 위 코드를 실행하면 API가 오류 없이 호출되기 때문에 알맞은 데이터가 출력됩니다. 그럼 이번에는 API 주소를 수정하고 에러 메시지가 출력되도록 코드를 변경해 보 겠습니다.

예제 10.25 API 호출 오류 발생 시 에러 출력하기

```
const getData = async () => {
    try {
        const response = await fetch("https://jsonplaceholder123.typicode.com/posts");
        const data = await response.json();
        console.log(data);
    } catch (error) {
        console.log(`error : ${error}`);
    }
};


getData();
```

Console

```
error : TypeError: Failed to fetch
```

fetch 메서드 내부의 API 주소를 https://jsonplaceholder123.typicode.com/posts로 변경해 API를 호출해 봤습니다. 코드를 실행하면 출력 결과 TypeError : Failed to fetch라는 에러 메시지가 출력되는 것을 확인할 수 있습니다.

이렇게 API 호출을 async와 await를 이용해 비동기로 처리하면 가독성이 좋은 코드를 작성할 수 있기 때문에 코드의 실행 순서와 코드의 역할을 직관적으로 알 수 있고, 에러 처리 또한 편리하게 할 수 있습니다.

11

DOM과
DOM API

자바스크립트는 웹 페이지를 동적으로 만들어 주기 위해 개발된 프로그래밍 언어입니다. 이번 장에서는 자바스크립트가 어떻게 웹 페이지를 이루는 요소에 접근하고, 웹 페이지를 동적으로 만들 수 있는지에 대해 배워보겠습니다.

11.1 DOM이란

자바스크립트는 DOM을 통해 웹 페이지의 요소에 접근할 수 있습니다. DOM이란 Document Object Model의 약자로, 직역하면 문서 객체 모델입니다. 문서 객체 모델이란 HTML로 작성된 여러 가지 요소에 자바스크립트가 접근하고 조작할 수 있도록 브라우저가 변환시킨 객체를 말합니다. 다시 말해, HTML로 작성된 요소를 자바스크립트가 이해할 수 있게 객체로 변환한 것입니다. DOM에 대해 자세하게 살펴보기 전에 먼저 웹이란 무엇이고 어떻게 구성되어 있는지 알아보고 웹을 이루는 구성요소에 대해 간단하게 알아보겠습니다.

11.1.1 웹의 구성요소

웹이란 모두가 알고 있는 것처럼 인터넷에 연결된 사용자들이 서로의 정보를 공유할 수 있는 공간을 의미합니다[1]. 이러한 웹에서 HTML로 작성된 페이지를 웹 페이지라고 부르고, 웹 페

---

1 출처: 위키백과

이지가 여러 개 모여 있는 웹 페이지의 집합을 웹사이트라고 부릅니다. 웹사이트는 https://www.naver.com과 같은 주소, 즉 URL에 접속해서 볼 수 있는 웹 페이지를 통틀어 부르는 말로, 흔히 말하는 홈페이지라고 할 수 있습니다. 이러한 웹사이트는 보통 HTML과 CSS, 그리고 자바스크립트로 이루어져 있습니다.

HTML은 Hyper Text Markup Language의 약자로, 브라우저에 웹 페이지의 요소들이 어떻게 구성되어 있는지를 알려주는 역할을 하는 언어입니다. CSS는 Cascading Style Sheets의 약자로, 웹 페이지의 요소를 꾸며주는 역할을 하는 시트(Sheet)입니다.

대표적인 웹사이트인 네이버를 예시로 HTML, CSS, 자바스크립트가 어떻게 사용되었는지 살펴보겠습니다. 네이버에서 초록색, 이미지, 아이콘, 폰트 등은 CSS를 통해 설정 가능하고, 검색 창, 글자, 로그인 버튼 등의 요소는 HTML을 통해 생성 가능합니다. 그리고 로그인 버튼 클릭, 검색 기능, 다른 페이지로 이동하는 기능 등의 사용자와 상호작용하는 동적인 기능은 자바스크립트로 개발 가능합니다.

그림 11-1 네이버 메인 페이지

정리하면, 웹 페이지는 대부분 HTML, CSS, 자바스크립트로 이루어져 있고, HTML은 웹 요소들을 구성하고, CSS는 웹 요소들을 꾸며주고, 자바스크립트는 웹 요소들을 생성 및 삭제, 변형한다고 할 수 있습니다. 그럼 이제 본격적으로 DOM에 대해 더 자세하게 알아보고 자바스크립트가 DOM을 통해 어떻게 웹 요소에 접근할 수 있는지 살펴보겠습니다.

11.1.2 DOM과 DOM 트리

DOM은 웹 브라우저가 HTML로 작성된 요소들을 자바스크립트가 이용할 수 있는 객체로 변경한 형태입니다. 웹 브라우저는 HTML 문서를 불러온 다음, 아래 그림과 같이 요소 간의 상하관계를 한눈에 볼 수 있는 **트리 구조**로 나타내는데, 이를 DOM 트리라고 부릅니다.

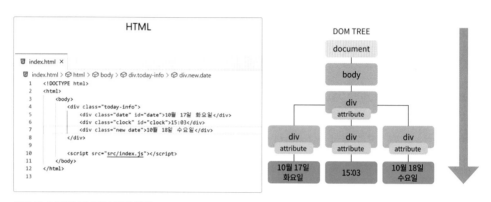

그림 11-2 HTML과 DOM 트리 형태

그림의 DOM 트리에서 네모 박스는 HTML로 작성된 태그로, 이 태그 요소 하나 하나를 노드(Node)라고 부르며, 이 노드는 전부 하나의 **객체**로 이루어져 있습니다. 웹 브라우저는 이러한 DOM 트리를 통해 웹 요소를 웹 페이지에 나타낼 수 있고, 자바스크립트는 웹 페이지를 조작할 때 이 객체들을 사용합니다. 위의 그림에서 볼 수 있듯이 DOM 트리는 크게 회색으로 표시된 문서 노드(document node), 연한 주황색으로 표시된 요소 노드(element node), 가장 연한 주황색으로 표시된 어트리뷰트 노드(attribute node), 마지막으로 진한 주황색으로 표시된 텍스트 노드(text node)로 나타낼 수 있습니다.

DOM은 자바스크립트가 자신에게 접근해서 조작할 수 있는 방법을 제공합니다. DOM이 제공하는 방법을 활용해 웹 요소를 조작하기 위해서는 DOM 트리 구조를 잘 이해해야 합니다. 그럼 이번에는 자바스크립트를 사용해 DOM에 접근하는 방법에 대해 살펴봅시다.

11.2 DOM API

DOM은 자바스크립트가 DOM에 접근할 수 있게 DOM API를 제공합니다. DOM API를 이
용해 요소들을 조작하기 위해서는 가장 먼저 조작하고자 하는 요소를 찾아 해당 요소를 선택한
다음, 선택된 요소를 조작해야 합니다.

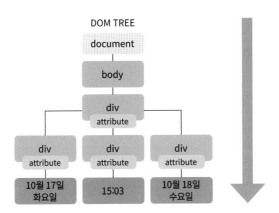

그림 11-3 DOM 트리의 구조와 요소에 접근하는 순서

조작해야 하는 요소를 찾았다면 먼저 DOM 트리의 가장 위쪽에 위치한 노드인 문서 노드에 접
근합니다. 그다음, 요소 노드, 어트리뷰트 노드, 텍스트 노드를 순서대로 거쳐 조작할 요소가
위치하고 있는 노드까지 접근합니다. 이제 특정 요소를 찾고 선택하는 여러 가지 DOM API에
대해 알아보고 직접 코드를 작성해 보겠습니다.

11.2.1 요소 노드 접근

먼저 index.html 파일에 아래에 작성된 예제와 동일한 코드를 작성합니다.

예제 11.1 index.html 코드 작성

```
<!DOCTYPE html>
<html>
    <body>
        <div class="today-info">
            <div class="date" id="date">10월 17일 화요일</div>
            <div class="clock" id="clock">15:03</div>
```

```
            <div class="new date">10월 18일 수요일</div>
        </div>


        <script src="src/index.js"></script>
    </body>
</html>
```

HTML에서 요소를 작성할 때는 위와 같이 class와 id를 사용해 요소에 이름을 지정합니다. class는 동일한 값을 여러 요소에 적용할 수 있지만, id 값은 고유 값으로, 같은 값을 여러 요소에 지정할 수 없습니다. 그렇기 때문에 보통 class는 반복적으로 사용되는 스타일을 적용해야 할 때 사용하고, header와 footer 같은 요소나 내부에 있는 세부적인 스타일을 적용할 때는 id를 사용해 이름을 지정합니다.

index.html 파일에 작성한 코드를 DOM 트리 형태로 나타내면 위에 있는 그림 11-3과 같이 나타낼 수 있습니다. 이 DOM 트리 구조를 참고해 DOM API들을 하나씩 사용해 보겠습니다.

document.getElementById(id)

가장 먼저 살펴볼 DOM API는 getElementById입니다. getElementById는 특정 요소를 id 값으로 가져온다는 의미로, 실제 특정 요소의 객체 값을 반환합니다. DOM에서 어떤 요소를 찾을 때는 가장 먼저 문서 노드, 즉 document에 접근해야 합니다. 가장 먼저 문서 노드에 접근한 다음, getElementById를 사용해 id 값이 date인 요소를 반환한 후 출력해 보겠습니다.

예제 11.2 id 값이 date인 요소에 접근하기

```
let $date = document.getElementById("date");
console.log($date);
```

Console

```
<div class="date" id="date"> 10월 17일 화요일 </div>
```

getElementById는 괄호 안에 원하는 요소의 id 값을 작성하면 해당 요소를 반환하는 DOM API입니다. 먼저 getElementById의 괄호 안에 원하는 요소 노드의 아이디인 date를 작성하고, 그 반환 값을 $date 변수에 할당했습니다. 이처럼 DOM API를 사용해 특정 요소를 변수에 할당할 때에는 일반적으로 요소를 할당할 변수의 이름 앞에 $ 기호를 붙이거나 변수명 뒤에 Element를 작성합니다. 예제 11.2의 경우, $date 또는 dateElement라는 이름의 변수에 id 값이 date인 요소를 할당할 수 있습니다. 위에 작성된 코드를 실행하면 id 값이 date인 요소가 출력되는 것을 확인할 수 있습니다.

document.querySelector(cssSelector)

다음으로 살펴볼 DOM API는 querySelector입니다. querySelector는 getElementById처럼 하나의 요소만을 반환하는 API로, 특정 요소의 id 값이 아닌 css 선택자로 요소 노드를 반환하는 API입니다. 이번에는 div라는 태그로 감싸여 있는 요소들 중 클래스 명이 date인 요소를 출력하는 코드를 작성해 보겠습니다.

예제 11.3 div 태그로 감싸여 있는 요소 중 클래스 명이 date인 요소에 접근하기

```
let $date = document.querySelector("div.date");
console.log($date);
```

Console

```
<div class="date" id="date"> 10월 17일 화요일 </div>
```

div 태그로 이루어진 요소 중 클래스 명이 date인 요소를 찾기 위해서는 위의 코드와 같이 querySelector의 괄호 안에 div.date를 작성합니다. 코드를 실행하면 동일하게 클래스 명이 date인 요소가 출력되는 것을 확인할 수 있습니다. 지금까지 살펴본 두 DOM API는 전부 단하나의 요소만을 반환하는 API지만, 자바스크립트의 DOM API에는 조건을 만족하는 요소가 여러 개일 경우 해당 요소를 전부 반환하는 DOM API도 존재합니다. 그중 가장 자주 사용되는 API인 querySelectorAll, getElementsByClassName, getElementsByTagName에 대해 하나씩 순서대로 살펴보겠습니다.

document.querySelectorAll()

querySelectorAll은 전달받은 클래스 이름을 갖고 있는 여러 요소들을 전부 찾아 반환하는 DOM API입니다. index.html의 요소 중 div로 이루어져 있고 클래스 이름이 date인 요소를 전부 찾아 반환하고 출력해 보겠습니다.

예제 11.4 div 태그로 이루어진 요소 중 클래스 명이 date인 모든 요소에 접근하기

```
let $date = document.querySelectorAll("div.date");
console.log($date);
```

Console

```
NodeList(2) [div#date.date, div.new.date]
0: div#date.date
1: div.new.date
length: 2
[[Prototype]]: NodeList
```

querySelector와 마찬가지로 괄호 안에 div.date를 전달해 클래스 명이 date인 div 요소들을 찾아 출력했습니다. 이번에는 요소 하나만 출력되지 않고, div 태그로 이루어진 요소들 중 클래스 이름이 date인 요소가 전부 NodeList에 담겨 출력된 것을 볼 수 있습니다.

document.getElementsByClassName()

이번에는 css 선택자가 아닌 클래스 이름만으로 여러 가지 요소를 찾는 DOM API인 getElementsByClassName에 대해 살펴보겠습니다. getElementsByClassName을 통해 클래스 명이 date인 요소를 찾은 다음 출력해 보겠습니다.

예제 11.5 클래스 명이 date인 모든 요소에 접근하기

```
let $date = document.getElementsByClassName("date");
console.log($date);
```

Console

```
HTMLCollection(2) [div#date.date, div.new.date, date: div#date.date]
0: div#date.date
1: div.new.date
date: div#date.date
length: 2
[[Prototype]]: HTMLCollection
```

getElementsByClassName을 사용해 클래스 이름이 date인 요소를 전부 찾아봤습니다. 출력 결과를 살펴보면 HTMLCollection 안에 클래스 이름이 date인 두 개의 요소가 전부 출력된 것을 확인할 수 있습니다.

document.getElementsByTagName()

이번에는 div, img와 같은 HTML 요소의 태그 이름을 통해 여러 가지 요소를 찾아보겠습니다. getElementsByTagName을 사용하면 특정 태그로 이루어진 여러 요소를 출력할 수 있습니다. div 태그로 감싸여 있는 여러 가지 요소를 출력해 보겠습니다.

예제 11.6 태그 이름이 div인 모든 요소에 접근하기

```
let $div= document.getElementsByTagName("div");
console.log($div);
```

Console

```
HTMLCollection(4) [div.today-info, div#date.date, div#clock.clock, div.new.date, date:
div#date.date, clock: div#clock.clock]
0: div.today-info
1: div#date.date
2: div#clock.clock
3: div.new.date
clock: div#clock.clock
date: div#date.date
length: 4
[[Prototype]]: HTMLCollection
```

getElementsByTagName을 사용해 div 태그로 이루어진 요소들을 찾아 출력하면 위의 결과와 같이 HTMLCollection에 div 태그로 이루어진 4개의 요소가 전부 출력됩니다.

11.2.2 DOM 노드 값 조작

DOM API를 사용해 원하는 요소를 찾아서 가져왔다면, 이번엔 가져온 요소들의 속성값과 텍스트를 바꿀 수 있는 방법에 대해 알아보도록 하겠습니다.

className

먼저 요소의 클래스 이름을 변경하는 방법을 배워보겠습니다. 클래스 이름을 조작하기 전에 먼저 getElementById를 사용해 id 값이 clock인 요소 노드에 접근하고, 그다음 해당 요소 노드의 속성 중 클래스 이름에 접근해 그 값을 출력해 보겠습니다.

예제 11.7 id 값이 clock인 요소에 접근한 후 클래스 명 출력하기

```
let $clock = document.getElementById("clock");
console.log($clock.className);
```

Console

```
clock
```

id 값이 clock인 요소의 클래스 이름을 출력하기 위해서는 먼저 $clock 변수에 getElementById를 사용해 id 값이 clock인 요소를 찾아야 합니다. 그다음 className이라는 프로퍼티를 사용해 $clock에 할당된 요소의 클래스 이름을 출력할 수 있습니다. 이번에는 이 요소의 클래스 이름을 "new clock"으로 수정한 다음 바뀐 클래스 이름을 출력해 보겠습니다.

예제 11.8 $clock 요소의 클래스 명 변경하기

```
let $clock = document.getElementById("clock");
$clock.className = "new clock";
console.log($clock.className);
```

Console

```
new clock
```

변수의 값을 변경하는 것과 동일하게 이렇게 요소의 className 프로퍼티에 새로운 값을 할당하면 원하는 요소의 클래스 이름을 수정할 수 있습니다. 출력 결과를 살펴보면 실제로 클래스 이름이 'new clock'으로 변경된 것을 확인할 수 있습니다.

id

DOM API를 사용하면 요소 노드의 클래스 이름뿐만 아니라 요소 노드의 id 값 또한 수정할 수 있습니다. id 값을 변경하기 위해 querySelector를 사용해 div로 이루어진 요소 중 클래스 이름이 clock인 요소를 찾고, 해당 요소의 id 값을 출력하는 코드를 작성해 봅시다.

예제 11.9 div 태그로 이루어진 요소 중 클래스 명이 clock인 요소에 접근한 후 id 값 출력하기

```
let $clock = document.querySelector("div.clock");
console.log($clock.id);
```

Console

```
clock
```

querySelector를 사용해 div 태그로 감싸여 있는 요소 중 클래스 이름이 clock인 요소를 $clock 변수에 할당하고, id 프로퍼티를 사용해 해당 요소의 id 값을 출력했습니다. 마찬가지로, id 프로퍼티를 사용해서 $clock 요소의 id 값을 'new-clock'으로 변경해 보겠습니다.

예제 11.10 $clock 요소의 id 값 수정하기

```
let $clock = document.querySelector("div.clock");
$clock.id = "new-clock";
console.log($clock.id);
```

Console

```
new-clock
```

코드 실행 결과 id 값이 new-clock으로 알맞게 변경된 것을 확인할 수 있습니다.

classList

이번에는 className과 비슷하게 요소의 클래스 값에 접근 가능한 classList를 사용해 보겠습니다. getElementById를 사용해 id 값이 clock인 요소를 찾은 다음, classList를 사용해서 해당 요소의 클래스에 접근해 값을 출력해 봅시다.

예제 11.11 id 값이 clock인 요소에 접근한 후 classList를 사용해 클래스에 접근하기

```
let $clock = document.getElementById("clock");
console.log($clock.classList);
```

Console

```
DOMTokenList ['clock', value: 'clock']
0: "clock"
length: 1
```

```
value: "clock"
[[Prototype]]: DOMTokenList
```

코드를 실행하면 className 프로퍼티를 사용했을 때와는 다른 값이 출력되는 것을 볼 수 있습니다. classList는 className처럼 특정 요소의 클래스 속성에 접근 가능한 프로퍼티지만, 예제 11.11의 결과에서 볼 수 있듯이 add, contains, item과 같은 여러 가지 메서드를 제공합니다. classList가 제공하는 메서드 중 가장 자주 사용되는 add와 remove 메서드를 한 번 사용해 보겠습니다. 먼저 add 메서드를 사용해 봅시다.

예제 11.12 classList의 add 메서드를 사용해 클래스 추가하기

```javascript
let $clock = document.getElementById("clock");
$clock.classList.add("new");
console.log($clock);
```

Console

```
<div class="clock new" id="clock"> 15:03 </div>
```

add 메서드에 'new'를 전달하고 $clock 요소가 어떻게 변경되었는지 출력해 봤습니다. 출력 결과를 살펴보면, $clock 요소의 클래스 이름이 'new'가 아닌 'clock new'로 변경된 것을 볼 수 있습니다. classList 프로퍼티의 add 메서드는 className 프로퍼티와는 달리 전달한 값으로 클래스 이름을 변경하지 않고, 전달한 값을 기존 클래스 이름에 추가하는 메서드입니다. classList의 remove 메서드를 사용하면 클래스 이름을 삭제할 수도 있습니다. 이번에는 remove 메서드를 사용해서 $clock 요소의 'clock' 클래스 명을 삭제해 보겠습니다.

예제 11.13 classList의 remove 메서드를 사용해 클래스 삭제하기

```javascript
let $clock = document.getElementById("clock");
$clock.classList.add("new");
$clock.classList.remove("clock");
console.log($clock);
```

Console

```
<div class="new" id="clock"> 15:03 </div>
```

코드를 실행하면 실제 $clock 요소의 클래스 이름에서 clock이 삭제되어 new만 남아있는 것을 확인할 수 있습니다. classList 프로퍼티를 사용하면 이렇게 다양한 메서드를 통해 편리하게 클래스 속성의 값을 조작할 수 있습니다.

textContetnt

요소 노드에 접근하고 해당 요소의 어트리뷰트 노드에 접근해 여러 가지 속성값을 조작해 봤습니다. 이번에는 요소 노드에 접근한 다음 텍스트 노드의 값을 조작해 보겠습니다. 텍스트 노드의 값은 textContent를 사용해 조작할 수 있습니다. id 값이 clock인 요소를 찾아 $clock 변수에 할당한 다음, textContent를 사용해 값을 "05:26"으로 변경해 보겠습니다.

예제 11.14 textContent를 사용해 텍스트 변경하기

```
let $clock = document.getElementById("clock");
$clock.textContent = "05:26";
console.log($clock.textContent);
```

Console

```
05:26
```

$clock 요소에 textContent를 사용해 텍스트 노드의 값을 "05:26"으로 변경하면 다음 그림과 같이 화면에 변경된 값이 알맞게 나오는 것을 볼 수 있습니다.

그림 11-4 textContent를 사용한 $clock 요소의 텍스트 노드 값 변경 결과

이번에는 querySelector를 사용해서 div 요소의 클래스 명이 date인 요소를 선택한 다음, 텍스트 노드의 값을 '10월 23일 월요일'로 수정해 보겠습니다.

예제 11.15 $date 요소의 텍스트 수정하기

```
let $date = document.querySelector("div.date");
$date.textContent = "10월 23일 월요일";
console.log($date.textContent);
```

Console

```
10월 23일 월요일
```

코드를 실행하면 아래의 그림과 같이 $date 요소의 텍스트가 알맞게 변경된 것을 확인할 수 있습니다.

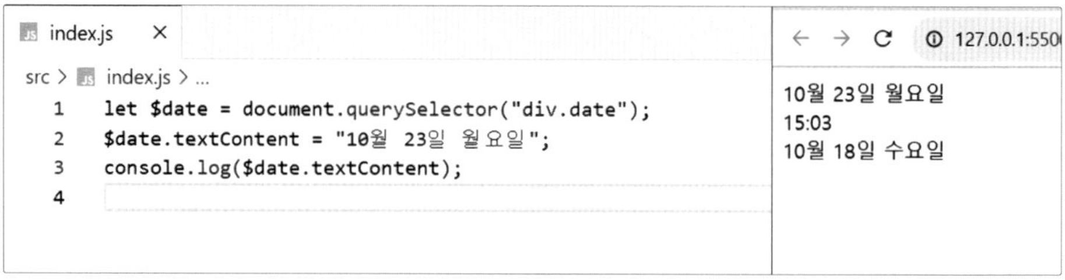

그림 11–5 textContent를 사용한 $date 요소의 텍스트 노드 값 변경 결과

style

DOM API는 원하는 요소의 스타일을 추가하고 수정하는 방법도 제공합니다. 이번에는 요소 노드의 style이라는 프로퍼티를 사용해서 스타일을 조작해 보겠습니다. id 값이 clock인 요소를 빨강색으로 수정하고, 폰트 크기를 30px로 수정해 보겠습니다.

예제 11.16 $clock 요소의 스타일 수정하기

```
let $clock= document.getElementById("clock");
$clock.style.color = "red";
$clock.style.fontSize = "30px";
console.log($clock);
```

Console

```
<div class="clock" id="clock" style="color: red; font-size: 30px;"> 15:03 </div>
```

이처럼 style 프로퍼티를 사용하면 원하는 요소에 색상, 폰트 크기, 배경 색, 정렬 등 다양한 스타일을 적용할 수 있습니다. 코드를 실행하면 브라우저 탭에 다음과 같이 수정된 스타일이 알맞게 적용된 것을 볼 수 있습니다.

그림 11–6 $clock 요소 스타일 수정 결과

11.2.3 요소 노드 생성

이렇게 여러 가지 DOM API를 사용해 문서 노드, 요소 노드, 어트리뷰트 노드, 텍스트 노드에 접근하고 값을 조작해 봤습니다. 이제, 지금까지 배운 DOM API를 활용해서 DOM에 직접 새로운 요소를 추가하는 방법을 배워보겠습니다.

createElement

자바스크립트에서는 createElement라는 DOM API를 사용해 새로운 요소 노드를 생성할 수 있습니다. createElement에는 생성할 요소의 태그 이름을 전달합니다. 현재 index.html에 날짜와 시각 정보가 있으므로 이번에는 계절을 나타내는 요소를 추가해 보겠습니다. createElement를 사용해 div 태그로 이루어진 요소를 생성하고, 지금까지 배운 DOM API를 활용해서 생성한 요소의 클래스 명과 id 값을 season으로 설정해 봅시다.

예제 11.17 class 이름과 id 값이 season인 요소 생성하기

```
let $season = document.createElement("div");
$season.className = "season";
$season.id = "season";


console.log($season);
```

Console

```
<div class="season" id="season"></div>
```

$season 변수에 createElement를 사용해 생성한 div 요소를 할당하고, className과 id 프로퍼티를 사용해 클래스 이름과 id 값을 설정했습니다. 이번에는 생성한 요소에 텍스트를 추가하겠습니다. 앞서 배운 textContent 프로퍼티를 사용해 '가을'이라는 값을 작성합니다.

예제 11.18 $season 요소에 텍스트 추가하기

```
let $season = document.createElement("div");
$season.className = "season";
$season.id = "season";
$season.textContent = "가을";

console.log($season);
```

Console

```
<div class="season" id="season">가을</div>
```

이렇게 요소의 텍스트 노드 값을 추가할 때는 textContent 프로퍼티를 사용하는 방법도 있지만, DOM API 중 하나인 createTextNode를 사용할 수도 있습니다. 이번에는 createTextNode를 사용해 텍스트 노드를 추가하겠습니다.

예제 11.19 $season 요소에 텍스트 노드 추가하기

```
let $season = document.createElement("div");
$season.className = "season";
$season.id = "season";

let $seasonText = document.createTextNode("가을");

console.log($season);
console.log($seasonText);
```

Console

```
<div class="season" id="season"></div>
"가을"
```

createTextNode를 사용해 텍스트 노드를 생성하면 출력 결과에서 볼 수 있듯이 기존의 $season 요소에 텍스트 값이 추가되는 것이 아니라 별도의 텍스트 노드가 생성되어 출력되는 것을 볼 수 있습니다.

그림 11-7 $season 요소 생성 결과

이렇게 createElement와 createTextNode를 사용해 DOM에 직접 새로운 노드를 생성했습니다. DOM API를 사용해 div 요소와 텍스트 노드를 생성했지만, 위의 그림과 같이 브라우저 탭을 확인해 보면 '가을'이라는 값이 보이지 않는 것을 확인할 수 있습니다. 생성한 노드들이 바로 화면에 보이지 않는 이유는 지금까지 생성한 노드들은 단지 생성만 되었을 뿐 아직 DOM 트리에 추가된 것이 아니기 때문입니다. 이제 생성한 노드들을 DOM 트리에 추가하겠습니다.

appendChild

appendChild를 사용하면 전달받은 노드를 원하는 요소의 마지막 자식으로 추가할 수 있습니다. 앞서 DOM 트리는 노드 간의 상하 관계를 한눈에 볼 수 있는 트리 구조라고 했습니다. 이 상하 관계는 보통 **부모와 자식의 관계**라고 부르기도 합니다.

다음 그림의 DOM 트리에서 살펴보면, 클래스 명이 today-info인 div 노드는 클래스 명이 date인 요소 노드의 부모 노드이고, 역으로 클래스 명이 date인 요소 노드는 클래스 명이 today-info인 요소 노드의 자식 노드라고 할 수 있습니다. createElement와 createTextNode를 사용해 새로 생성한 노드들을 DOM 트리에 추가하고, 요소들을 화면에 나타내기 전에 먼저 이들의 상하 관계를 그림으로 파악해 보겠습니다.

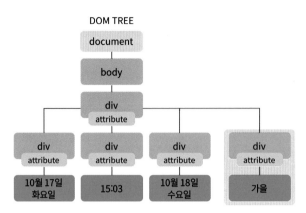

그림 11-8 DOM 트리에서 $season의 위치 설정

먼저 $season 요소 노드는 클래스 명이 today-info인 요소 노드의 아래에 위치해야 하고, 클래스 명이 date인 요소 노드 및 clock인 요소 노드와 동등한 위치에 있어야 합니다. 따라서 $season 요소 노드는 클래스 명이 today-info인 요소 노드의 자식 노드로 들어가야 합니다. 그리고 $seasonText 텍스트 노드는 $season 요소 노드의 텍스트로 들어가야 하는 노드이기 때문에 $season 요소 노드의 자식 노드로 들어가야 하는 텍스트 노드입니다. 이렇게 새로 생성된 노드들의 상하 관계를 파악해 봤으니, 이제 appendChild를 사용해 DOM 트리에 노드를 추가해 보겠습니다.

예제 11.20 $season 노드 알맞게 추가하기

```
let $season = document.createElement("div");
$season.className = "season";
$season.id = "season";

let $seasonText = document.createTextNode("가을");

let $todayInfo = document.querySelector("div.today-info");
$todayInfo.appendChild($season);
$season.appendChild($seasonText);

console.log($todayInfo);
```

Console

```
<div class="today-info">
    <div class="date" id="date">
        10월 17일 화요일
    </div>
    <div class="clock" id="clock">
        15:03
    </div>
    <div class="new date">
        10월 18일 수요일
    </div>
    <div class="season" id="season">
        가을
    </div>
</div>
```

querySelector를 사용해 클래스 명이 today-info인 요소 노드를 가져오고, appendChild
를 사용해서 생성된 노드들을 알맞게 자식 노드로 추가했습니다. $todayInfo를 출력해 보면,
$season 요소 노드가 알맞은 위치에 추가된 것을 확인할 수 있습니다. 다음 그림과 같이 브라
우저 탭에서도 새로운 노드가 알맞게 추가된 것을 볼 수 있습니다.

그림 11-9 $season 요소 노드 추가

연습 삼아 앞에서 배운 DOM API와 프로퍼티를 활용해서 클래스 명이 date인 div 요소 아래에 클래스 명과 id가 button인 button 태그로 이루어져 있는 노드를 추가하는 코드를 스스로 작성해 봅시다.

예제 11.21 DOM API를 사용해 버튼 요소 추가하기

```
let $button = document.createElement("button");
$button.id = "button";
$button.classList.add("button");
$button.textContent = "버튼";

let $todayInfo = document.querySelector("div.today-info");
$todayInfo.appendChild($button);

console.log($todayInfo);
```

Console

```
<div class="today-info">
    <div class="date" id="date">
        10월 17일 화요일
    </div>
    <div class="clock" id="clock">
        15:03
    </div>
    <div class="new date">
        10월 18일 수요일
    </div>
    <button id="button" class="button">버튼</button>
</div>
```

코드 실행 결과, id와 클래스 명이 button인 요소 노드가 알맞게 추가된 것을 확인할 수 있습니다.

11.2.4 이벤트 설정

현재 작성된 코드를 브라우저 탭에서 확인해 보면 다음과 같이 '10월 18일 수요일' 아래에 버튼이라는 텍스트가 표시된 것을 볼 수 있습니다.

그림 11–10 $button 요소 생성 결과

addEventListener

이번에는 새로운 DOM API를 사용해서 이 버튼 요소가 정말 버튼처럼 동작하게, 즉 버튼을 클릭하면 어떠한 작업이 실행되게 만들어 보겠습니다. DOM은 특정 요소에 여러 가지 이벤트를 추가할 수 있는 addEventListener라는 DOM API를 제공합니다. 이 addEventListener를 사용해 $button 요소에 이벤트를 추가해 보겠습니다.

addEventListener는 매개변수로 event와 listener를 받습니다. event는 어떤 이벤트를 발생시킬 것인지를 나타내고, listener는 앞의 이벤트가 발생했을 때 실행될 함수를 전달받습니다. addEventListener를 작성하면 다음 그림과 같이 다양한 이벤트가 나오는데, 이 여러 가지 이벤트 중 click 이벤트를 사용해 버튼이 클릭되는 동작을 추가해 보겠습니다.

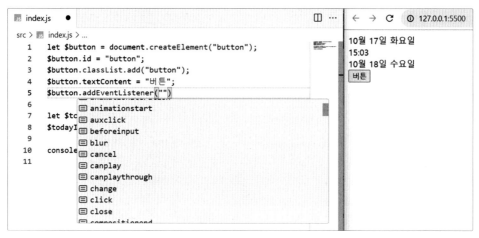

그림 11-11 addEventListener의 event 종류

그다음 click 이벤트가 일어나면 경고창이 뜨도록 자바스크립트의 window 객체의 alert 메서드를 사용해서 listener 함수를 작성해 보겠습니다. window 객체는 현재 사용하는 웹 브라우저의 창을 나타내는 객체로, 경고창을 띄우는 alert, 확인과 취소 버튼이 있는 confirm과 같은 다양한 메서드를 포함한 자바스크립트의 내장 객체입니다.

예제 11.22 addEventListener를 사용해 클릭 이벤트 생성하기

```javascript
let $button = document.createElement("button");
$button.id = "button";
$button.classList.add("button");
$button.textContent = "버튼";
$button.addEventListener("click", () => {
    window.alert("클릭");
});

let $todayInfo = document.querySelector("div.today-info");
$todayInfo.appendChild($button);

console.log($todayInfo);
```

Console

```
<div class="today-info">
    <div class="date" id="date">
        10월 17일 화요일
    </div>
    <div class="clock" id="clock">
        15:03
    </div>
    <div class="date" id="date">
        10월 18일 수요일
    </div>
    <button id="button" class="button">버튼</button>
</div>
```

작성한 코드를 실행한 다음, 브라우저 탭에 들어가 버튼이라는 글자를 누르면 '클릭'이라는 단어가 적혀 있는 경고창이 실행되는 것을 확인할 수 있습니다. 어떤 요소에 이벤트를 추가하고, 수행할 함수를 지정할 수 있는 이 addEventListener에는 click과 같이 스크롤을 하면 이벤트를 발생시키는 scroll, 마우스를 특정 요소 위에 올리면 이벤트가 발생하는 mouseover 등 많은 이벤트 종류가 있습니다. 이러한 이벤트를 전부 알고 있어야 한다기보다는 자주 사용되는 이벤트 위주로 addEventListener를 사용할 때마다 검색해 보면서 사용해 보는 것을 추천합니다.

12

실전 프로젝트

이제 지금까지 배운 내용을 토대로 실제 사용할 수 있는 프로그램을 직접 개발해 보겠습니다.

이번 장에서는 다음 그림과 동일한 웹 페이지를 개발하고, 크롬 웹 브라우저의 시작화면으로 사용할 수 있도록 크롬 익스텐션으로 설정까지 해 보겠습니다.

그림 12-1 '나만의 크롬 시작 화면' 완성 결과

12.1 프로젝트 준비

본격적으로 프로젝트 개발을 시작하기 전에, 먼저 추가로 알아 둬야 할 사항이 몇 가지 있습니다. 먼저 자바스크립트에서 자주 사용되는 여러 가지 폼 요소를 조작하는 방법과 로컬 스토리지 사용법을 알아봅시다.

12.1.1 여러 가지 폼 조작

먼저 자바스크립트로 여러 가지 **폼(form) 요소**를 조작하는 방법을 살펴보겠습니다. 폼 요소란 웹 페이지에서 사용자가 정보를 입력할 수 있게 만들어 놓은 웹 요소로, 자주 사용되는 폼 요소에는 input, select, textarea 등이 있습니다. 폼 요소에 접근하는 방법을 살펴보기 위해 index.html 파일에 다음과 같은 요소를 작성하겠습니다.

예제 12.1 폼 요소 작성   index.html

```html
<!DOCTYPE html>
<html>
    <head>
        <title>form</title>
        <meta charset="UTF-8" />
    </head>
    <body>
        <form name="user_info">
            <p>
                <label for="name">이름:</label>
                <input type="text" id="name" name="user_name" />
            </p>
            <p>
                <label for="major">전공:</label>
                <textarea type="text" id="major" name="user_major"></textarea>
            </p>
        </form>
        <button id="save-btn">저장</button>
        <script src="src/index.js"></script>
    </body>
</html>
```

먼저 input과 textarea에 접근하는 방법을 살펴봅시다. 폼 요소들도 일반 요소들과 마찬가지로 id 값이나 클래스 속성 값, 혹은 css 선택자를 사용해 접근할 수 있습니다. index.js 파일에 querySelector와 getElementById를 사용해서 input과 textarea에 접근하는 코드를 작성해 보겠습니다.

예제 12.2 input 요소와 textarea 요소에 접근하기   src/index.js

```
let $input = document.querySelector("#name");
let $textArea = document.getElementById("major");


console.log($input);
console.log($textArea);
```

Console

```
<input type="text" id="name" name="user_name"></input>
<textarea type="text" id="major" name="user_major"></textarea>
```

그럼 이번에는 접근한 폼 요소에 입력된 값을 가져와 보겠습니다. 자바스크립트에서 value 프로퍼티를 사용하면 폼 요소의 값을 가져올 수 있습니다. 다음 그림과 같이 input 요소에는 '김효빈'을, textarea 요소에는 '컴퓨터 공학'을 입력해 버튼을 누르면 폼 요소에 입력된 값을 출력하는 코드를 작성해 보겠습니다.

그림 12-2 입력 폼에 값 입력하기

예제 12.3 저장 버튼을 통해 입력 폼에 입력된 값 출력하기   src/index.js

```
let $input = document.querySelector("#name");
let $textArea = document.getElementById("major");
let $button = document.getElementById("save-btn");
```

```
$button.addEventListener("click", () => {
    console.log($input.value);
    console.log($textArea.value);
});
```

Console

김효빈
컴퓨터 공학

코드를 실행하고 저장 버튼을 누르면 폼 요소에 입력된 값이 알맞게 출력되는 것을 볼 수 있습니다. 그럼 이번에는 select라는 요소에 접근하는 방법을 알아보겠습니다. 먼저 index.html을 다음과 같은 코드로 수정해 보겠습니다.

예제 12.4 select 폼 작성하기   index.html

```html
<!DOCTYPE html>
<html>
    <head>
        <title>form</title>
        <meta charset="UTF-8" />
    </head>
    <body>
        <form>
            <select id="fruits">
                <option>-- 과일 --</option>
                <option value="banana">바나나</option>
                <option value="apple">사과</option>
                <option value="watermelon">수박</option>
                <option value="pineapple">파인애플</option>
                <option value="kiwi">키위</option>
            </select>
        </form>
        <script src="src/index.js"></script>
    </body>
</html>
```

select 요소도 마찬가지로 id 또는 css 선택자를 통해 요소에 접근할 수 있습니다. getElementById를 사용해서 select 요소에 접근해 보겠습니다.

예제 12.5 select 폼에 접근하기   src/index.js

```
let $fruits = document.getElementById("fruits");
console.log($fruits);
```

Console

```
<select id="fruits">…</select>
```

select 요소를 조작하기 위해서는 사용자가 어떠한 항목을 선택했는지 알아내야 합니다. 마찬가지로 addEventListener를 통해 사용자가 선택한 값을 value 프로퍼티를 사용해 출력해 보겠습니다. 여기서 주의할 점은 다른 요소들과는 다르게 addEventListener의 event에는 click이 아닌 change를 사용해서 select 요소의 option 값이 변경될 때 변경된 값을 출력해야 한다는 것입니다.

예제 12.6 change 이벤트를 사용해 변경된 값 출력하기

```
let $fruits = document.getElementById("fruits");

$fruits.addEventListener("change", () => {
    console.log($fruits.value);
});
```

Console

```
apple
watermelon
```

select 요소에서 값을 사과에서 수박으로 변경하면 다음과 같이 변경된 값이 출력됩니다. 이렇게 자바스크립트에서 자주 사용되는 폼 요소에 접근하고 입력되거나 선택한 값을 가져오는 방법을 살펴봤습니다.

12.1.2 로컬 스토리지

다음으로 알아볼 개념은 로컬 스토리지(Local Storage)입니다. 로컬 스토리지는 웹 브라우저의 데이터를 저장할 수 있는 **저장소**와 같은 기능으로, 로컬 스토리지를 사용하면 사용자가 브라우저를 종료하더라도 기존에 웹 페이지 내에서 저장한 데이터를 계속 유지할 수 있습니다. 로컬 스토리지는 보통 사용자의 로그인 정보나 간단한 설정 등을 저장하기 위해 사용됩니다. 로컬 스토리지를 사용하는 대표적인 예시로는 아이디 기억하기 기능이 있습니다. 사용자가 웹 페이지에서 로그인 정보를 입력해 로그인에 성공했다면, 로그인에 성공한 아이디를 로컬 스토리지에 저장해 사용자가 다음에 다시 동일한 웹 페이지에 방문했을 때 저장된 아이디를 불러와서 사용자의 아이디를 불러올 수 있습니다.

로컬 스토리지는 window의 localStorage 객체를 사용해 데이터를 저장하고 가져올 수 있습니다. 예제로 VSCode에서 로컬 스토리지 객체를 사용해 데이터를 저장해 보겠습니다. VSCode에 들어가 탐색기를 열고 새로운 폴더를 생성해 열어줍니다. 그다음 index.html 파일을 생성하고 간단하게 아이디와 비밀번호를 입력할 수 있는 input 태그와 로그인 버튼을 생성해 보겠습니다.

예제 12.7 아이디, 비밀번호 입력 폼과 로그인 버튼 작성하기   index.html

```html
<!DOCTYPE html>
<html>
    <head>
        <title>LocalStorage</title>
        <meta charset="UTF-8" />
    </head>
    <body>
        <div class="main">
            <input id="id" type="text" />
            <input id="pwd" type="password" />
            <button id="login-btn">로그인</button>
        </div>
        <script src="src/index.js"></script>
    </body>
</html>
```

그리고 index.js 파일을 생성해 input 태그로 이루어진 아이디와 비밀번호, 그리고 button 태그로 이루어진 로그인 버튼 요소를 가져와 봅시다. getElementById를 사용해 요소들을 가져와 보겠습니다.

예제 12.8 아이디, 비밀번호 입력 폼과 로그인 버튼에 접근하기   src/index.js

```
const $idInput = document.getElementById("id");
const $passwordInput = document.getElementById("pwd");
const $loginButton = document.getElementById("login-btn");
```

addEventListener를 사용해 로그인 버튼을 누르면 '로그인 성공'이라는 alert를 띄우고, 그다음 입력한 아이디와 비밀번호의 값을 출력하는 코드를 작성해 보겠습니다.

예제 12.9 아이디, 비밀번호 입력폼에 입력된 값 출력하기   src/index.js

```
const $idInput = document.getElementById("id");
const $passwordInput = document.getElementById("pwd");
const $loginButton = document.getElementById("login-btn");

$loginButton.addEventListener("click",()=>{
    window.alert("로그인 성공");
    console.log($idInput.value);
    console.log($passwordInput.value);
})
```

Console

```
hyobin
123123
```

이렇게 코드를 작성하면 아래의 그림과 같은 화면이 나오고, 두 개의 input에 순서대로 아이디와 비밀번호를 입력한 다음 로그인 버튼을 누르면 '로그인 성공'이라는 alert와 함께 입력한 값들이 콘솔에 알맞게 출력되는 것을 볼 수 있습니다.

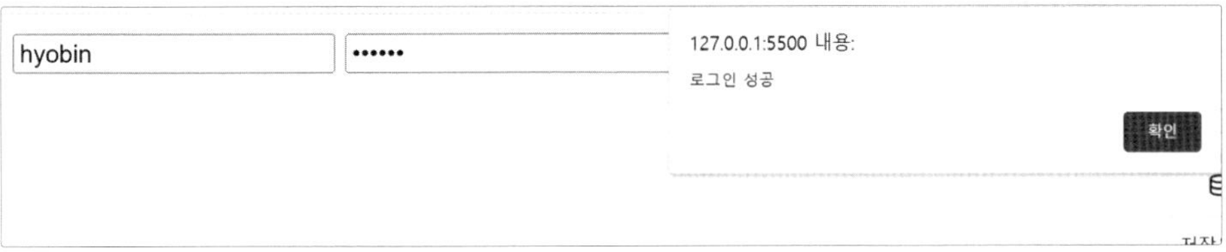

그림 12-3 로그인 버튼 클릭 결과

이제 addEventListener 내부의 코드를 수정해 로그인 정보를 로컬 스토리지에 저장해 보겠습니다. 로컬 스토리지는 window의 localStorage 객체를 사용하며, key와 value의 쌍으로 데이터를 저장합니다. 로컬 스토리지에 원하는 데이터를 저장하기 위해서는 setItem 메서드를 사용합니다. setItem은 다음과 같이 저장할 데이터의 keyName과 저장할 데이터의 값인 keyValue를 매개변수로 받습니다.

localStorage.setItem() 작성법

```
localStorage.setItem(keyName, keyValue)
```

실제로 localStorage 객체와 setItem 메서드를 사용해서 아이디와 비밀번호 값을 로컬 스토리지에 저장해 보겠습니다. 아이디와 비밀번호의 keyName은 각각 id와 pwd로 설정합니다.

예제 12.10 localStorage.setItem()을 사용해 아이디, 비밀번호 값 저장하기   src/index.js

```
const $idInput = document.getElementById("id");
const $passwordInput = document.getElementById("pwd");
const $loginButton = document.getElementById("login-btn");

$loginButton.addEventListener("click", () => {
    window.alert("로그인 성공");
    localStorage.setItem("id", $idInput.value);
    localStorage.setItem("pwd", $passwordInput.value);
});
```

마찬가지로 아이디와 비밀번호 값을 입력하고 로그인 버튼을 눌러보겠습니다. 로그인 버튼을 누르면 이전과 동일하게 '로그인 성공'이라는 alert가 나오지만, 콘솔 탭에는 아무런 정보도 보이지 않습니다. 로컬 스토리지에 저장된 값은 다음과 같이 콘솔 탭이 아닌 애플리케이션 탭에서 확인할 수 있습니다.

그림 12-4 개발자 도구에서 로컬 스토리지에 저장된 값 확인하기

애플리케이션 탭으로 이동해서 왼쪽의 로컬 스토리지를 눌러보면, 위의 그림과 같이 저장한 아이디와 비밀번호 값이 id, pwd라는 이름으로 알맞게 저장된 것을 볼 수 있습니다. 그럼 이번에는 로컬 스토리지에 저장된 이 아이디와 비밀번호 값을 가져온 다음 콘솔에 출력해 보겠습니다.

로컬 스토리지에 저장된 값은 `localStorage` 객체의 `getItem` 메서드를 사용해 가져올 수 있습니다. `getItem` 메서드의 매개변수로는 로컬 스토리지에 저장된 데이터의 키 값을 전달해 키 값에 해당하는 데이터를 가져올 수 있습니다. `getItem` 메서드를 사용해서 `myId` 변수에는 키 값이 id인 데이터를, `myPassword` 변수에는 키 값이 pwd인 데이터를 가져와 보겠습니다.

예제 12.11 getItem 메서드를 사용해 로컬 스토리지에 저장된 값 출력하기   src/index.js

```
const $idInput = document.getElementById("id");
const $passwordInput = document.getElementById("pwd");
const $loginButton = document.getElementById("login-btn");

$loginButton.addEventListener("click", () => {
    window.alert("로그인 성공");
    localStorage.setItem("id", $idInput.value);
    localStorage.setItem("pwd", $passwordInput.value);
    let myId = localStorage.getItem("id");
    let myPassword = localStorage.getItem("pwd");
```

```
    console.log(myId);
    console.log(myPassword);
});
```

Console

```
hyobin
123123
```

아이디와 비밀번호를 입력하고 로그인 버튼을 누르면 입력한 아이디와 비밀번호의 값이 콘솔
탭에 출력되는 것을 볼 수 있습니다. 지금은 로컬 스토리지에 아이디와 비밀번호 값을 각각 id
와 pwd라는 이름으로 하나씩 저장했기 때문에 getItem 메서드를 두 번 사용해 아이디 값과
비밀번호 값을 가져왔습니다. 로컬 스토리지에는 일반적으로 다양한 데이터를 저장하기 때문
에 보통은 비슷한 데이터들을 객체나 배열의 형태로 묶어 하나의 keyName에 저장합니다. 하
나의 keyName에 여러 개의 데이터를 객체나 배열의 형태로 묶어서 저장하면 로컬 스토리지
에 저장된 데이터를 위의 코드와 같이 getItem 메서드를 여러 번 사용하지 않고, 단 한 번만
사용해서 가져올 수 있습니다. 아이디와 비밀번호는 '사용자 정보'로 묶을 수 있는 데이터이므
로 userInfo라는 새로운 keyName에 이 아이디와 비밀번호 값을 객체 형태로 저장해 보겠습
니다.

예제 12.12 로그인, 비밀번호를 userInfo로 묶어 로컬 스토리지에 저장하기　　　　　　　　　src/index.js

```
const $idInput = document.getElementById("id");
const $passwordInput = document.getElementById("pwd");
const $loginButton = document.getElementById("login-btn");

$loginButton.addEventListener("click", () => {
    window.alert("로그인 성공");
    let userInfo = { id: $idInput.value, pwd: $passwordInput.value };
    localStorage.setItem("userInfo", userInfo);
});
```

애플리케이션 탭의 로컬 스토리지를 확인하면 아래의 그림과 같이 userInfo라는 키 이름으로
데이터가 들어와 있는 것을 볼 수 있습니다. 하지만 userInfo에 저장된 값을 확인해 보면 아이
디와 비밀번호 값이 아닌 [object Object]라는 이상한 값이 저장되어 있습니다.

그림 12-5 로컬 스토리지에 저장된 userInfo 값 확인

자바스크립트에서 로컬 스토리지는 텍스트 데이터만 저장할 수 있기 때문에 객체 혹은 배열 형
태의 데이터를 로컬 스토리지에 저장하려면 데이터를 문자열로 변환해야 합니다. 로컬 스토리
지를 사용할 때 객체 및 배열 형태의 데이터를 문자열로 변환하기 위해서는 보통 자바스크립트
의 내장 객체인 JSON을 사용합니다. JSON 객체에는 특정 문자열을 자바스크립트 객체로 변
환하는 JSON.parse(), 특정 객체를 JSON 형태로 변환하는 JSON.stringify() 메서드가 있습
니다. 이 두 메서드 중 stringify 메서드를 사용해서 userInfo 변수에 저장된 객체를 JSON
형태로 변환한 후 로컬 스토리지에 저장해 보겠습니다.

예제 12.13 JSON.stringify()를 사용해 데이터를 문자열로 변환한 후 로컬 스토리지에 저장하기   src/index.js

```javascript
const $id = document.getElementById("id");
const $password = document.getElementById("pwd");
const $loginButton = document.getElementById("login-btn");

$loginButton.addEventListener("click", () => {
    window.alert("로그인 성공");
    let userInfo = { id: $id.value, pwd: $password.value };
    localStorage.setItem("userInfo", JSON.stringify(userInfo));
});
```

코드를 작성하고 동일한 아이디와 비밀번호를 입력하면 아래의 그림처럼 로컬 스토리지의 userInfo에 아이디와 비밀번호 값이 담긴 객체가 알맞게 저장된 것을 볼 수 있습니다.

그림 12-6 로컬 스토리지에 저장된 userInfo 데이터 확인

이렇게 여러 개의 데이터가 하나의 키 값으로 저장되면 훨씬 더 간단한 코드로 로컬 스토리지에서 데이터를 꺼내 올 수 있습니다. 마찬가지로 localStorage 객체의 getItem 메서드를 사용해서 userInfo의 값을 출력해 보겠습니다.

예제 12.14 getItem을 사용해 로컬 스토리지에 저장된 값 출력하기   src/index.js

```
const $idInput = document.getElementById("id");
const $passwordInput = document.getElementById("pwd");
const $loginButton = document.getElementById("login-btn");

$loginButton.addEventListener("click", () => {
    window.alert("로그인 성공");
    let userInfo = { id: $idInput.value, pwd: $passwordInput.value };
    localStorage.setItem("userInfo", JSON.stringify(userInfo));
    let savedUserInfo = localStorage.getItem("userInfo");
    console.log(savedUserInfo);
});
```

Console

```
{"id":"hyobin","pwd":"123123"}
```

savedUserInfo 변수에 getItem 메서드를 사용해서 userInfo에 저장된 값을 가져와 그 값을 출력하는 코드를 작성했습니다. 코드 실행 결과 userInfo에 저장된 값이 알맞게 출력된 것을 볼 수 있습니다. 출력 결과를 보면, userInfo의 값이 객체 형태로 출력된 것처럼 보입니다. savedUserInfo 변수에 담긴 값이 객체인지 아닌지 typeof 연산자를 사용해서 savedUserInfo의 자료형을 출력해 보겠습니다.

예제 12.15 typeof 연산자를 사용해 savedUserInfo 변수 자료형 출력하기   src/index.js

```javascript
const $idInput = document.getElementById("id");
const $passwordInput = document.getElementById("pwd");
const $loginButton = document.getElementById("login-btn");

$loginButton.addEventListener("click", () => {
    window.alert("로그인 성공");
    let userInfo = { id: $idInput.value, pwd: $passwordInput.value };
    localStorage.setItem("userInfo", JSON.stringify(userInfo));
    let savedUserInfo = localStorage.getItem("userInfo");
    console.log(typeof savedUserInfo);
});
```

Console
```
string
```

typeof 연산자를 사용해 savedUserInfo 변수의 자료형을 출력한 결과, string이 출력되었습니다. 자바스크립트의 로컬 스토리지는 문자열 데이터만 저장할 수 있기 때문에 이렇게 localStorage 객체의 getItem 메서드를 사용해 로컬 스토리지에 저장된 값을 그대로 가져오게 되면 문자열 데이터가 반환됩니다. 그렇기 때문에 로컬 스토리지에 저장된 값을 가져올 때는 가져온 데이터를 자바스크립트가 활용할 수 있도록 JSON 객체의 parse 메서드를 사용해 객체 형태로 다시 변환하는 것이 좋습니다.

예제 12.16 JSON.parse()를 사용해 로컬 스토리지 데이터 객체로 변환하기   src/index.js

```javascript
const $idInput = document.getElementById("id");
const $passwordInput = document.getElementById("pwd");
const $loginButton = document.getElementById("login-btn");
```

```
$loginButton.addEventListener("click", () => {
    window.alert("로그인 성공");
    let userInfo = { id: $idInput.value, pwd: $passwordInput.value };
    localStorage.setItem("userInfo", JSON.stringify(userInfo));
    let savedUserInfo = localStorage.getItem("userInfo");
    console.log(JSON.parse(savedUserInfo));
});
```

Console

```
{id: 'hyobin', pwd: '123123'}
```

이렇게 JSON.pasre()를 사용해 로컬 스토리지의 userInfo 데이터가 저장된 savedUserInfo 변수를 출력한 결과, 데이터가 객체의 형태로 알맞게 출력된 것을 확인할 수 있습니다. 객체 형태로 변환된 값은 점 표기법이나 괄호 표기법을 사용해 객체에 담긴 값을 꺼내 활용할 수 있고, 객체의 여러 가지 메서드를 사용할 수 있기 때문에 로컬 스토리지에서 가져온 데이터를 훨씬 더 유용하게 활용할 수 있습니다.

지금까지 자바스크립트의 로컬 스토리지에 대해 자세하게 알아봤습니다. 이제 마지막으로, 임의로 웹 페이지를 종료한 후 다시 실행해서 로컬 스토리지에 저장된 값들이 그대로 저장되어 있는지 확인해 보겠습니다. VSCode의 오른쪽 하단에 있는 Port:5500 버튼을 눌러 웹 페이지를 종료하고, 다시 [Go Live] 버튼을 눌러 웹 페이지를 실행해 보겠습니다. 다시 실행된 웹 페이지에서 애플리케이션 탭의 로컬 스토리지를 확인해 보면, 지금까지 로컬 스토리지에 저장했던 값들이 그대로 유지되어 있는 것을 확인할 수 있습니다.

12.2 프로젝트 개발

이제 프로젝트 개발에 필요한 모든 개념을 배웠으니, 본격적으로 '나만의 크롬 시작화면' 웹 페이지를 개발해 보겠습니다. 개발할 웹 페이지의 기능으로는 날짜와 시각을 나타내는 시계, 검색어를 입력하면 검색 결과 페이지로 이동하는 기능, 명언을 하루에 하나씩 불러오는 기능, 마지막으로는 북마크를 추가하고 삭제하는 기능이 있습니다. 프로젝트 개발에 사용하는 코드는 도서 홈페이지의 [예제 코드] 탭에서 기능별로 다운로드할 수 있습니다. 그럼 필요한 기능을 순서대로 하나씩 개발해 보겠습니다.

12.2.1 디지털 시계 제작

먼저 NewTab이라는 이름의 폴더를 생성하고, VSCode에서 NewTab 폴더를 선택합니다. NewTab 폴더에 먼저 index.html 파일을 만들고, 다음과 같이 코드를 작성합니다.

예제 12.17 index.html 코드 작성하기   index.html

```html
<!DOCTYPE html>
<html>
    <head>
        <title>NewTab</title>
        <meta charset="UTF-8" />
    </head>
    <body>
    </body>
</html>
```

`<!DOCTYPE html>`을 작성하고, html 태그 안에 head와 body 태그를 작성합니다. 그리고 head 태그 안에 제목을 NewTab으로, `charset`을 UTF-8로 설정합니다. 그다음 NewTab 폴더 내부의 폴더 구조를 설정해 보겠습니다. 먼저 src 폴더를 생성하고 src 폴더의 내부에 다음과 같이 js 폴더와 css 폴더를 생성해 줍니다.

그림 12-7 NewTab의 내부 폴더 구조

css 폴더 내부에 main.css 파일을 생성하고, main.css 파일에 작성될 코드는 `https://bit.ly/new-tab-css`에 접속해 코드를 복사한 후 붙여넣기 하겠습니다. 아래의 그림처럼 오른쪽의 복사 버튼을 누르면 전체 코드를 쉽게 복사할 수 있습니다.

그림 12-8 css 코드 복사 방법

css 코드를 복사한 후 붙여 넣었다면, 이번에는 js 폴더 내부에 clock.js 파일을 생성하고 본격적으로 오늘 날짜와 현재 시간을 나타내는 디지털 시계를 만들어봅시다.

index.html로 돌아와서 생성한 css 파일과 js 파일을 적용해 보겠습니다. head 태그 내부에 다음과 같이 폰트를 설정하는데, 필요한 코드와 main.css 파일을 포함시키는 코드를 작성하고, body 태그 내부의 가장 아래에는 clock.js 파일을 포함시키는 코드를 작성해 줍니다.

예제 12.18 index.html에 js, css, 폰트를 포함하는 코드 추가하기　　　　　　　　　　　　　　index.html

```
<!DOCTYPE html>
<html>
    <head>
        <title>NewTab</title>
        <meta charset="UTF-8" />
        <link rel="preconnect" href="https://fonts.googleapis.com" />
        <link rel="preconnect" href="https://fonts.gstatic.com" crossorigin />
        <link href="https://fonts.googleapis.com/css2?family=Noto+Sans+KR:wght@300;400&display=swap" rel="stylesheet" />
        <link rel="stylesheet" href="./src/css/main.css" />
    </head>
    <body>
        <script src="src/js/clock.js"></script>
    </body>
</html>
```

그림 12-9 개발할 프로젝트의 구조

그다음, 웹 페이지에 들어갈 여러 기능을 넣을 div 요소를 작성해 보겠습니다. body 태그 안에 id가 main-container인 div 요소를 생성하고, 그 아래에는 클래스 명이 main-wrapper인 div 요소를 작성해 줍니다. main-container의 내부에는 id가 today-info인 div를 추가하고, 그 안에 id가 today-date인 오늘 날짜와 요일을 나타내는 div를, 그리고 id 값이 now-time인 현재 시각을 나타내는 div를 작성해 보겠습니다.

예제 12.19 날짜 및 시간을 나타내는 디지털 시계 요소 작성   index.html

```html
<!DOCTYPE html>
<html>
    <head>
        <title>NewTab</title>
        <meta charset="UTF-8" />
        <link rel="preconnect" href="https://fonts.googleapis.com" />
        <link rel="preconnect" href="https://fonts.gstatic.com" crossorigin />
        <link href="https://fonts.googleapis.com/css2?family=Noto+Sans+KR:wght@300;400&disp
lay=swap" rel="stylesheet" />
        <link rel="stylesheet" href="./src/css/main.css" />
    </head>
    <body>
        <div id="main-container">
            <div class="main-wrapper">
                <div class="today-info">
```

```
                <div id="today-date">
                    <!-- 날짜&요일 -->
                </div>
                <div id="now-time">
                    <!-- 현재 시각 -->
                </div>
            </div>
        </div>
    </div>
    <script src="src/js/clock.js"></script>
</body>
</html>
```

위와 같이 코드를 작성했다면, 이제 clock.js 파일에서 자바스크립트 코드를 작성해 봅시다. 우선 날짜와 요일을 나타내는 div 요소를 $date 변수에 할당하고, 현재 시각을 나타내는 div 요소를 $time 변수에 할당해 보겠습니다. 그다음, $date 요소에 오늘의 날짜와 요일을 계산하는 기능을 만듭니다. 현재 날짜와 요일을 가져오는 getNowDate 함수를 생성하고 함수 내부에 코드를 작성해 보겠습니다.

예제 12.20 날짜 기능 개발하기   clock.js

```
const $date = document.getElementById("today-date"); //오늘 날짜
const $time = document.getElementById("now-time"); //현재 시각


const getNowDate = () => {
    const nowDate = new Date();
    let month = nowDate.getMonth();
    let date = nowDate.getDate();
    let day = nowDate.getDay();
};
```

위의 코드와 같이 getNowDate 함수의 내부에 Date 객체를 생성해 nowDate 변수에 할당하고, Date 객체의 getMonth, getDate, getDay 메서드를 사용해 현재 월, 일, 요일을 각각의 변수에 저장해 줍니다.

앞에서 배운 것처럼, getMonth는 0부터 11까지의 숫자를 반환하는 메서드이기 때문에 오늘이 몇 월인지를 구하기 위해 getMonth() 메서드의 반환값에 1을 더해주고, getDay 메서드는 0부터 6까지의 숫자를 반환하기 때문에 월요일부터 일요일까지의 값이 담긴 week 배열을 통해 오늘이 무슨 요일인지 나타내 보겠습니다.

예제 12.21 clock.js 정확한 날짜 출력하기 · clock.js

```javascript
const $date = document.getElementById("today-date"); //오늘 날짜
const $time = document.getElementById("now-time"); //현재 시각

const getNowDate = () => {
    const nowDate = new Date();
    const week = ["일요일", "월요일", "화요일", "수요일", "목요일", "금요일", "토요일"];
    let month = nowDate.getMonth() + 1;
    let date = nowDate.getDate();
    let day = week[nowDate.getDay()];
    console.log(month, date, day);
};

getNowDate();
```

Console

```
10 27 '금요일'
```

코드를 위의 코드와 같이 수정하고 getNowDate 함수를 호출한 후 출력 결과를 살펴보면 오늘의 날짜와 요일이 알맞게 출력된 것을 볼 수 있습니다. 오늘 날짜가 알맞게 출력되는 것을 확인했으니, 이제 $date 요소의 텍스트에 날짜 요소를 추가해 보겠습니다. setNowDate 함수를 생성하고, 내부에 코드를 작성해 봅시다.

예제 12.22 clock.js $date에 날짜 정보 텍스트 추가하기 · clock.js

```javascript
const $date = document.getElementById("today-date"); //오늘 날짜
const $time = document.getElementById("now-time"); //현재 시각

const setNowDate = (month, date, day) => {
    $date.textContent = `${month}월 ${date}일 ${day}`;
};
```

```
const getNowDate = () => {
    const nowDate = new Date();
    const week = ["일요일", "월요일", "화요일", "수요일", "목요일", "금요일", "토요일"];
    let month = nowDate.getMonth() + 1;
    let date = nowDate.getDate();
    let day = week[nowDate.getDay()];
    setNowDate(month, date, day);
};


getNowDate();
```

setNowDate 함수는 월, 일, 요일을 매개변수로 받고, textContent 프로퍼티를 사용해 $date 요소에 날짜 정보를 추가해 줍니다. setNowDate 함수를 호출할 때는 인수로 month, date, day 변수를 전달해야 하므로 세 개의 변수가 선언되어 있는 getNowDate 함수 내부에서 setNowDate 함수를 호출해 줍니다. 코드를 작성하고 저장하면 다음 그림과 같이 화면에 오늘 날짜가 나오는 것을 볼 수 있습니다.

그림 12-10 웹 페이지에 표시된 날짜 확인

여기까지 개발을 완료했다면 이제 getNowTime 함수를 생성해 현재 시각을 나타내 보겠습니다. Date 객체를 생성해 nowDate 변수에 할당하고 Date 객체의 getHours, getMinutes 메서드를 사용해 현재 시각을 출력해 봅시다.

예제 12.23 clock.js 현재 시간 출력하기   clock.js

```
const $date = document.getElementById("today-date"); //오늘 날짜
const $time = document.getElementById("now-time"); //현재 시각
```

```
const setNowDate = (month, date, day) => {
    $date.textContent = `${month}월 ${date}일 ${day}`;
};

const getNowDate = () => {
    const nowDate = new Date();
    const week = ["일요일", "월요일", "화요일", "수요일", "목요일", "금요일", "토요일"];
    let month = nowDate.getMonth() + 1;
    let date = nowDate.getDate();
    let day = week[nowDate.getDay()];
    setNowDate(month, date, day);
};

const getNowTime = () => {
    const nowDate = new Date();
    let hour = nowDate.getHours();
    let minute = nowDate.getMinutes();
    console.log(hour, minute);
};

getNowDate();
getNowTime();
```

Console

14 2

코드 출력 결과 현재 시간이 알맞게 출력된 것을 볼 수 있습니다. 마찬가지로 값이 알맞게 출력된 것을 확인했다면, setNowTime 함수를 생성해 $time 요소의 텍스트에 현재 시각을 추가해 보겠습니다.

예제 12.24 clock.js $time 요소에 현재 시간 텍스트 추가하기   clock.js

```
const $date = document.getElementById("today-date"); //오늘 날짜
const $time = document.getElementById("now-time"); //현재 시각

const setNowDate = (month, date, day) => {
    $date.textContent = `${month}월 ${date}일 ${day}`;
```

```javascript
};

const getNowDate = () => {
    const nowDate = new Date();
    const week = ["일요일", "월요일", "화요일", "수요일", "목요일", "금요일", "토요일"];
    let month = nowDate.getMonth() + 1;
    let date = nowDate.getDate();
    let day = week[nowDate.getDay()];
    setNowDate(month, date, day);
};

const setNowTime = (hour, minute) => {
    $time.textContent = `${hour}:${minute}`;
};

const getNowTime = () => {
    const nowDate = new Date();
    let hour = nowDate.getHours();
    let minute = nowDate.getMinutes();
    setNowTime(hour, minute);
};

getNowDate();
getNowTime();
```

setNowDate 함수와 유사하게, setNowTime 함수는 hour과 minute 변수를 매개변수로 받고
getNowTime 함수의 내부에서 호출해 주었습니다. 코드를 알맞게 작성하면 다음 그림과 같이
현재 시각이 $time 요소의 텍스트로 추가됩니다.

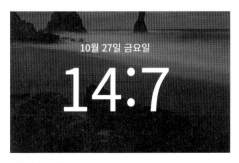

그림 12-11 웹 페이지에 표시된 날짜와 시각 확인

그림에서 시를 나타내는 숫자는 두 자릿수지만, 분을 나타내는 숫자는 한 자릿수인 것을 볼 수 있습니다. 좀 더 완벽한 디지털 시계를 만들기 위해 현재 시각과 오늘 날짜를 나타내는 숫자를 모두 두 자릿수로 맞춰보겠습니다. modifyNumber라는 함수를 생성하고 매개변수로 숫자를 받아, 전달받은 숫자가 10보다 작다면 숫자 앞에 0을 붙인 값을 반환하고 10보다 크거나 같다면 전달받은 숫자를 그대로 반환해 주는 코드를 작성해 줍시다.

예제 12.25 clock.js 한 자리 숫자를 두 자리 숫자로 반환하는 modifyNumber 함수 생성   clock.js

```js
const $date = document.getElementById("today-date"); //오늘 날짜
const $time = document.getElementById("now-time"); //현재 시각

const modifyNumber = (number) => {
    return number < 10 ? "0" + number : number;
};

const setNowDate = (month, date, day) => {
    $date.textContent = `${month}월 ${date}일 ${day}`;
};

const getNowDate = () => {
    const nowDate = new Date();
    const week = ["일요일", "월요일", "화요일", "수요일", "목요일", "금요일", "토요일"];
    let month = modifyNumber(nowDate.getMonth() + 1);
    let date = modifyNumber(nowDate.getDate());
    let day = week[nowDate.getDay()];
    setNowDate(month, date, day);
};

const setNowTime = (hour, minute) => {
    $time.textContent = `${hour}:${minute}`;
};

const getNowTime = () => {
    const nowDate = new Date();
    let hour = modifyNumber(nowDate.getHours());
    let minute = modifyNumber(nowDate.getMinutes());
    setNowTime(hour, minute);
```

```
    };

  getNowDate();
  getNowTime();
```

modifyNumber 함수에는 삼항 연산자를 사용해 전달받은 매개변수가 10보다 작다면 number 에 0을 붙인 값을 반환하고, 만약 그렇지 않다면 number를 반환하는 코드를 작성했습니다. 그 다음 modifyNumber 함수에 month, date, hour, minute 변수 값을 전달해 주면 다음 그림과 같 이 조금 더 깔끔한 디지털 시계를 만들 수 있습니다.

그림 12-12 웹 페이지에 표시된 날짜와 디지털 시계 확인

이렇게 오늘 날짜와 현재 시각을 나타내는 디지털 시계를 개발했습니다. 하지만 완성된 디지털 시계에 한 가지 이상한 점이 있습니다. 디지털 시계는 시간이 흐르면 시와 분이 알맞게 변경돼 야 하지만, 지금은 아무리 기다려봐도 시와 분이 변경되지 않습니다. 우리는 현재의 시각과 날 짜를 가져오는 코드를 작성했기 때문에 시간이 흐르는 것을 감지하지 못하고 코드가 실행된 시 점의 시각으로 값이 고정되어 있는 것입니다. 그럼 이 디지털 시계가 시간이 흐르는 것을 감지 해 계속해서 현재의 시각을 나타낼 수 있게 코드를 수정해 봅시다. 디지털 시계가 현재 시각을 나타내려면 getNowTime 함수를 1초에 한 번씩 실행해 줘야 합니다.

특정 함수를 1초에 한 번씩 호출하기 위해서는 자바스크립트의 setInterval이라는 내장 함수 를 사용합니다. setInterval 함수는 setTimeout 함수와 비슷하게 매개변수로 실행할 함수와 ms를 전달받습니다. 디지털 시계가 현재 시각을 나타낼 수 있게 setInterval 함수를 사용해 코 드를 수정해보겠습니다.

```javascript
const $date = document.getElementById("today-date"); //오늘 날짜
const $time = document.getElementById("now-time"); //현재 시각

const modifyNumber = (number) => {
    return number < 10 ? "0" + number : number;
};

const setNowDate = (month, date, day) => {
    $date.textContent = `${month}월 ${date}일 ${day}`;
};

const getNowDate = () => {
    const nowDate = new Date();
    const week = ["일요일", "월요일", "화요일", "수요일", "목요일", "금요일", "토요일"];
    let month = modifyNumber(nowDate.getMonth() + 1);
    let date = modifyNumber(nowDate.getDate());
    let day = week[nowDate.getDay()];
    setNowDate(month, date, day);
};

const setNowTime = (hour, minute) => {
    $time.textContent = `${hour}:${minute}`;
};

const getNowTime = () => {
    const nowDate = new Date();
    let hour = modifyNumber(nowDate.getHours());
    let minute = modifyNumber(nowDate.getMinutes());
    setNowTime(hour, minute);
};

getNowDate();
getNowTime();
setInterval(getNowTime, 1000);
```

getNowTime 함수를 1초에 한 번씩 호출해야 하므로 setInterval 함수에 getNowTime과 1000ms를 전달했습니다. 코드를 수정하고 시간이 바뀔 때까지 기다리면 자동으로 시간이 변경되는 것을 확인할 수 있습니다. 이렇게 지금까지 배운 여러 개념을 활용해서 디지털 시계를 완성했습니다.

12.2.2 검색 바 제작

이번에는 검색어를 입력하면 구글의 검색 결과 창으로 이동하는 기능을 개발해 보겠습니다. src의 js 폴더 안에 search.js 파일을 만들고, index.html 파일의 body 태그 맨 아래에 해당 자바스크립트 파일을 포함시키는 코드를 작성합니다. 그리고 클래스 명이 main-wrapper인 div 요소의 내부, 즉 id 값이 today-info인 div 요소 아래에 클래스 명이 search인 div 요소를 추가합니다.

그림 12-13 개발할 프로젝트의 구조

클래스 명이 search인 div 요소 안에는 검색어를 입력할 input 폼을 넣고 id 이름을 search-input으로, placeholder는 '검색어를 입력하세요'로 설정해 보겠습니다.

예제 12.27 검색 바 제작에 필요한 요소 작성하기   index.html

```
<!DOCTYPE html>
<html>
    …생략…
```

```html
<body>
    <div id="main-container">
        <div class="main-wrapper">
            <div class="today-info">
                …생략…
            </div>
            <div class="search">
                <input id="search-input" placeholder="검색어를 입력하세요" />
            </div>
        </div>
    </div>
    <script src="src/js/clock.js"></script>
    <script src="src/js/search.js"></script>
</body>
</html>
```

위의 코드와 동일하게 index.html 코드를 작성하면 그림과 같이 디지털 시계의 아래 쪽에 검색어를 입력할 수 있는 검색 바가 표시됩니다.

그림 12-14 검색 바 결과물

지금은 검색 바에 검색어를 입력해 [Enter] 키를 눌러도 아무 일도 일어나지 않지만, search.js에 코드를 작성해서 검색어를 입력하고 [Enter] 키를 누르면 구글 검색 결과 창으로 이동하는 기능을 개발해 봅시다. 먼저 getElementById를 사용해서 id 값이 search-input인 input 요소를 $search 변수에 할당하고 구글 검색 결과 페이지로 이동하는 기능을 하는 moveResultPage 함수를 생성해 보겠습니다.

예제 12.28 검색 바 요소에 접근하기 search.js

```javascript
const $search = document.getElementById("search-input");

const moveResultPage = () => {};
```

검색어를 입력하면 구글의 검색 결과 페이지로 이동하는 기능을 개발해야 하므로 먼저 구글에서 '자바스크립트'라는 검색어를 입력하면 어떤 페이지로 이동하는지 살펴봅시다.

그림 12-15 구글 검색 결과 페이지 url 분석

구글의 검색 바에 '자바스크립트'를 검색하면 페이지 URL이 'google.co.kr'에서 'google.co.kr/search?q=자바스크립트'로 변경되는 것을 볼 수 있습니다. 그에 따라 moveResultPage 함수의 내부에 검색 바에 입력된 값을 받아와서 'google.co.kr/search?q=' 뒤에 검색어를 넣고 해당 페이지로 이동하는 코드를 작성해 보겠습니다.

어떤 주소로 페이지를 이동시키는 데는 자바스크립트의 window 객체를 사용합니다. window 객체의 location.href 속성을 사용하면 페이지를 특정 주소의 웹 페이지로 이동시킬 수 있습니다.

예제 12.29 window 객체를 사용해 페이지 이동시키기 search.js

```javascript
const $search = document.getElementById("search-input");

const moveResultPage = () => {
    let searchWord = $search.value;
    window.location.href = `https://google.com/search?q=${searchWord}`;
    searchWord = "";
};
```

여기까지 작성했다면 이번에는 검색어를 입력하고 [Enter] 키를 눌렀을 때 moveResultPage 함수를 실행할 수 있게 코드를 추가해 보겠습니다. enterKey라는 함수를 생성하고 매개변수로 event를 받아 이 event의 코드가 Enter일 때 moveResultPage 함수를 실행하는 코드입니다.

예제 12.30 검색 후 누른 키가 엔터일 때 moveResultPage 함수 실행시키기   search.js

```javascript
const $search = document.getElementById("search-input");

const moveResultPage = () => {
    let searchWord = $search.value;
    window.location.href = `https://google.com/search?q=${searchWord}`;
    searchWord = "";
};

const enterKey = (event) => {
    if (event.code === "Enter") {
        moveResultPage();
    }
};
```

enterKey 함수의 매개변수인 event는 $search 요소에 addEventListener를 사용해서 특정 키를 누르는 이벤트인 keypress를 통해 받아올 수 있습니다.

예제 12.31 $search 요소에 이벤트 설정하기   search.js

```javascript
const $search = document.getElementById("search-input");

const moveResultPage = () => {
    let searchWord = $search.value;
    window.location.href = `https://google.com/search?q=${searchWord}`;
    searchWord = "";
};

const enterKey = (event) => {
    if (event.code === "Enter") {
        moveResultPage();
    }
};
```

```
$search.addEventListener("keypress", (event) => {
    enterKey(event);
});
```

addEventListener의 event를 keypress로 설정하고 listener에 작성된 함수의 매개변수로는 event를 받아 이 event를 enterKey 함수에 인수로 전달합니다. 그럼 누른 키의 종류가 저장된 event 변수의 값이 Enter 키와 같다면, moveResultPage 함수를 실행시켜 검색어를 검색한 결과 페이지로 이동시킬 수 있습니다. 코드를 작성하고 웹 페이지의 검색 바에 '자바스크립트'를 입력한 다음, [Enter] 키를 눌러보면 '자바스크립트'를 검색한 결과 페이지로 알맞게 이동하는 것을 볼 수 있습니다.

12.2.3 명언 API 호출

다음으로, 명언 API를 사용해서 랜덤으로 명언을 불러와 화면에 나타내는 기능을 개발해 보겠습니다. 이번에도 src의 js 폴더에 quote.js 파일을 생성한 다음, index.html의 body 태그 맨 아래에 스크립트를 추가합니다. 그리고 index.html의 클래스 명이 main-wrapper인 div 아래에 id가 quote인 div 요소를 추가합니다.

예제 12.32 명언을 표시할 요소 작성하기   index.html

```
<!DOCTYPE html>
<html>
    …생략…
    <body>
        <div id="main-container">
            <div class="main-wrapper">
                …생략…
            </div>
            <div id="quote">
                <!-- 명언 -->
            </div>
        </div>
        <script src="src/js/clock.js"></script>
        <script src="src/js/search.js"></script>
```

```
        <script src="src/js/quote.js"></script>
    </body>
</html>
```

quote.js 파일에서는 API를 통해 받아온 명언 데이터를 웹 페이지에 표시하는 기능을 개발해야 합니다. API 주소는 `https://random-quote.hyobb.com/`을 사용하겠습니다. 먼저 `getElementById`를 사용해 id 값이 quote인 div 요소를 가져옵니다.

예제 12.33 API 주소 선언 및 명언을 표시할 요소에 접근하기   quote.js

```
const API_URL = "https://random-quote.hyobb.com/";
const $quote = document.getElementById("quote");
```

그다음 getQuote 함수를 생성하고, 함수 내부에서 API를 호출해 명언 데이터를 받아오겠습니다. 이때 API는 fetch 메서드를 사용해 호출할 수 있고, API 호출은 성공할 수도 실패할 수도 있기 때문에 async와 await를 사용해 비동기로 처리했습니다. fetch 메서드의 반환값은 프로미스 객체이므로 then 메서드를 사용할 수 있고, 반환값은 json 메서드를 사용해 자바스크립트 객체로 변환했습니다. 이제 getQuote 함수 내부에 명언 API를 호출하는 코드를 작성하고 호출의 결괏값을 출력해 보겠습니다.

예제 12.34 명언 API 호출 후 결괏값 출력하기   quote.js

```
const API_URL = "https://random-quote.hyobb.com/";
const $quote = document.getElementById("quote");

const getQuote = async () => {
    const data = await fetch(API_URL).then((res) => res.json());
    console.log(data);
};

getQuote();
```

Console

```
0: {result: 'success'}
1: {respond: '꿈은 계속 간직하고 있으면 반드시 실현할 때가 온다. - 괴테'}
length: 2
[[Prototype]]: Array(0)
```

출력 결과를 보면 API 호출에 성공했고, 배열의 1번째 index에 respond라는 key 값으로 명언이 담겨오는 것을 확인할 수 있습니다. 호출 결괏값이 알맞게 오는 것을 확인했으니 이제 result 변수에 랜덤으로 오는 명언을 할당하고, try와 catch를 사용해 에러 처리를 해보겠습니다.

예제 12.35 try와 catch를 사용해 에러 처리하기   quote.js

```javascript
const API_URL = "https://random-quote.hyobb.com/";
const $quote = document.getElementById("quote");

const getQuote = async () => {
    try {
        const data = await fetch(API_URL).then((res) => res.json());
        const result = data[1].respond;
        console.log(result);
    } catch (err) {
        console.log(`err : ${err}`);
    }
};

getQuote();
```

Console

네 자신의 불행을 생각하지 않게 되는 가장 좋은 방법은 일에 몰두하는 것이다. - 베토벤

getQutoe 함수에서 API를 호출하는 코드는 try 문으로 묶고, catch 문에서는 에러를 출력할 수 있게 코드를 작성했습니다. result 변수에는 API 호출 결괏값인 data의 1번째 index에 할당된 명언을 할당하고 출력했습니다. 출력 결과, 명언이 알맞게 출력된 것을 볼 수 있습니다. 이렇게 getQuote 함수에서 API를 통해 명언을 가져왔습니다. 이제는 가져온 명언을 매개변수로 전달받는 setQuote 함수를 생성하고, setQuote 함수의 내부에 명언 데이터를 $quote 요소의 텍스트로 설정하는 코드를 작성해 봅시다.

예제 12.36 $quote 요소에 명언 API 결괏값 텍스트로 추가하기   quote.js

```javascript
const API_URL = "https://random-quote.hyobb.com/";
const $quote = document.getElementById("quote");
```

```
const setQuote = (result) => {
    $quote.textContent = `"${result}"`;
};

const getQuote = async () => {
    try {
        const data = await fetch(API_URL).then((res) => res.json());
        const result = data[1].respond;
        setQuote(result);
    } catch (err) {
        console.log(`err : ${err}`);
        setQuote("만약 하루를 성공하고 싶다면, 반드시 첫 한 시간을 성공해야 한다.");
    }
};

getQuote();
```

위와 같이 setQuote 함수를 생성하고, getQuote 함수의 내부에서 setQuote 함수를 호출했습
니다. 에러를 처리하는 catch 문 내부에는 setQuote 함수에 가장 좋아하는 명언을 전달해 에
러가 발생할 경우 가장 좋아하는 명언이 화면에 표시될 수 있게 했습니다. 코드를 실행하면 웹
페이지의 하단에 명언이 알맞게 출력되는 것을 볼 수 있습니다.

그림 12-16 웹 페이지 하단에 출력된 명언

지금까지 개발한 웹 페이지를 새로 고침 해보겠습니다. 새로 고침 버튼을 누르면 새로 고침을 할 때마다 명언이 계속 변경되는 것을 볼 수 있습니다. 너무 많은 API 호출은 오류를 발생시킬 수 있고, 웹 페이지의 성능을 떨어트릴 수 있기 때문에 로컬 스토리지를 사용해 API가 하루에 한 번만 호출될 수 있도록 코드를 수정해 봅시다.

우선 개발자 도구의 애플리케이션 탭에 들어가서 로컬 스토리지의 데이터를 모두 삭제해 보겠습니다. 동일한 날짜에는 이미 로컬 스토리지에 저장된 명언을 가져오고, 날짜가 바뀌면 명언 API를 호출하는 코드를 작성하기 위해 nowDate라는 변수에 Date 객체를 저장해주고 month와 date 변수에 오늘의 월과 일을 할당해 줍니다.

예제 12.37 명언 생성 날짜 가져오기　　　　　　　　　　　　　　　　　　　　　　quote.js

```
const API_URL = "https://random-quote.hyobb.com/";
const $quote = document.getElementById("quote");

const nowDate = new Date();
const month = nowDate.getMonth() + 1;
const date = nowDate.getDate();

const setQuote = (result) => {
    $quote.textContent = `"${result}"`;
};

const getQuote = async () => {
    try {
        const data = await fetch(API_URL).then((res) => res.json());
        const result = data[1].respond;
        setQuote(result);
    } catch (err) {
        console.log(`err : ${err}`);
        setQuote("만약 하루를 성공하고 싶다면, 반드시 첫 한 시간을 성공해야 한다.");
    }
};

getQuote();
```

이제 로컬 스토리지에 명언 데이터와 명언 데이터의 생성 날짜를 저장해 보겠습니다. 로컬 스토리지에 저장할 객체의 프로퍼티로는 명언 생성 날짜인 createdDate와 명언인 quoteData를 설정하고, 이 객체를 setQuote 함수 내부의 quote라는 변수에 넣어주겠습니다. 로컬 스토리지는 문자열 데이터만 저장할 수 있기 때문에 quote 변수에 담긴 객체는 JSON.stringify()를 사용해서 문자열로 변환한 후 로컬 스토리지에 저장하겠습니다.

예제 12.38 로컬 스토리지에 명언 생성 날짜와 명언 데이터 저장하기   quote.js

```javascript
const API_URL = "https://random-quote.hyobb.com/";
const $quote = document.getElementById("quote");

const nowDate = new Date();
const month = nowDate.getMonth() + 1;
const date = nowDate.getDate();

const setQuote = (result) => {
    let quote = { createdDate: `${month}-${date}`, quoteData: result };
    localStorage.setItem("quote", JSON.stringify(quote));
    $quote.textContent = `"${result}"`;
};

const getQuote = async () => {
    try {
        const data = await fetch(API_URL).then((res) => res.json());
        const result = data[1].respond;
        setQuote(result);
    } catch (err) {
        console.log(`err : ${err}`);
        setQuote("만약 하루를 성공하고 싶다면, 반드시 첫 한 시간을 성공해야 한다.");
    }
};

getQuote();
```

코드를 실행하면 다음 그림처럼 로컬 스토리지에 createdDate와 quoteData가 quote라는 키 값으로 알맞게 저장되는 것을 볼 수 있습니다.

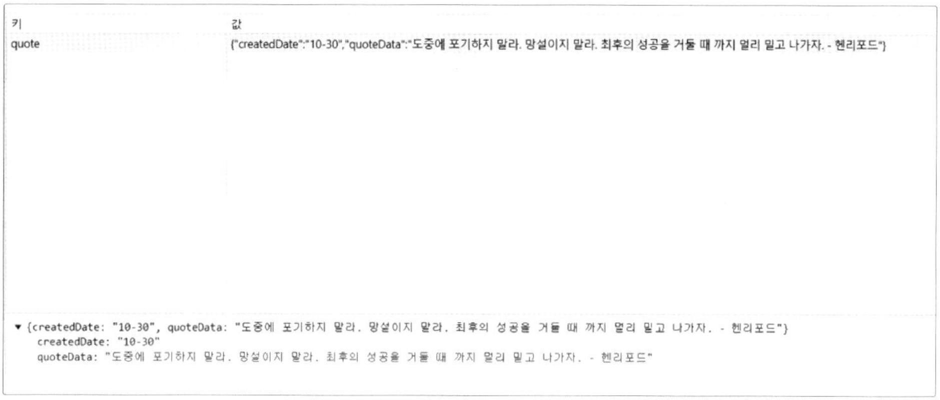

| 키 | 값 |
| quote | ("createdDate":"10-30","quoteData":"도중에 포기하지 말라. 망설이지 말라. 최후의 성공을 거둘 때 까지 멀리 밀고 나가자. - 헨리포드") |

▼ {createdDate: "10-30", quoteData: "도중에 포기하지 말라. 망설이지 말라. 최후의 성공을 거둘 때 까지 멀리 밀고 나가자. - 헨리포드"}
    createdDate: "10-30"
    quoteData: "도중에 포기하지 말라. 망설이지 말라. 최후의 성공을 거둘 때 까지 멀리 밀고 나가자. - 헨리포드"

그림 12-17 로컬 스토리지에 저장된 명언 확인하기

이제 로컬 스토리지에 저장된 명언이 존재하고, **createdDate** 값이 오늘 날짜와 동일하다면 로컬 스토리지에 저장된 명언을 웹 페이지에 나타내고, 그렇지 않다면 **getQuote** 함수를 호출해 새로운 명언을 불러오는 기능의 코드를 작성해 보겠습니다.

예제 12.39 하루에 한 번만 명언 API를 호출하도록 수정하기　　　　　　　　　　　quote.js

```javascript
const API_URL = "https://random-quote.hyobb.com/";
const $quote = document.getElementById("quote");
const quoteItem = localStorage.getItem("quote");

const nowDate = new Date();
const month = nowDate.getMonth() + 1;
const date = nowDate.getDate();

const setQuote = (result) => {
    let quote = { createdDate: `${month}-${date}`, quoteData: result };
    localStorage.setItem("quote", JSON.stringify(quote));
    $quote.textContent = `"${result}"`;
};

const getQuote = async () => {
    try {
        const data = await fetch(API_URL).then((res) => res.json());
        const result = data[1].respond;
```

```
                setQuote(result);
        } catch (err) {
            console.log(`err : ${err}`);
            setQuote("만약 하루를 성공하고 싶다면, 반드시 첫 한 시간을 성공해야 한다.");
        }
    };


    if (quoteItem) {
        let { createdDate, quoteData } = JSON.parse(quoteItem);
        if (createdDate === `${month}-${date}`) {
            $quote.textContent = `"${quoteData}"`;
        } else {
            getQuote();
        }
    } else {
        getQuote();
    }
```

위와 같이 quoteItem 변수에는 로컬 스토리지의 quote 데이터를 가져와서 할당하고, 조건문을
사용해 quoteItem의 createdDate가 오늘 날짜와 같다면 로컬 스토리지에 저장된 명언 데이터
를, 그렇지 않다면 getQuote 함수 호출을 통해 새로운 명언 데이터를 화면에 나타내는 코드를
작성했습니다. 이제 코드 실행 결과 화면을 아무리 새로 고침 하더라도 명언이 변경되지 않고
유지되는 것을 확인할 수 있습니다.

12.2.4 북마크바 제작

이제 '나만의 크롬 시작화면'의 북마크를 만들어보겠습니다. 북마크는 북마크 바와 북마크 추가
버튼, 그리고 북마크 리스트로 이루어져 있습니다.

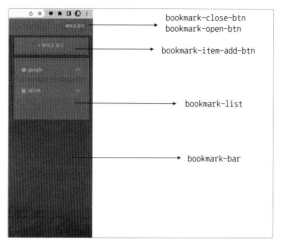

그림 12-18 개발할 북마크의 구조 확인

먼저 index.html에서 id가 main-container인 div 아래에 클래스 명이 bookmark-btn과 close, id값이 bookmark-close-btn인 div와 클래스 명이 bookmark-btn과 open, id 값이 bookmark-open-btn인 div를 생성해 보겠습니다. 각각의 div 안에는 id가 bookmark-close-btn-text인 div와 id가 bookmark-open-btn-text인 div를 작성하고 텍스트로는 '북마크 닫기', '북마크 열기'를 작성합니다. 그리고 그 아래에는 bookmark-bar라는 클래스와 id를 갖는 div를 만들어주고 마지막으로 bookmark-toggle.js 파일을 만들어 html 문서에 추가합니다.

예제 12.40 북마크 바 요소 작성하기   index.html

```html
<!DOCTYPE html>
<html>
    …생략…
    <body>
        <div id="main-container">
            …생략…
        </div>
        <div class="bookmark-btn close" id="bookmark-close-btn">
            <div id="bookmark-close-btn-text">북마크 닫기</div>
        </div>
        <div class="bookmark-btn open" id="bookmark-open-btn">
            <div id="bookmark-open-btn-text">북마크 열기</div>
        </div>
```

```
        <div id="bookmark-bar"></div>

        <script src="src/js/clock.js"></script>
        <script src="src/js/search.js"></script>
        <script src="src/js/quote.js"></script>
        <script src="src/js/bookmark-toggle.js"></script>
    </body>
</html>
```

이제 [북마크 닫기] 버튼을 누르면 북마크 바를 닫고, [북마크 열기] 버튼을 누르면 닫혀 있던 북마크 바를 열어주는 기능을 개발해 보겠습니다. getElementById를 사용해서 id 값이 각각 bookmark-open-btn, bookmark-close-btn, bookmark-bar인 세 요소를 가져오겠습니다.

예제 12.41 bookmark–toggle.js 생성한 북마크 바 요소에 접근하기   bookmark–toggle.js

```
const $bookmarkBar = document.getElementById("bookmark-bar"); //북마크 바
const $bookmarkCloseBtn = document.getElementById("bookmark-close-btn"); // 북마크 닫기
버튼
const $bookmarkOpenBtn = document.getElementById("bookmark-open-btn"); // 북마크 열기 버튼
const $bookmarkCloseText = document.getElementById("bookmark-close-btn-text"); //북마크
닫기 텍스트
const $bookmarkOpenText = document.getElementById("bookmark-open-btn-text"); //북마크
열기 텍스트
```

북마크 바를 닫은 상태에서 웹 페이지를 종료했다면 다음에 웹 페이지에 재접속할 때도 북마크 바가 닫힌 상태여야 하고, 북마크 바를 연 상태에서 웹 페이지를 종료했다면 다음에 재접속했을 때도 북마크 바를 연 상태로 유지하고 있어야 하므로 이 북마크 바가 열렸는지 닫혔는지에 대한 정보는 로컬 스토리지에 저장해 주겠습니다.

[북마크 열기]와 [북마크 닫기] 버튼을 눌렀을 때 실행되는 함수를 bookmarkBarToggle이라는 이름으로 생성하고, 함수의 내부에는 isBookmarkBarOpen이라는 변수를 생성해 로컬 스토리지에 isBookmarkBarOpen 변수와 같은 이름의 키 값을 갖는 데이터를 localStorage의 getItem 메서드를 사용해 가져와 보겠습니다.

예제 12.42 bookmarkBarToggle 함수 생성하기   bookmark-toggle.js

```
const $bookmarkBar = document.getElementById("bookmark-bar"); //북마크 바
const $bookmarkCloseBtn = document.getElementById("bookmark-close-btn"); // 북마크 닫기
버튼
const $bookmarkOpenBtn = document.getElementById("bookmark-open-btn"); // 북마크 열기 버튼
const $bookmarkCloseText = document.getElementById("bookmark-close-btn-text"); //북마크
닫기 텍스트
const $bookmarkOpenText = document.getElementById("bookmark-open-btn-text"); //북마크
열기 텍스트

const bookmarkBarToggle = () => {
    let isBookmarkBarOpen = localStorage.getItem("isBookmarkBarOpen ");
};
```

여기까지 작성을 완료했다면 `bookmarkBarToggle` 함수의 코드를 작성하기 전에 먼저 `isBookmarkOpen`의 값에 따라, 혹은 값의 유무에 따라 북마크 바가 어떤 상태가 되는지 살펴보겠습니다.

표 12-1 isBookmarkOpen 값에 따른 북마크 바 상태

isBookmarkOpen 값	bookmarkBarToggle 실행 전	bookmarkBarToggle 실행 후
close	북마크 바 닫힌 상태	북마크 바 열린 상태
open	북마크 바 열린 상태	북마크 바 닫힌 상태
X	북마크 바 닫힌 상태	북마크 바 열린 상태

북마크 바는 열린 상태와 닫힌 상태, 두 가지 상황으로 나눌 수 있습니다. 북마크 바를 여는 상황은 변수 `isBookmarkOpen`의 값이 `close`일 때이고, 북마크 바를 닫는 상황은 변수 `isBookmarkOpen`의 값이 `open`일 때와 로컬 스토리지에 `isBookmarkOpen` 값이 존재하지 않을 때입니다. 이를 조건문으로 나눠보면, 크게는 `isBookmarkOpen` 값이 존재하는 경우와 존재하지 않을 경우로 구분하고, `isBookmarkOpen` 값이 `open`인 경우와 `close`인 경우로 나눌 수 있습니다. 이제 코드로 조건문을 작성해 보겠습니다.

예제 12.43 조건에 맞게 로컬 스토리지 isBookmarkBarOpen 값 설정하기   bookmark-toggle.js

```javascript
const $bookmarkBar = document.getElementById("bookmark-bar"); //북마크 바

const $bookmarkCloseBtn = document.getElementById("bookmark-close-btn"); // 북마크 닫기
버튼

const $bookmarkOpenBtn = document.getElementById("bookmark-open-btn"); // 북마크 열기 버튼

const $bookmarkCloseText = document.getElementById("bookmark-close-btn-text"); //북마크
닫기 텍스트

const $bookmarkOpenText = document.getElementById("bookmark-open-btn-text"); //북마크
열기 텍스트


const bookmarkBarToggle = () => {
    let isBookmarkBarOpen = localStorage.getItem("isBookmarkBarOpen");
    if (isBookmarkBarOpen) {
        if (isBookmarkBarOpen === "open") {
            localStorage.setItem("isBookmarkBarOpen", "close");
        } else {
            localStorage.setItem("isBookmarkBarOpen", "open");
        }
    } else {
        localStorage.setItem("isBookmarkBarOpen", "close");
    }
};


$bookmarkOpenBtn.addEventListener("click", bookmarkBarToggle);
$bookmarkCloseBtn.addEventListener("click", bookmarkBarToggle);
```

이렇게 bookmarkBarToggle 함수에 조건문을 사용해서 로컬 스토리지에 북마크 바가 열렸는지
닫혔는지에 대한 정보를 저장하는 코드를 작성했습니다. bookmarkBarToggle 함수는 [북마크
열기]와 [북마크 닫기] 버튼을 눌렀을 때 실행하는 함수이므로 두 버튼 요소를 getElementById
를 사용해 가져온 다음 addEventListener를 사용해 버튼이 클릭될 때 bookmarkBarToggle 함
수를 실행시켜 주는 코드를 추가했습니다.

실제로 웹 페이지의 오른쪽 상단에 있는 버튼을 눌러보면 애플리케이션 탭의 로컬 스토리지에
키 값이 isBookmarkOpen인 데이터의 값이 close와 open으로 변하는 것을 볼 수 있습니다. 로
컬 스토리지의 값이 알맞게 변경되는 것을 확인했다면 이제 북마크 바의 스타일을 적용해 보겠

습니다. isBookmarkOpen 값이 open이라면 [북마크 닫기] 버튼을 눌러 북마크가 보이지 않도록 해야 하고, isBookmarkOpen의 값이 close라면 [북마크 열기] 버튼을 눌러 북마크가 화면에 나타나도록 만들어야 합니다. 요소의 스타일은 style 프로퍼티를 사용해서 조작할 수 있습니다. style 프로퍼티를 사용해 코드를 추가해 보겠습니다.

예제 12.44 북마크 바 상태에 맞게 스타일 수정하기   bookmark—toggle.js

```
const $bookmarkBar = document.getElementById("bookmark-bar"); //북마크 바
const $bookmarkCloseBtn = document.getElementById("bookmark-close-btn"); // 북마크 닫기
버튼
const $bookmarkOpenBtn = document.getElementById("bookmark-open-btn"); // 북마크 열기 버튼
const $bookmarkCloseText = document.getElementById("bookmark-close-btn-text"); //북마크
닫기 텍스트
const $bookmarkOpenText = document.getElementById("bookmark-open-btn-text"); //북마크
열기 텍스트

const isBookmarkBarOpen = localStorage.getItem("isBookmarkBarOpen");
if (isBookmarkBarOpen === "close") {
    //현재 북마크 바가 닫혀있다면
    $bookmarkBar.style.display = "none";
    $bookmarkCloseBtn.style.display = "none";
    $bookmarkOpenBtn.style.display = "flex";
} else {
    //현재 북마크 바가 열려있다면
    $bookmarkBar.style.display = "block";
    $bookmarkCloseBtn.style.display = "flex";
    $bookmarkOpenBtn.style.display = "none";
}

const bookmarkBarToggle = () => {
    let isBookmarkBarOpen = localStorage.getItem("isBookmarkBarOpen");
    if (isBookmarkBarOpen) { // isBookmarkBarOpen 값이 존재하고
        if (isBookmarkBarOpen === "open") { // 값이 open 이라면
            localStorage.setItem("isBookmarkBarOpen", "close");
            $bookmarkBar.style.display = "none";
            $bookmarkCloseBtn.style.display = "none";
            $bookmarkOpenBtn.style.display = "flex";
        } else { // 값이 close 라면
```

```
            localStorage.setItem("isBookmarkBarOpen", "open");
            $bookmarkBar.style.display = "block";
            $bookmarkCloseBtn.style.display = "flex";
            $bookmarkOpenBtn.style.display = "none";
        }
    } else { //isBookmarkBarkOpen 값이 존재하지 않다면
        localStorage.setItem("isBookmarkBarOpen", "close");
        $bookmarkBar.style.display = "none";
        $bookmarkCloseBtn.style.display = "none";
        $bookmarkOpenBtn.style.display = "flex";
    }
};


$bookmarkCloseText.addEventListener("click", bookmarkBarToggle);
$bookmarkOpenText.addEventListener("click", bookmarkBarToggle);
```

위의 코드와 같이 style 프로퍼티를 사용해서 웹 페이지에 처음 접속했을 때, 그리고 북마크를 열고 닫는 버튼을 눌렀을 때 북마크 바를 화면에서 보이지 않게 하거나 화면에 나타낼 수 있도록 코드를 작성했습니다. 이렇게 북마크 바의 기능은 모두 개발했지만, 작성한 코드를 살펴보면 너무 많은 조건식 때문에 코드가 복잡해 보입니다. 이러한 코드는 **얼리 리턴 패턴**을 적용해 깔끔하게 수정할 수 있습니다.

코드를 다시 한번 살펴보겠습니다. 로컬 스토리지의 isBookmarkOpen 데이터가 close일 경우에만 북마크 바를 열고, 나머지 경우에는 모두 북마크 바를 닫는 것을 볼 수 있습니다. 그렇기 때문에 isBookmarkOpen 값이 close일 경우에만 북마크 바를 열고 리턴해 준 다음, 아래에는 북마크 바를 닫는 기능의 코드를 작성해 주면 훨씬 더 깔끔한 코드가 될 것입니다. 얼리 리턴 패턴을 사용해서 코드를 좀 더 깔끔하게 작성해 보겠습니다.

예제 12.45 얼리 리턴 패턴을 적용해 코드 수정하기   bookmark-toggle.js

```
const $bookmarkBar = document.getElementById("bookmark-bar"); //북마크 바
const $bookmarkCloseBtn = document.getElementById("bookmark-close-btn"); // 북마크 닫기
버튼
const $bookmarkOpenBtn = document.getElementById("bookmark-open-btn"); // 북마크 열기 버튼
const $bookmarkCloseText = document.getElementById("bookmark-close-btn-text"); //북마크
닫기 텍스트
```

```
const $bookmarkOpenText = document.getElementById("bookmark-open-btn-text"); //북마크
열기 텍스트


const isBookmarkBarOpen = localStorage.getItem("isBookmarkBarOpen");


if (isBookmarkBarOpen === "close") {
    //현재 북마크 바가 닫혀있다면
    $bookmarkBar.style.display = "none";

    $bookmarkCloseBtn.style.display = "none";

    $bookmarkOpenBtn.style.display = "flex";
} else {
    //현재 북마크 바가 열려있다면
    $bookmarkBar.style.display = "block";

    $bookmarkCloseBtn.style.display = "flex";

    $bookmarkOpenBtn.style.display = "none";
}


const bookmarkBarToggle = () => {
    let isBookmarkBarOpen = localStorage.getItem("isBookmarkBarOpen");
    if (isBookmarkBarOpen === "close") {
        //isBookmarkBarOpen 값이 close일 경우
        //닫힘 -> 열림
        localStorage.setItem("isBookmarkBarOpen", "open");

        $bookmarkBar.style.display = "block";

        $bookmarkCloseBtn.style.display = "flex";

        $bookmarkOpenBtn.style.display = "none";

        return;
    }
    //isBookmarkBarOpen 값이 없거나, 값이 open일 경우
    //열림 -> 닫힘
    localStorage.setItem("isBookmarkBarOpen", "close");

    $bookmarkBar.style.display = "none";

    $bookmarkCloseBtn.style.display = "none";

    $bookmarkOpenBtn.style.display = "flex";
};


$bookmarkCloseText.addEventListener("click", bookmarkBarToggle);

$bookmarkOpenText.addEventListener("click", bookmarkBarToggle);
```

이렇게 웹 페이지의 북마크 바를 개발하고 코드를 깔끔하게 정리까지 했습니다. 코드를 저장하고 화면에서 [북마크 열기], [북마크 닫기] 버튼을 눌러보면, 북마크 바가 열리고 닫히는 것을 확인할 수 있습니다.

그림 12-19 북마크 바가 열리고 닫히는 모습

이제 마지막으로 북마크 아이템을 추가하고, 추가한 아이템을 북마크 바에 나타내는 기능을 개발해 보겠습니다.

12.2.5 북마크 아이템 추가

먼저 index.html에 북마크 아이템을 추가하는 버튼과 추가할 북마크 아이템의 정보를 입력할 입력 폼을 작성해 보겠습니다.

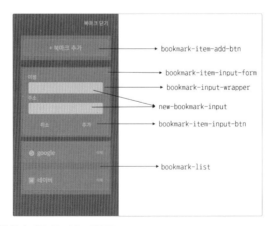

그림 12-20 북마크 아이템 추가 버튼, 폼, 리스트의 구조

북마크 추가 버튼의 id 값은 bookmark-item-input-form, 새로운 북마크의 정보를 입력하는
입력폼의 클래스 명은 bookmark-input-wrapper으로 설정하고, bookmark-input-wrapper 요
소의 내부에는 클래스 명이 new-bookmark-input인 div 안에 북마크의 이름을 입력하는 new-
bookmark-input-name div와 id가 new-bookmark-input-name인 input과 북마크의 주소를 입
력하는 new-bookmark-url div와 id 값이 new-bookmark-input-url인 input 요소를 작성해
보겠습니다. 그리고 그 아래에는 정보 입력이 끝난 북마크 아이템을 최종적으로 추가하는 추가
버튼과 입력을 취소하는 취소 버튼을 추가하고, 가장 아래에는 추가한 북마크를 나타낼 수 있
게 bookmark-list 요소를 작성해 주겠습니다.

예제 12.46 북마크 아이템을 추가하는 데 필요한 요소 작성하기　　　　　　　　　　　　　index.html

```html
<!DOCTYPE html>
<html>
    …생략…
    <body>
        …생략…
        <div id="bookmark-bar">
            <!-- 북마크 바 -->
            <div id="bookmark-item-add-btn">+ 북마크 추가</div>

            <!-- 새로운 북마크 작성폼 -->
            <div id="bookmark-item-input-form">
                <div class="bookmark-input-wrapper">
                    <div class="new-bookmark-input">
                        <div class="label">이름</div>
                        <input class="input" id="new-bookmark-input-name" />
                    </div>
                    <div class="new-bookmark-input">
                        <div class="label">주소</div>
                        <input class="input" id="new-bookmark-input-url" />
                    </div>
                </div>
                <div class="bookmark-item-input-btn">
                    <div class="button" id="cancel-btn">취소</div>
                    <div class="button" id="add-btn">추가</div>
                </div>
            </div>
```

```
        <div id="bookmark-list"></div>
    </div>

    <script src="src/js/clock.js"></script>
    <script src="src/js/search.js"></script>
    <script src="src/js/quote.js"></script>
    <script src="src/js/bookmark-toggle.js"></script>
    <script src="src/js/bookmark.js"></script>
</body>
</html>
```

위와 같은 코드를 index.html에 작성하면 다음 그림과 같이 북마크 바에 [+ 북마크 추가] 버튼이 생성됩니다.

그림 12- 21 [+ 북마크 추가] 버튼이 생성된 화면

위의 그림과 같은 화면이 나오는 것을 확인했다면, 이제 bookmark.js 파일에서 북마크 아이템을 추가하는 기능을 개발해 보겠습니다. 북마크도 웹 페이지를 종료하더라도 기존에 저장했던 아이템이 유지돼야 하므로 로컬 스토리지에 북마크 정보를 저장해야 합니다. 먼저 새로운 북마크 정보를 입력하는 입력 폼 요소를 $newBookmarkForm 변수에 할당해 줍니다. 그다음, 북마크 리스트를 저장하는 bookmarkList라는 빈 배열을 생성해 로컬 스토리지에 bookmarkList 데이터가 있다면 bookmarkList 변수에 로컬 스토리지 정보를 할당하고, 그렇지 않다면 로컬 스토리지에 bookmarkList 데이터를 추가해 주는 코드를 삼항 연산자를 사용해 작성해 보겠습니다.

예제 12.47 로컬 스토리지에 북마크 리스트 저장하기 bookmark.js

```javascript
const $newBookmarkForm = document.getElementById("bookmark-item-input-form"); // 새로운
북마크 정보 입력 폼

let bookmarkList = [];
localStorage.getItem("bookmarkList")
    ? (bookmarkList = JSON.parse(localStorage.getItem("bookmarkList")))
    : localStorage.setItem("bookmarkList", JSON.stringify(bookmarkList));
```

그다음, 화면에 나와 있는 입력 폼을 '북마크 추가' 버튼을 눌렀을 때만 화면에 나타나게 하기
위해 isAddBtnClick이라는 변수를 사용해 새로운 북마크 입력 폼을 화면에서 숨기고 나타낼
수 있게 코드를 작성해 보겠습니다.

예제 12.48 북마크 아이템 추가 폼 스타일 설정하기 bookmark.js

```javascript
const $newBookmarkForm = document.getElementById("bookmark-item-input-form");
const $newBookmarkFormToggleBtn = document.getElementById("bookmark-item-add-btn");
// 북마크 추가 폼 버튼

let bookmarkList = [];
localStorage.getItem("bookmarkList")
    ? (bookmarkList = JSON.parse(localStorage.getItem("bookmarkList")))
    : localStorage.setItem("bookmarkList", JSON.stringify(bookmarkList));

let isAddBtnClick = false;
$newBookmarkForm.style.display = "none";

const newBookmarkToggle = () => {
    isAddBtnClick = !isAddBtnClick;
    isAddBtnClick ? ($newBookmarkForm.style.display = "block") : ($newBookmarkForm. style.
display = "none");
};


$newBookmarkFormToggleBtn.addEventListener("click", newBookmarkToggle);
```

getElementById를 사용해 북마크 추가 버튼 요소를 가져왔고, **isAddBtnClick** 변수를 사용해
버튼을 누르지 않은 상태, 즉 **isAddBtnClick** 변수가 false라면 북마크 입력 폼을 숨기고, 북
마크 추가 버튼을 누른 상태라면 **isAddBtnClick** 변수는 true이므로, 이때 북마크 입력 폼을
화면에 나타내는 코드를 작성했습니다. 이러한 기능은 **newBookmarkToggle**이라는 함수 내부
에 작성해 주고 **newBookmarkToggle** 함수는 북마크 추가 버튼을 눌렀을 때 실행될 수 있도록
addEventListener를 사용해 작성해 주었습니다. 코드를 저장하고 웹 페이지에서 [+ 북마크
추가] 버튼을 눌러보면, 다음 그림처럼 우리가 원하는 대로 새로운 북마크 정보를 입력하는 폼
이 사라졌다가 나타나는 것을 볼 수 있습니다.

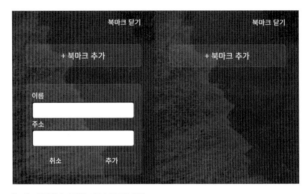

그림 12-22 [+ 북마크 추가] 버튼을 눌렀을 때의 화면 변화

이제 실제 북마크 아이템을 추가하는 기능을 개발해 보겠습니다. 북마크 아이템을 추가하는 기
능의 addBookmarkItem 함수를 생성하고 bookmarkList 변수를 빈 배열로 초기화한 다음, 로컬
스토리지에 bookmarkList가 있다면 bookmarkList 변수에 로컬 스토리지에 있는 데이터를 넣
어보겠습니다.

예제 12.49 addBookmarkItem 함수 생성하기   bookmark.js

```
const $newBookmarkForm = document.getElementById("bookmark-item-input-form");
const $newBookmarkFormToggleBtn = document.getElementById("bookmark-item-add-btn"); //
북마크 추가 폼 버튼

let bookmarkList = [];
localStorage.getItem("bookmarkList")
```

```
    ? (bookmarkList = JSON.parse(localStorage.getItem("bookmarkList")))
    : localStorage.setItem("bookmarkList", JSON.stringify(bookmarkList));

let isAddBtnClick = false;
$newBookmarkForm.style.display = "none";

const newBookmarkToggle = () => {
    isAddBtnClick = !isAddBtnClick;
    isAddBtnClick ? ($newBookmarkForm.style.display = "block") :
($newBookmarkForm.style.display = "none");
};

const addBookmarkItem = () => {
    let bookmarkList = [];
    if (localStorage.getItem("bookmarkList")) {
        bookmarkList = JSON.parse(localStorage.getItem("bookmarkList"));
    }
};


$newBookmarkFormToggleBtn.addEventListener("click", newBookmarkToggle);
```

addBookmarkItem 함수를 생성하고 함수 내부에 bookmarkList를 로컬 스토리지에 추가하는 코드를 작성했다면, 이제 새로운 북마크의 이름과 주소를 로컬 스토리지에 저장하기 위해 $name 변수에 id가 new-bookmark-input-name인 input 요소의 값을, $url 변수에는 id가 new-bookmark-input-url인 input 요소의 값을 할당해 보겠습니다. 로컬 스토리지의 bookmarkList에는 새로운 북마크 아이템의 이름, 주소, 생성 시각에 대한 정보를 저장해 보겠습니다. 생성 시각에 대한 정보는 Date.now()를 사용해 타임 스탬프로 createdAt 변수에 저장해 사용합니다.

이렇게 모든 정보가 준비됐다면 bookmarkList 배열에 push 메서드를 사용해서 이름, 주소, 생성 시간에 대한 정보를 객체 형태로 넣어주겠습니다. 동시에 로컬 스토리지에 bookmarkList 값도 setItem을 사용해 추가해 봅시다.

예제 12.50 추가한 북마크 아이템 로컬 스토리지에 저장하기   bookmark.js

```javascript
const $newBookmarkForm = document.getElementById("bookmark-item-input-form");
const $newBookmarkFormToggleBtn = document.getElementById("bookmark-item-add-btn");
// 북마크 추가 폼 버튼
const $bookmarkAddBtn = document.getElementById("add-btn"); // 추가 버튼
const $bookmarkCancelBtn = document.getElementById("cancel-btn"); // 취소 버튼


…생략…

const addBookmarkItem = () => {
    let bookmarkList = [];
    if (localStorage.getItem("bookmarkList")) {
        bookmarkList = JSON.parse(localStorage.getItem("bookmarkList"));
    }
    let $name = document.getElementById("new-bookmark-input-name");
    let $url = document.getElementById("new-bookmark-input-url");
    let createdAt = Date.now();
    bookmarkList.push({ name: $name.value, url: $url.value, createdAt: createdAt });
    localStorage.setItem("bookmarkList", JSON.stringify(bookmarkList));
    $name.value = "";
    $url.value = "";
    newBookmarkToggle();
};

$newBookmarkFormToggleBtn.addEventListener("click", newBookmarkToggle); //북마크 폼 토글
버튼
$bookmarkAddBtn.addEventListener("click", addBookmarkItem); //추가 버튼
$bookmarkCancelBtn.addEventListener("click", newBookmarkToggle); //취소 버튼
```

bookmarkList 변수와 로컬 스토리지의 bookmarkList에 새로 작성한 북마크 정보를 추가하고, 마지막으로 [추가] 버튼을 눌렀을 때 addBookmarkItem 함수가 실행될 수 있도록, 그리고 [취소] 버튼을 눌렀을 때는 북마크 입력 폼이 사라지도록 이벤트를 추가했습니다. 실제 웹 페이지에서 북마크 추가 버튼을 눌러 이름에는 'google'을, 주소에는 구글 사이트의 url을 입력하고 추가 버튼을 누르면 아래 그림처럼 로컬 스토리지의 bookmarkList 데이터에 북마크의 정보가 알맞게 추가된 것을 확인할 수 있습니다.

그림 12-23 로컬 스토리지에 저장된 bookmarkList 확인하기

이제 로컬 스토리지에 저장된 북마크 아이템을 북마크 바에 나타내 주겠습니다. 로컬 스토리지의 북마크 리스트에서 북마크 아이템을 하나씩 꺼내오는 기능을 하는 함수는 setBookmarkList로, 북마크 아이템을 화면에 나타내는 기능을 하는 함수는 setBookmarkItem으로 작성해 줍니다. bookmark.js에 다음과 같은 코드를 추가해 보겠습니다.

예제 12.51 setBookmarkList와 setBookmarkItem 함수 생성하기　　　　bookmark.js

```
…생략…
const $bookmarkItemList = document.getElementById("bookmark-list"); // 북마크 리스트

…생략…
const newBookmarkToggle = () => { …생략… }

const setBookmarkItem = (item) => {
    console.log(item);
};

const setBookmarkList = () => {
    bookmarkList.forEach((item) => {
```

```
        setBookmarkItem(item);
    });
};


const addBookmarkItem = () => { …생략… }


setBookmarkList();
…생략…
```

Console

```
{name: 'google', url: 'https://www.google.co.kr', createdAt: 1698724438226}
```

setBookmarkList 함수에는 로컬 스토리지에 저장된 북마크 리스트에서 forEach 메서드를 사용해 북마크 아이템을 하나씩 꺼내 setBookmarkItem에 전달하는 코드를 작성하고, setBookmarkItem 함수에는 꺼내온 아이템을 출력하는 코드를 작성했습니다. 이제 이 출력된 아이템을 북마크 바에 나타내 보겠습니다.

먼저 setBookmarkItem 함수 안에 $bookmarkItem이라는 변수에 createElement를 사용해 div 태그로 이루어진 요소를 생성해 줍니다. 생성한 요소의 클래스 명은 classList 프로퍼티를 사용해서 bookmark-item으로 설정해 보겠습니다. 그리고 요소의 id 값은 고유한 값이어야 하기 때문에 bookmark-item- 뒤에 북마크를 생성한 시간을 나타내는 createdAt 값을 넣어 설정하겠습니다.

예제 12.52 북마크 아이템 요소 생성하기   bookmark.js

```
…생략…
const $bookmarkItemList = document.getElementById("bookmark-list");


…생략…
const newBookmarkToggle = () => { …생략… }


const setBookmarkItem = (item) => {
    const $bookmarkItem = document.createElement("div");
    $bookmarkItem.classList.add("bookmark-item");
    $bookmarkItem.id = `bookmark-item-${item.createdAt}`;
};
```

```
const setBookmarkList = () => {
    bookmarkList.forEach((item) => {
        setBookmarkItem(item);
    });
};


const addBookmarkItem = () => { …생략… }


setBookmarkList();
…생략…
```

그다음, 북마크 아이템을 나타내는 데 필요한 요소를 하나씩 생성해 보겠습니다. 북마크 아이템은 아이콘, 이름, 삭제 버튼으로 이루어져 있습니다. 먼저 북마크 아이템의 아이콘과 이름을 나타내는 div 요소를 $book markInfo라는 변수로 생성하고 클래스 명은 bookmark-info로 설정합니다. 북마크의 주소를 나타내는 a 태그로 이루어진 요소도 createElement를 사용해 생성하고 $bookmarkUrl이라는 변수에 할당해 보겠습니다. $bookmarkUrl 요소의 클래스 명은 bookmark-url로 작성하겠습니다.

예제 12.53 북마크 아이템 정보를 담는 요소와 주소 요소 생성하기　　　　　　　　　　　　　bookmark.js

```
…생략…
const $bookmarkItemList = document.getElementById("bookmark-list");


…생략…
const newBookmarkToggle = () => { …생략… }


const setBookmarkItem = (item) => {
    const $bookmarkItem = document.createElement("div");
    $bookmarkItem.classList.add("bookmark-item");
    $bookmarkItem.id = `bookmark-item-${item.createdAt}`;

    const $bookmarkInfo = document.createElement("div");
    $bookmarkInfo.classList.add("bookmark-info");

    const $bookmarkUrl = document.createElement("a");
```

```
    $bookmarkUrl.classList.add("bookmark-url");
};

const setBookmarkList = () => {
    bookmarkList.forEach((item) => {
        setBookmarkItem(item);
    });
};

const addBookmarkItem = () => { …생략… }

setBookmarkList();
…생략…
```

이번에는 `$urlIcon` 변수에 북마크 아이템의 이름 앞에 표시될 아이콘을 나타내 줍시다. `$urlIcon`에 클래스 명이 `url-icon`인 div 요소를 생성해 저장하고, 새로운 `img` 태그를 생성해 `$urlIconImg` 변수에 담아보겠습니다. 그리고 북마크 아이템의 이름을 표시할 div 요소를 생성해 `$urlName` 변수에 저장하고 클래스 명은 `url-name`으로 설정해 줍니다.

`$bookmarkItem` 요소는 `$bookmarkInfo`와 삭제 버튼으로 이루어져 있기 때문에 `$bookmark DelBtn`이라는 요소를 생성해 삭제 버튼을 만들어주고, 클래스 명은 `del-btn`으로 설정하겠습니다. a 태그인 `$bookmarkUrl`은 `href`를 통해 북마크 아이템을 클릭했을 때 북마크의 url로 이동하게 해주고 img 태그인 `$urlIconImg`의 `src`에는 'https://www.google.com/s2/favicons?domain_url=' 뒤에 `item` 객체의 url을 넣어 해당 북마크의 아이콘을 가져오겠습니다.

예제 12.54 북마크 아이템 아이콘, 이름 요소와 삭제 버튼 요소 생성하기   bookmark.js

```
…생략…
const $bookmarkItemList = document.getElementById("bookmark-list");

…생략…
const newBookmarkToggle = () => { …생략… }

const setBookmarkItem = (item) => {
    const $bookmarkItem = document.createElement("div");
```

```javascript
  $bookmarkItem.classList.add("bookmark-item");
  $bookmarkItem.id = `bookmark-item-${item.createdAt}`;

  const $bookmarkInfo = document.createElement("div");
  $bookmarkInfo.classList.add("bookmark-info");

  const $bookmarkUrl = document.createElement("a");
  $bookmarkUrl.classList.add("bookmark-url");

  const $urlIcon = document.createElement("div");
  $urlIcon.classList.add("url-icon");

  const $urlIconImg = document.createElement("img");

  const $urlName = document.createElement("div");
  $urlName.classList.add("url-name");

  const $bookmarkDelBtn = document.createElement("div");
  $bookmarkDelBtn.classList.add("del-btn");
  $bookmarkDelBtn.textContent = "삭제";

  $bookmarkUrl.href = item.url;
  $urlIconImg.src = `https://www.google.com/s2/favicons?domain_url=${item.url}`;
  $urlName.textContent = item.name;
};

const setBookmarkList = () => {
  bookmarkList.forEach((item) => {
    setBookmarkItem(item);
  });
};

const addBookmarkItem = () => { …생략… }

setBookmarkList();
…생략…
```

이제 생성한 요소들을 appendChild를 사용해 $bookmarkItem의 자식 요소로는 $bookmarkInfo
와 $bookmarkDelBtn을, 그리고 $bookmarkInfo 요소의 자식 요소로는 $bookmarkUrl
을, $bookmarkUrl의 자식 요소로는 $urlIcon과 $urlName을, $urlIcon의 자식 요소로는
$urlIconImg를 넣어보겠습니다. 마지막으로 $bookmarkItem을 $bookmarkItemList의 자식요
소로 추가하면 저장된 북마크 아이템이 화면에 나타나는 것을 볼 수 있습니다.

예제 12.55 appendChild로 생성한 북마크 아이템 요소들을 DOM에 추가하기   bookmark.js

```
…생략…
const $bookmarkItemList = document.getElementById("bookmark-list"); // 북마크 리스트

…생략…
const newBookmarkToggle = () => { …생략… }

const setBookmarkItem = (item) => {
    const $bookmarkItem = document.createElement("div");
    $bookmarkItem.classList.add("bookmark-item");
    $bookmarkItem.id = `bookmark-item-${item.createdAt}`;

    const $bookmarkInfo = document.createElement("div");
    $bookmarkInfo.classList.add("bookmark-info");

    const $bookmarkUrl = document.createElement("a");
    $bookmarkUrl.classList.add("bookmark-url");

    const $urlIcon = document.createElement("div");
    $urlIcon.classList.add("url-icon");

    const $urlIconImg = document.createElement("img");

    const $urlName = document.createElement("div");
    $urlName.classList.add("url-name");

    const $bookmarkDelBtn = document.createElement("div");
    $bookmarkDelBtn.classList.add("del-btn");
    $bookmarkDelBtn.textContent = "삭제";
```

```javascript
    $bookmarkUrl.href = item.url;
    $urlIconImg.src = `https://www.google.com/s2/favicons?domain_url=${item.url}`;
    $urlName.textContent = item.name;

    $bookmarkItem.appendChild($bookmarkInfo);
    $bookmarkItem.appendChild($bookmarkDelBtn);
    $bookmarkInfo.appendChild($bookmarkUrl);
    $bookmarkUrl.appendChild($urlIcon);
    $bookmarkUrl.appendChild($urlName);
    $urlIcon.appendChild($urlIconImg);

    $bookmarkItemList.appendChild($bookmarkItem);
};

const setBookmarkList = () => {
    bookmarkList.forEach((item) => {
        setBookmarkItem(item);
    });
};

const addBookmarkItem = () => { …생략… }

setBookmarkList();
…생략…
```

코드 작성을 완료하고, 웹 페이지에서 북마크 추가 버튼을 눌러 아이템을 하나 더 추가하겠습니다. 이름으로 naver를 입력하고 사이트 주소를 입력한 다음 추가 버튼을 누르면 로컬 스토리지에는 새로운 북마크 아이템이 추가되지만, 화면에는 추가된 아이템이 보이지 않습니다. 이를 해결하기 위해 addBookmarkItem 함수의 아래쪽에 추가한 북마크 아이템을 setBookmarkItem 함수에 인수로 전달하는 코드를 추가하겠습니다.

예제 12.56 북마크 아이템 추가 시 북마크 아이템 화면에 바로 나타내기   bookmark.js

```javascript
    …생략…

const setBookmarkList = () => {
    bookmarkList.forEach((item) => {
```

```
            setBookmarkItem(item);
        });
    };


    const addBookmarkItem = () => {
        let bookmarkList = [];
        if (localStorage.getItem("bookmarkList")) {
            bookmarkList = JSON.parse(localStorage.getItem("bookmarkList"));
        }
        let $name = document.getElementById("new-bookmark-input-name");
        let $url = document.getElementById("new-bookmark-input-url");
        let createdAt = Date.now();
        bookmarkList.push({ name: $name.value, url: $url.value, createdAt: createdAt });
        localStorage.setItem("bookmarkList", JSON.stringify(bookmarkList));
        setBookmarkItem({ name: $name.value, url: $url.value, createdAt: createdAt });
        $name.value = "";
        $url.value = "";
        newBookmarkToggle();
    };
```

…생략…

setBookmarkItem 함수에 추가한 북마크 아이템을 전달하는 코드를 추가하고, 다시 다른 아이템을 추가해 보면 이번에는 새로운 북마크 아이템이 화면에 바로 나오는 것을 볼 수 있습니다.

마지막으로 북마크 아이템의 삭제 버튼을 누르면 웹 페이지와 로컬 스토리지에서 해당 아이템을 삭제하는 기능을 개발해 보겠습니다. deleteBookmarkItem 함수를 생성하고, 이 함수의 내부에 삭제 버튼을 눌렀을 때 '정말 삭제하시겠습니까?'라는 경고창을 띄우고, 경고창의 반환값이 true일 경우에만 해당 아이템을 삭제하는 코드를 작성해 보겠습니다. 경고창은 11.2.4 이벤트 설정 부분에서 언급했던 window 객체의 confirm 메서드를 사용해 개발할 수 있습니다.

북마크 아이템을 삭제하는 과정은 다음과 같습니다. 먼저 filter 메서드를 사용해 현재 북마크 바에 표시되는 bookmarkList에서 삭제할 북마크 아이템을 뺀 나머지 아이템들을 nowBookmarkList라는 새로운 변수에 저장합니다. 그다음 nowBookmarkList를 다시 로컬 스토리지의 bookmarkList에 저장하고, 삭제할 아이템의 아이디를 getElementById에 전달해 remove 메서드로 해당 아이템을 삭제합니다. 코드로 작성해 보겠습니다.

예제 12.57 북마크 아이템을 삭제하는 deleteBookmarkItem 함수 생성하기   bookmark.js

```javascript
…생략…
const newBookmarkToggle = () => { …생략… }

const deleteBookmarkItem = (id) => {
    const isDelete = window.confirm("정말 삭제하시겠습니까?");
    if (isDelete) {
        let bookmarkList = JSON.parse(localStorage.getItem("bookmarkList"));
        let nowBookmarkList = bookmarkList.filter((elm) => elm.createdAt !== id);
        localStorage.setItem("bookmarkList", JSON.stringify(nowBookmarkList));
        document.getElementById(`bookmark-item-${id}`).remove();
        return;
    }
};
…생략…
```

작성한 deleteBookmarkItem은 삭제 버튼을 눌렀을 때 실행돼야 하므로 setBookmarkItem 함수 내부에 addEventListener를 사용해 삭제 기능이 실행될 수 있도록 코드를 추가해 봅시다. 삭제 기능을 추가한 코드는 다음과 같습니다.

예제 12.58 삭제 버튼 클릭 시 북마크 아이템을 삭제하는 이벤트 생성하기   bookmark.js

```javascript
…생략…

const setBookmarkItem = (item) => {
    …생략…

    const $bookmarkDelBtn = document.createElement("div");
    $bookmarkDelBtn.classList.add("del-btn");
    $bookmarkDelBtn.textContent = "삭제";
    $bookmarkDelBtn.addEventListener("click", () => {
        deleteBookmarkItem(item.createdAt);
    });
    …생략…
};

…생략…
```

이렇게 이 책에서 배운 내용을 전부 활용해 웹 페이지를 만들어 봤습니다. 이제 정말 마지막으로 여러분이 만든 웹 페이지를 실제로 사용할 수 있도록 크롬 웹 브라우저에 적용하는 방법을 배워보겠습니다.

12.2.6 프로젝트 설정 및 사용

완성된 '나만의 크롬 시작화면'을 브라우저에 적용하기 전에, 먼저 랜덤하게 나오는 배경화면을 변경하는 방법을 알려드리겠습니다. VSCode에서 왼쪽에 있는 탐색기 버튼을 눌러 src 폴더 안에 있는 css 파일을 열어 위쪽의 body에 적용된 스타일을 보면 background-image에 url이 작성되어 있는 것을 볼 수 있습니다. 이 주소는 무료 이미지 사이트인 https://unsplash.com/ko의 이미지 주소입니다.

```css
body {
    margin: 0 auto;
    width: 100%;
    font-family: "Noto Sans KR", sans-serif;
    background-image: url("https://source.unsplash.com/user/hbin12212/likes");
    background-repeat: no-repeat;
    background-attachment: fixed;
    background-position: center;
    background-size: cover;
    color: □white;
}
```

그림 12-24 css 파일에서 랜덤 배경화면 수정하기

완성한 프로젝트의 배경화면을 원하는 이미지로 변경하기 위해서는 먼저 이미지 사이트에 접속해 회원 가입한 후 로그인을 진행합니다. 로그인 후 아래의 그림과 같이 하트 버튼을 눌러 원하는 이미지에 좋아요를 누르고 위의 그림에 있는 hbin12212 부분을 본인의 아이디로 바꾸면, 본인이 좋아요를 누른 사진을 랜덤으로 적용할 수 있습니다.

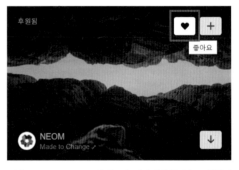

그림 12-25 unsplach 사이트의 이미지에 좋아요 표시하기

배경화면을 원하는 이미지로 설정했다면, 이제 개발한 웹 페이지를 크롬 브라우저의 시작화면으로 설정해보겠습니다. 개발한 웹 페이지를 크롬 브라우저의 시작화면으로 설정하기 위

해서는 manifest.json이라는 파일이 필요합니다. VSCode에서 아래의 그림과 같은 위치에 manifest.json 파일을 추가하고, 다음 코드를 입력해 보겠습니다.

```
EXPLORER                    index.html        {} manifest.json ×

OPEN EDITORS                {} manifest.json > ...

NEWTAB                       1  {
  src                        2      "name": "newtab",
  index.html                 3      "description": "Made by Hyobin",
  manifest.json              4      "version": "1.0",
                             5      "manifest_version": 3,
                             6      "chrome_url_overrides": {
                             7          "newtab": "index.html"
                             8      },
                             9      "host_permissions": ["<all_urls>"]
                            10  }
                            11
```

그림 12-26 manifest.json 파일 위치 및 코드

예제 12.59 크롬 브라우저 시작화면 설정에 필요한 코드　　　　　　　　　　　　　manifest.json

```
{
    "name": "newtab",
    "description": "Made by Hyobin",
    "version": "1.0",
    "manifest_version": 3,
    "chrome_url_overrides": {
        "newtab": "index.html"
    },
    "host_permissions": ["<all_urls>"]
}
```

여기까지 완료했다면, 크롬 브라우저에서 chrome://extensions/를 주소창에 입력해 페이지를 이동합니다. 크롬 확장 프로그램 사이트로 이동했다면, 아래의 그림과 같이 오른쪽에 보이는 버튼을 눌러 개발자 모드를 활성화시켜줍니다.

그림 12-27 크롬 확장 프로그램 사이트 개발자 모드 활성화 방법

개발자 모드가 활성화되면, 다음과 같이 '압축 해제된 확장 프로그램을 로드합니다' 라는 버튼이 나옵니다. 해당 버튼을 눌러 개발한 폴더를 선택해보겠습니다. 그럼 아래의 오른쪽 그림과같이 새로운 항목이 추가됩니다. 그림과 같이 새로운 항목이 추가되었다면 오른쪽에 있는 버튼을 눌러 활성화시켜줍니다.

그림 12-28 개발한 프로젝트 폴더 업로드 방법과 업로드가 완료된 화면

프로젝트를 업로드했다면 브라우저에서 크롬 새 창을 열어 지금까지 개발한 웹 페이지가 시작화면으로 설정되는지 확인합니다.

그림 12-29 프로젝트 적용 후의 크롬 시작 화면

이렇게 자바스크립트의 기본 개념부터 심화 개념까지 배우고, 최종 프로젝트까지 개발해 봤습니다. 이 책의 예제를 잘 따라왔다면 자바스크립트의 기본기가 쌓였을 것입니다. 앞으로는 자바스크립트를 더 깊게 학습하거나 자바스크립트 기반의 라이브러리 혹은 프레임워크를 배워보면서 실력을 쌓아 나가기 바랍니다.

찾아보기